mandelbaum *verlag*

Christian Reder

GRENZLAND UKRAINE

Unterdrückte Potenziale
Drastische Gewalterfahrungen

Mit einem Essay von Wolfgang Petritsch

mandelbaum *verlag*

mandelbaum.at • mandelbaum.de

ISBN 978-3-85476-926-2

Lektorat: ELVIRA M. GROSS
Satz: KEVIN MITREGA, Schriftloesung
Umschlaggestaltung: MICHAEL BAICULESCU
Umschlagfoto: BODO HAAS, Potemkin-Treppe in Odessa, 2007
Druck: PRIMERATE, Budapest

Inhalt

Doch der Widerstand dauert jetzt schon mehr als vierzig Tage, und die Kraftlosigkeit des Feindes geht unweigerlich in Agonie über. Der Frühling wird kommen und mit ihm die Ukraine.

Juri Andruchowytsch

Vorwort

Mein jüngstes Buch, *Mediterrane Urbanität. Perioden vitaler Vielfalt als Grundlagen Europas* (2020), lenkte den Blick darauf, dass die Europäische Union wie kaum eine andere Weltgegend von Krisengebieten umgeben ist – als ständige Herausforderung ihrer Außenpolitik, in Nordafrika, der Levante, im Irak, in Anatolien, im Kaukasus, in der Ukraine. Deren Souveränität unterminierte Russland zuerst mit der Annexion der Krim und im Bergbaugebiet Donbass mit einer Separatistenbewegung. Ein militärischer Angriff auf das ganze Land blieb bis zuletzt unvorstellbar, als offener Krieg in Europa, um ein Nachbarland zu unterwerfen, als Bruch jeglicher Friedensordnung.

Um die Ukraine prägende Entwicklungen in diesem Zusammenhang bewusster zu machen, erscheint dieses Buch. Diese Erzähltexte basieren auf meinen Beiträgen im bereits lange vergriffenen Kompendium *Graue Donau, Schwarzes Meer. Wien, Sulina, Odessa, Jalta, Istanbul* von 2008, wo Relationen und Positionen weiterführend nachlesbar sind. Um den Blick auf diese geografischen Räume zu schärfen, ohne eine Bindung an akademische Disziplinen, fuhren wir mit Studierenden der Universität für angewandte Kunst Wien per Schiff bis ins Donaudelta und per Bahn nach Odessa für längere Aufenthalte in Lemberg/Lwiw, Kiew/Kyjiw, Odessa, auf der Krim. Der Geschichte wurde nachgeforscht, in intensiven Gesprächen eine ausgreifende Meinungsvielfalt erfasst.

Der erfahrene Diplomat Wolfgang Petritsch argumentiert im einleitenden Essay zur neuen Weltlage für eine Neuvermessung der Welt. Er war bereits an meinem Donaubuch beteiligt. Wir kennen und schätzen einander seit seiner Zeit als enger Mitarbeiter Bruno Kreiskys. Nach seiner Tätigkeit in New York leitete er die Informationskampagne für Österreichs EU-Beitritt, baute Wiens Stadtaußenpolitik auf und wurde 1997 Botschafter in Belgrad, war dann als EU-Sondergesandter Chefverhandler für den Kosovo sowie

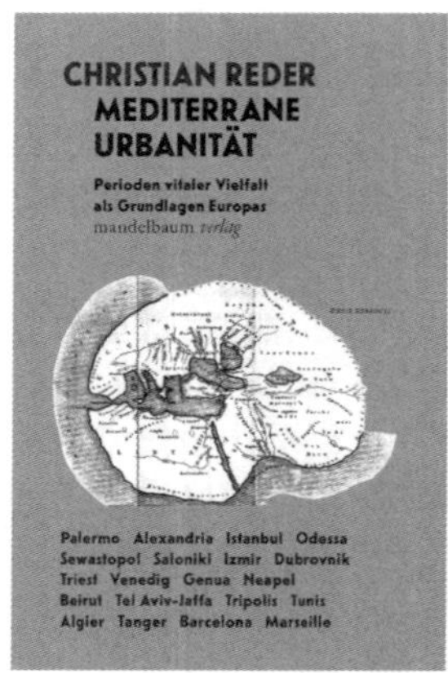

Christian Reder: *Mediterrane Urbanität. Perioden vitaler Vielfalt als Grundlagen Europas*, Wien 2020

Christian Reder, Erich Klein (Hg.): *Graue Donau, Schwarzes Meer. Wien, Sulina, Odessa, Jalta, Istanbul*, Wien – New York 2008

als Hoher Repräsentant der Vereinten Nationen für den Wiederaufbau von Bosnien und Herzegowina tätig. Petritsch befasst sich in seinem Beitrag mit den vom Ukrainekrieg drastisch veränderten europäischen und globalen Konstellationen und Perspektiven. Er ist zweifellos eine höchst kompetente Stimme.

Graue Donau, Schwarzes Meer wurde in seiner Themenvielfalt ein Nachschlagwerk, »das in der Originalität seiner Herangehensweise und im Reichtum seiner Perspektiven wenig Vergleichbares hat«, so *Der Standard* dazu,[1] auf das rudimentäre Wissen über Europas Osten anspielend. Damals festgehaltene fragmentarische Einsichten werden wieder aufgegriffen, um aktualisierte Hintergründe dieser noch unabsehbaren Tragödie in der Ukraine zu verdeutlichen. Dabei ist mir natürlich bewusst, dass sich kaum darstellen lässt, was den Menschen im 20. Jahrhundert gerade in dieser Region Europas immer wieder angetan wurde: im Ersten Weltkrieg, durch die Hungerkatastrophe 1932/33, die radikalen Verluste, Massaker, Verwüstungen, die Judenvernichtung und die

1 Christoph Winder: Die Vermessung von Zwischeneuropa, *Der Standard*, Wien, 20.5.2008.

Zwangsarbeit im Zweiten Weltkrieg, durch die Langzeitfolgen von Tschernobyl.

Dass die nach dem Krimkrieg 1853 bis 1856 im Zuge der Flussregulierung zur Erschließung dieser Regionen für Englands Weizenimporte von der Mündung her gemessenen Donaukilometer bei Wien den symbolischen Geschichtsdaten von 1914 bis 1945 entsprechen, ist eine Entdeckung, die offenbar niemandem je aufgefallen war. Frühere Beziehungen zu Europa erhellen punktuell Ereignisse, etwa dass die aus Deutschland stammende Zarin Katharina II. (1729–1796) intensiv mit Voltaire (1694–1778) korrespondierte und er sie im Aufklärungsjahrhundert zu – heute umkämpften – kolonialen Gebietserwerbungen im Süden ermunterte. An die Einschätzung von Vladimir Nabokov (1899–1977) wird erinnert, nach der in Russland »die Entwicklung einer bewunderungswürdigen Kultur« in Gang gekommen sei. Denn seit den Reformen der 1860er Jahre sei das Land »im Besitz einer Gesetzgebung gewesen (auch wenn es sich nicht immer daran hielt), auf die jede westliche Demokratie hätte stolz sein können, einer kräftigen öffentlichen Meinung, welche Despoten in Schach hielt, weitverbreiteter Zeitschriften in allen Spielarten des Liberalismus und, besonders auffallend, im Besitz furchtloser und unabhängiger Richter« – eine Entwicklung, die in Putins Russland trotz allen Berufens auf die Geschichte in keiner Weise so fortgelebt und mittlerweile sogar zum Feindbild erklärt wurde. Für Weltoffenheit stand etwa die großartige Sammlung französischer Avantgardekunst von Iwan Morosow (1871–1921), als sich noch kaum wer dafür interessierte. Bob Dylans Eltern waren im Revolutionsjahr 1905 aus Odessa in die USA gelangt. Bevor Leo Trotzki (1879–1940) für Jahre nach Wien ging, hatte er in Odessa noch zwischen ihn sehr interessierender Mathematik »und der Revolution« geschwankt. Die Rede wird auch davon sein, dass Isaak Babel (1894–1940), als er mit der sowjetischen Reiterarmee an Grenzen der heutigen Ukraine kämpfte, mit Blick nach Westen 1920 begeistert notierte: »Wie ich den Duft Europas einsauge, der von dort kommt«.

Wie bereits in *Mediterrane Urbanität* dargestellt, waren auch Odessa und Sewastopol lange geschichtsträchtige Städte vitaler Urbanität und friedlichen Zusammenlebens. Das hat europäische

Sichtweisen mitgeprägt, die es im Europarat weiter zu bestärken gilt, in dem auch die Ukraine, Moldau, Armenien, Georgien und Aserbeidschan Mitglieder sind, am Mittelmeer hingegen nur die Türkei. Russland trat 1996 dem Europarat bei, verlor aber wegen der Krim-Annexion das Stimmrecht. Kaum ihm wieder zugebilligt, wurde es wegen des Kriegs gegen die Ukraine ausgeschlossen – ebenso wie aus der G8, der Gruppe führender Industrieländer, nun G7, und dem UN-Menschenrechtsrat. Putins Russland forciert keineswegs europäische, sondern vielmehr autoritäre Muster, mit Chinas KP-gesteuertem Überwachungskapitalismus als übermächtigem Gegenüber. Dabei lernten zuletzt Millionen Menschen aus Russland, und aus der Ukraine sogar visafrei, reisend oder arbeitend Europas Freiheiten zu schätzen. Ob es der Ukraine, die etwa so groß ist wie Frankreich, gelingt, sich als liberale Demokratie zu entwickeln, ist jedenfalls eine Frage von eminenter weltpolitischer Bedeutung.

Eine akute Atomkriegsgefahr erlebte ich 1962 während der Kubakrise als Wehrpflichtiger beim Bundesheer. Einseitigen Sichtweisen misstrauend, führte meine erste Fernreise 1964 nach Kiew, Moskau, Leningrad. Familiäre Verwandtschaften verbinden mich unter anderem mit Ungarn und Polen, deren antieuropäische Tendenzen mir fremd sind. Konsequenzen des Stalinismus bekam ich bei den Großeltern in Budapest mit. Der Ungarnaufstand 1956 bestärkte mein Verständnis für Rebellion und Menschenrechte. 1989 beeindruckte mich der friedliche Umsturz in Prag. Afghanistan wurde durch die Arbeit für Flüchtlinge ab 1980 ein Lebensthema. Meine essayistischen Studien dazu und zu Nordafrika, Syrien, zum Donauraum, zum Schwarzen Meer – und nun zur Ukraine – ergaben sich als prägende Lebenserfahrung stets während oder vor Kriegssituationen. Latent von Hoffnungen auf positive Perspektiven getragen, reflektieren sie im Rückblick das Miterleben brüchiger Friedenszeiten und zivilisatorischer Errungenschaften, nun aber auch eine Fassungslosigkeit über die zunehmend außer Kontrolle geratende Weltordnung mit ihren aggressiven Blockaden demokratisch schwer erkämpfter Entwicklungen …

Wien, im Juni 2022

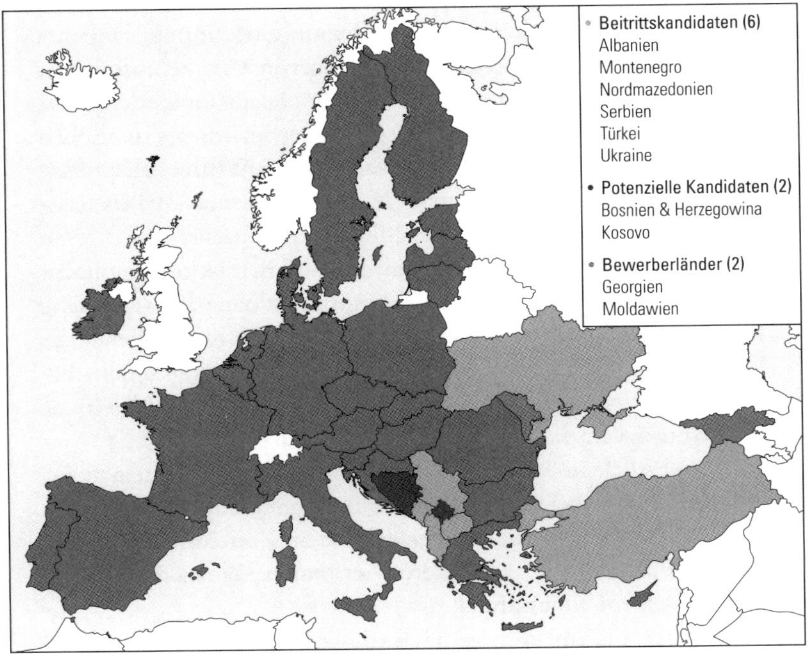

- **Beitrittskandidaten (6)**
  Albanien
  Montenegro
  Nordmazedonien
  Serbien
  Türkei
  Ukraine
- **Potenzielle Kandidaten (2)**
  Bosnien & Herzegowina
  Kosovo
- **Bewerberländer (2)**
  Georgien
  Moldawien

EU27 – Mitgliedstaaten und Beitrittskandidaten, Stand: Juni 2022

Ukraine – Die Neuvermessung der Welt

WOLFGANG PETRITSCH

Es ist doch die zwölfte Stunde, sagt man.
Hinter ihr der Abgrund, vor dem man steht
oder gerade gestanden hat.
Ernst Bloch, 1932

Zeitenwende, durchaus auch im Plural, wurde seit der gefühlten *Stasis* des Kalten Krieges – dessen Ende bereits über dreißig Jahre her ist – gleich mehrfach ausgerufen.

Die für viele überraschend friedliche Implosion der Sowjetunion und die Auflösung des Warschauer Paktes, jenem Gegenstück zur NATO, waren bloß der Beginn einer immer längeren und zusehends verhängnisvolleren Kette von Geschehnissen mit globalen Folgen. Die gegenseitige Abhängigkeit im Zeitalter der globalen *Konnektivität* wurde uns gleich zu Beginn des russischen Überfalls auf die Ukraine mit rasch steigenden Welthandelspreisen und drohenden Hungersnöten in fernen Regionen Afrikas drastisch vor Augen geführt.

Der Angriff auf das Zentrum des amerikanischen Kapitalismus am 11. September 2001, der unmittelbar danach ausgerufene weltweite *War on Terror* und die militärischen Interventionen des Westens in Afghanistan und im Irak sind noch längst nicht bewältigt, da stellt sich eine neuerliche geopolitische Wende ein.

Womöglich die entscheidende?

Die brutale militärische Aggression Russlands gegen seinen slawischen Nachbarn Ukraine verdrängt jene andere Katastrophe von der Agenda, die uns alle betrifft und die an Zerstörungspotential wohl nur dem gerade aktualisierten atomaren Armageddon nahekommt – den Klimawandel.

Hatten bis vor kurzem noch die Pandemie sowie die rasant steigende soziale Ungleichheit in und zwischen Staaten und Gesellschaften des Globalen Nordens und Südens mit ihrem Potential für das Abgleiten liberal-demokratischer Politik in xenophoben Populismus und autokratische Herrschaftsformen das Weltgewissen geplagt, so sehen wir uns heute mit den überholt geglaubten Parametern von Aggressionskrieg und identitärer Ideologie konfrontiert.

Moskaus Begründung der Invasion ist ebenso bizarr wie erschreckend gefährlich. Sie spricht der Ukraine ihre eigenständige Sprache und kulturelle Existenz rundweg ab und manipuliert damit gleich auch die eigene Bevölkerung in den Weiten Russlands, die sich vom angeblich aggressiven Westen noch weiter abzuwenden scheint.

Diese im Wortsinn verrückten Begründungen des Krieges werden auch dann noch nachwirken und die Befriedung behindern, wenn die physische Infrastruktur der Ukraine längst wieder aufgebaut sein wird.

Die geistig-moralische Verkommenheit von Putins korruptem Machtapparat, die Kriegsverbrechen sonder Zahl und die erschreckende Rolle der russisch-orthodoxen Kirchenhierarchie können auch durch die mutigen Proteste und in der Folge brutalen Festnahmen Einzelner in Moskau und anderswo oder den Exodus Hunderttausender russischer Bürger:innen in die innere und äußere Emigration nicht eskamotiert werden.

Diese Reaktionen sind jedoch das ferne Licht der Hoffnung auf ein anderes Russland.

Die schräge Architektur des Multilateralismus

In einer Zeit, da die wirtschaftliche und digitale Globalisierung mehr denn je kontinentale Grenzen und ideologische Systeme übergreifende Zusammenarbeit einfordert, ist der institutionelle Rahmen, sind die globalen und regionalen *Türhüter* des Völkerrechtes – etwa die Vereinten Nationen oder auch die OSZE – in ihre bislang tiefste Krise geschlittert.

Es hat volle sieben Kriegswochen gedauert, bis der UNO-Generalsekretär einen Besuch in Kiew und Moskau überhaupt angekündigt hat. Die 1999 von der NATO-Intervention gegen Jugoslawien ausgelöste Dysfunktionalität der globalen Friedens-

und Konfliktmechanismen – jener *Succus* der UN-Charta – wird mit diesem Krieg erneut bestätigt.

Eine gefährliche Wiederholung, die das Schicksal des Völkerbundes in den 1930er Jahren heraufbeschwört. Die Folgen des Scheiterns dieses ersten global angelegten Friedens- und Sicherheitssystems in den Schlachten des Zweiten Weltkrieges sind bekannt.

Selbst die Logik der russischen Kriegsführung erinnert an die 1930er Jahre. Die russischen Panzerkolonnen in der Ukraine 2022 gemahnen in ihrem Anachronismus an den Zweiten Weltkrieg. Die Umdeutung der russischen Aggression als Fortsetzung des Kampfes gegen den Nationalsozialismus, so geschehen etwa bei der Siegesparade vom 9. Mai 2022 auf dem Roten Platz, beschädigt das historische Verdienst der Sowjetunion – von Russen und Ukrainern gleichermaßen – und verleiht dem kruden Spektakel eine Aura des Perversen.

In seiner Exekution erinnert Russlands Militärstrategie – im Gegensatz zur US-ausgebildeten ukrainische Verteidigung – an die militärischen Doktrinen aus dem Kalten Krieg. Die Belagerung und Zerstörung von Mariupol erinnern an die in eben dieser Region ausgetragenen Schlachten im Zweiten Weltkrieg.

Damit scheinen auch Gewissheiten wie jene über die logische technologische Fortentwicklung militärischer Auseinandersetzungen hin zu hybriden Konflikten und *Cyberwar* bestätigt. Die erfolgreiche ukrainische Abwehr der parallel zur Invasion durchgeführten Cyberangriffe rührt daher, dass Kiew bereits seit 2014 mit systematischen Hackerangriffen konfrontiert ist. Die Ukraine gilt bereits seit Längerem als eine Art Versuchslabor für Russlands digitale Kriegsführung. Es ist womöglich so, dass die Gleichzeitigkeit von militärischer Aggression und Cyberwar die neue Wirklichkeit des Krieges im 21. Jahrhundert darstellt.

Neu ist, dass das bestehende Nuklearарsenal als zynische Eskalationsgebärde in die psychologische Kriegsplanung zurückgekehrt ist.

Das in den Jahren des Kalten Krieges und unmittelbar danach errichtete Abrüstungs- und Rüstungskontrollsystem ist seit Langem in Auflösung begriffen. Der rasende Fortschritt in den digitalen Technologien, von der *Künstlichen Intelligenz* bis hin zu Überwachungssystemen und *Big Data*, findet zuerst und vor allem in neuen Waffengattungen Anwendung.

Während die EU immerhin versucht, die rasant wachsenden digital-kommerziellen Anwendungsbereiche verbindlich zu regeln (etwa durch die Datenschutz-Grundverordnung oder den aktuell debattierten Artificial Intelligence Act), ist von ähnlichen Unternehmungen im Rüstungssektor wenig zu bemerken.

Es gibt keine ernsthaften Versuche der Nuklearmächte, die drohende Gefahr von Cyberkriegen oder einer Militarisierung des Weltraumes einzuhegen. Die konventionellen Instrumente des Multilateralismus greifen nicht. Zumal sich die Rüstungsspirale auseinanderentwickelt hat. Während die USA ihre Superiorität im konventionellen Bereich noch weiter ausgebaut hat, ist Russland im Bereich Nuklearwaffen überlegen. Daher wird Putins nukleare Drohgebärde so ernst genommen.

Die Neue Weltordnung

Der Fall der Berliner Mauer im November 1989, jenes *Annus mirabilis* Europas – oder die *größte geopolitische Katastrophe des 20. Jahrhunderts*, wenn wir der russischen Erzählung folgen – bedeutete eine Zeitenwende, die ebenso überraschend gekommen war wie die darauffolgenden Wendepunkte der Weltgeschichte.

Die *alte* – bipolare – *Weltordnung*, gekennzeichnet durch die ideologische Konfrontation zwischen den beiden Supermächten USA und Sowjetunion, schien sich gleichsam über Nacht aufgelöst zu haben.

Die Versuche von Michail Sergejewitsch Gorbatschow, die Sowjetunion per Dekret einer Totalreform – Stichwort *Perestrojka* und *Glasnost* – zu unterziehen, waren spätestens mit dem Abzug aus Afghanistan 1989 auch außenpolitisch gescheitert.

Es war der amerikanische Präsident George H. W. Bush, der in seiner Rede vor beiden Kammern des Kongresses am 11. September 1990 die *Neue Weltordnung* – eine Ära des Friedens unter amerikanischer Führung – wortreich verkündet hat. Es sollte eine Welt sein, die bestimmt würde vom Streben nach Gerechtigkeit und der Suche nach Frieden. Das, so der amerikanische Präsident, habe er mit Gorbatschow vereinbart. Nach wenig mehr als einem Jahr war ihm, nach dem endgültigen Aus der Sowjetunion im Dezember 1991, Gorbatschow als Partner einer neuen Zeit abhandengekommen.

Mit den demokratischen – eigentlich nationalen – Revolutionen in Osteuropa und der Auflösung der Sowjetunion setzte der *unipolare Augenblick* der Hypermacht USA ein. Das *Ende der Geschichte*, Francis Fukuyamas oft missverstandene Formel vom globalen Siegeszug der liberalen Demokratie, schien die amerikanische Welt weit ins 21. Jahrhundert fortzuschreiben.

Doch es sollte anders kommen.

Ausgelöst von den Terroranschlägen vom 11. September 2001 auf das New Yorker World Trade Center und das Pentagon in Washington DC kam es zu einer elementaren Erschütterung des amerikanischen Selbstverständnisses; mehr psychologisch als real, aber dennoch mit weitreichenden Folgen. Die von Bush sen. kaum ein Jahrzehnt zuvor beschworene regelbasierte *Neue Weltordnung* wurde von dessen Sohn George W. Bush durch den unilateral ausgerufenen globalen *Krieg gegen den Terror* gründlich infrage gestellt – ja eigentlich ins Gegenteil verkehrt.

Das System kollektiver Sicherheit, gegründet auf den Vereinten Nationen und einer Reihe von inklusiven regionalen Organisationen wie der OSZE oder dem Europarat, war peu à peu geopolitischer Machtdemonstration gewichen. Die von der UNO legitimierte und von den USA angeführte alliierte *militärische Operation* in Afghanistan hatte ursprünglich das Ziel, die von Bin Laden gegründete al-Qaida mitsamt den Taliban aus dem Land zu vertreiben und ein dem Westen gewogenes Regime zu etablieren. Erst später wurde gegen die Bedenken von UNO Generalsekretär Kofi Annan und dessen erfahrenem Afghanistan-Beauftragten Lakhdar Brahimi der allzu idealistisch angelegte Aufbau eines westlich-demokratischen Afghanistans ins Programm der internationalen Gemeinschaft aufgenommen.

Regime Change allein genügte den *liberalen Interventionisten* nicht, da musste im von Stammesführern und *War Lords* beherrschten Land am Hindukusch auch noch westliches *Social Engineering* ausprobiert werden. Darauf hatten vor allem die Europäer, namentlich Deutschland, gedrängt; ein verblüffend ahistorisches Unterfangen, das von vornherein zum Scheitern verurteilt war.

Das 2020 im katarischen Doha ohne Teilnahme der Regierung in Kabul ausgehandelte *Friedensabkommen* zwischen den Taliban und Washington erinnert an die vergeblichen Bemühungen der USA, mit dem Abzug aus Vietnam die Machtübernahme des kommunistischen Vietkong zu verhindern. – Die Bilder aus Saigon 1975 und Kabul 2021 gleichen einander auf erschreckende Weise. – Spätestens seit der überstürzten Flucht der Regierung Ashraf Ghani, dem chaotischen Abzug der USA und der kampflosen Machtübernahme durch die Taliban im August 2021 ist ein weiteres Kapitel der liberal-imperialen *Überdehnung* abgeschlossen. Angesichts der notorisch maroden öffentlichen Infrastruktur und der fortschreitenden gesellschaftlichen Spreizungen hat Präsident Obama bereits in seiner ersten Amtszeit *Nation Building at Home* ausgerufen; erst unter Präsident Biden wurden gigantische öffentliche Summen zur infrastrukturellen Erneuerung budgetiert. Doch der *War on Terror* – er war ja global angelegt – sollte nicht allein auf Afghanistan beschränkt bleiben.

Nur wenige Monate nach der Invasion am Hindukusch öffnete Washington ein weiteres Kapitel im Krieg gegen den Terror; diesfalls war es ein klassischer *War of Choice* gegen den Irak und dessen blutigen Diktator Saddam Hussein. Hatte der ältere Bush 1991 in einer breiten Koalition Saddam aus Kuwait vertrieben, ihn jedoch an der Macht belassen, forderte, kaum ein Jahrzehnt später, dessen Sohn ausdrücklich den Sturz des Diktators. Der Angriff auf den Irak – eingeleitet durch einen von Verteidigungsminister Donald Rumsfeld als *Shock-and-Awe* bezeichneten überwältigenden Militärschlag (Putins Vorlage für die Ukraine) – wurde ohne UNO-Mandat geführt und ließ erstmals bedenkliche Risse in der transatlantischen Allianz erkennen. Der nach 1989 revitalisierte Multilateralismus – die Charta von Paris 1990 beendete die Spaltung Europas, Abrüstung sollte der *Friedensdividende* zugutekommen – wurde von den USA umstandslos infrage gestellt. Die unipolare Machtkonzentration wurde von Washington mit unilateralem Handeln gleichgesetzt.

Vor allem Frankreich und Deutschland weigerten sich, an

dieser auf vorsätzlichen Unwahrheiten (über Massenvernichtungswaffen) und der Vorspiegelung falscher Tatsachen (für die al Quaida war der säkulare Saddam ein Apostat) gegründeten Intervention teilzunehmen. Die beschworene Universalität der Menschenrechte wurde ausgerechnet von jenem Land, das sich gerne als Hüterin der Demokratie sieht, flagrant verletzt. Die von den USA in Afghanistan und Irak begangenen Menschenrechtsverletzungen und Kriegsverbrechen haben den westlichen Anspruch auf moralische Überlegenheit gegenüber den autoritären Systemen Russlands oder Chinas gründlich in Zweifel gezogen und die Vorbildwirkung *westlicher Werte* in Afrika, Asien oder in Lateinamerika beschädigt. Es schien so, als ob das exterritoriale Straflager Guantanamo und die über Osteuropa und Asien verteilten illegalen Foltergefängnisse – *Black Sites* genannt – nahtlos an die Praktiken des Vietnamkrieges anknüpfen wollten. Ausgerechnet die Siegermacht des Kalten Krieges griff auf dessen überwunden geglaubte extra-judizielle Methoden von Folter und Straflosigkeit zurück.

Heute ist klar: Die von der amerikanischen Gewissheit der liberal-demokratischen Universalität befeuerte Ära der sogenannten humanitären Interventionen ist in Afghanistan 2021 zu Ende gegangen. Wenig ist geblieben von der 2002 formulierten Entwicklungsstrategie, wonach die Bewohner Afghanistans sich nichts so sehr wünschten wie eine *rechenschaftspflichtige, multiethnische und repräsentative Regierung*.

Liberal-demokratische Versuchsstation Balkan

Alles aber hatte in Bosnien 1995 begonnen, wo erst nach jahrelangem Zögern, nach mehr als 300 000 Toten und der Vertreibung von über der Hälfte der Bevölkerung von vier Millionen, der Krieg mit NATO-Luftschlägen beendet worden ist. Der Genozid von Srebrenica hat dazu beigetragen, dass die nächste humanitäre Intervention gegen Jugoslawiens militärisches Vorgehen im Kosovo – erstmals ohne UNO-Mandat – bereits kurz nach Ausbruch der bewaffneten Auseinandersetzungen erfolgt war.

Beide US-geführten Militäroperationen waren Voraussetzung für den erfolgreichen Abschluss von Friedensverhandlungen gewesen. Freilich ist bis heute weder in Bosnien noch im Kosovo ein tatsächlich *positiver Frieden* eingekehrt; beide Staaten hängen auch nach mehr als zwei Jahrzehnten immer noch in einem prekären Schwebezustand zwischen der weitgehenden Abwesenheit manifester Gewalt und einem weithin stockenden demokratischen Staatsaufbau.

Das im Westen verbreitete Unbehagen über den NATO-Krieg gegen Belgrad hat zwar zur Ausarbeitung einer internationalen Doktrin – der *Responsibility to Protect* – geführt, die schließlich am Jubiläumsgipfel der Vereinten Nationen 2005 von der Generalversammlung offiziell angenommen worden ist. Diese schränkt die Souveränität von Staaten ein, die schwere Menschenrechtsverletzungen gegen ihre eigenen Bürger:innen begehen. R2P, so das gängige Akronym, verpflichtet die internationale Gemeinschaft zum Einschreiten gegen ebendiese Regierungen – als äußerstes Mittel und im Einklang mit der Charta der Vereinten Nationen auch mit militärischer Gewalt. Der Missbrauch dieser Schutzverantwortung bei der desaströsen westlichen Intervention in Libyen hat dieses hehre Ziel bereits nach kurzer Zeit in Misskredit gebracht – und in Putin dem Vernehmen nach eine nachhaltige Paranoia gegenüber westlichen *Regime-Change*-Operationen ausgelöst.

Bosnien und Kosovo markieren zweifellos den Höhepunkt des westlichen Interventionismus. Tatsächlich lassen sich die Erfolge sehen – wenngleich sie durch ein vielfach misslungenes internationales Management der vergangenen zwölf Jahre weit hinter den ursprünglichen Visionen zurückgeblieben sind. Es hat schon zuversichtlichere Perioden in Bosniens Nachkriegsgeschichte gegeben. Dennoch ist Bosnien trotz fortgesetzter korrupter Praktiken seiner ethno-nationalistischen Eliten weitgehend befriedet, wenn auch noch (zu) weit von einer europäischen Normalität entfernt. Die anfänglichen Erfolge im Staatsaufbau Bosniens haben einige besonders Engagierte dazu verführt, sehr kühne Schlüsse für den Erfolg von externen Interventionen zu ziehen.

Mein Nachfolger als Hoher Repräsentant in Bosnien und Herzegowina, der liberale britische Politiker Lord Paddy Ashdown, hat nach seinem Ausscheiden ein, man könnte sagen, *Lehrbuch der Intervention* geschrieben. In diesem schöpft er aus seinen Erfahrungen in Nordirland und Bosnien. Darauf basierend formuliert Ashdown seine *Seven Pillars of Peace Making*. Diese seien, so der britische Lord – ganz im Geiste anglo-amerikanischer Hybris – *universell anwendbar*.

Ich erinnere mich an gemeinsame Gespräche, in denen Ashdown kein Verständnis für meine ernsten Bedenken an seiner bosnisch-afghanischen Blaupause fand. Diese Skepsis wurde offenbar auch von anderen geteilt; denn Washington war in der UNO mit dem Vorschlag gescheitert, Ashdown mit dem Wiederaufbau Afghanistans zu beauftragen. Er wäre nicht der erste Brite gewesen, der dort gescheitert ist, muss man mit der Weisheit des Rückblicks anmerken.

Aber selbst der letzte – und schmählich geflüchtete – Präsident Afghanistans, Ashraf Ghani, hat vor seinem politischen Zwischenspiel in Kabul in seiner professionellen Heimat USA ein Werk mit dem Titel *Fixing Failed States* verfasst. Darin legt er mit der gebotenen sozialwissenschaftlichen Präzision jene zehn Kriterien fest, mit denen – *vom Horn von Afrika bis in den Ural* – demokratische Staatlichkeit gleichsam aus dem Boden gestampft werden könne. Niemand anderer als Ghani selbst hat mit seiner krachend gescheiterten Regierung die westlich-liberale These von der universellen Gültigkeit externer Interventionspraxis in vormodernen Stammesgesellschaften – in Afghanistan *Large Footprint* genannt – widerlegt.

Afghanistan – Friedhof der Imperien

Das Ergebnis ist in der Tat niederschmetternd. Die an die Macht in Kabul zurückgekehrten Taliban haben innerhalb weniger Wochen die tatsächlichen und scheinbaren Errungenschaften von zwanzig Jahren binnen Tagen und Wochen nahezu gänzlich eliminiert. Frauen und Mädchen, die großen Profiteurinnen der zwei Jahrzehnte westlicher Intervention, werden unter gelegentlichen Protesten aus Schulen und öffentlichen Einrichtungen hinausgedrängt. Die Burka ist wieder zur weiblichen Zwangsadjustierung geworden.

Zweifellos gibt der Bewusstseinswandel in den gebildeten urbanen Schichten Hoffnung. Dieser bleibt jedoch auf Kabul und einige weitere Städte und Regionen beschränkt. Ob dies den kolossal fehlgeleiteten Aufwand und das zweifelllos vorhanden gewesene Engagement Hunderttausender ausländischer Kräfte rechtfertigt, bleibt dahingestellt. Der Rückfall in die Zeit vor der Intervention zeigt sich gerade bei der traditionellen Drogenökonomie Afghanistans. Nahezu unverändert beruht rund ein Zehntel der afghanischen Wirtschaftsleistung auf Opium.

Im Mai 2022 hat das in Wien ansässige Büro für Drogenbekämpfung der Vereinten Nationen UNODOC Alarm geschlagen: Die Opiumproduktion ist 2021 um weitere acht Prozent gestiegen, ebenso die Preise für den Heroin-Rohstoff. Afghanistan produziert neunzig Prozent des weltweit verkauften Heroins. Das UNO-Büro warnt gleichzeitig vor der steigenden Produktion der Aufputschdroge Methamphetamin. Das Land läuft ohne westliche humanitäre Hilfe Gefahr, vollends in Armut zu versinken.

Die Machtübernahme durch die Taliban hat zum völligen Abbruch der diplomatischen und wirtschaftlichen Beziehungen mit den wichtigsten Geberländern geführt. Die westliche Budgethilfe, welche zuvor etwa die Hälfte des jährlichen Staatshaushaltes ausmachte, wurde ebenfalls eingestellt. Der Großteil der afghanischen Gelder ist in den USA eingefroren. Ein Teil wird der UNAMA zur humanitären Assistenz für die hungernde afghanische Bevölkerung zugeführt. Ein Ende der gigantischen humanitäre Katastrophe ist dennoch nicht abzusehen.

Wie aber soll mit den siegreichen Taliban umgegangen werden? Wie stehen die Chancen und Möglichkeiten der Berücksichtigung exilierter oppositioneller Kräfte beim Aufbau des Staates? Oder sind bewaffnete Konflikte, ist gar ein weiterer Bürgerkrieg unvermeidlich? Was, schließlich, ist von den regionalen Mächten – Pakistan, Iran, vor allem China – zu erwarten? Und: Gibt es eine Rolle für die EU? – Viele Fragen, kaum gute Antworten.

Das Thema humanitäre, sprich militärische Intervention, das von Bosnien bis Afghanistan die amerikanische Außenpolitik – zumal den *War on Terror* – entscheidend geprägt hat, ist wohl nur in seiner exzessiven Ausprägung des Regimewechsels oder des forcierten Exportes westlicher Demokratie vom Tisch. Eines wird bleiben: Die global agierenden Großmächte USA, China, Russland, werden auch in Zukunft nicht von Gewalteingriffen gegen

Staaten oder Territorien absehen; sei es mit dem vollen Spektrum militärischer Gewalt, sei es mittels Luftkrieges, mit polizeilichen oder administrativen Maßnahmen oder mit KI-gestützten Drohnen und Cyberwaffen. So hat etwa Russlands Krieg gegen die Ukraine die Aufmerksamkeit auf Chinas schwelenden Konflikt um Taiwan gelenkt: Ausgang ungewiss. Die einstige britische Kronkolonie Hongkong, die über die Jahre des chinesischen Aufstieges, seine Bedeutung als Wirtschafts- und Finanzplatz eingebüßt hat, wird seit Mai 2022 von einem *Hardliner* als Chief Executive noch enger an Peking gebunden. Ausbau und Aufrüstung künstlicher Inseln im südchinesischen Meer schaffen einen neuen Brennpunkt auf den internationalen Seerouten und maritimen Lieferketten zwischen Asien, Europa und Nordamerika. Das chinesische Modell des staatlichen Überwachungskapitalismus findet etwa bei afrikanischen Diktatoren und lateinamerikanischen Despoten bereitwillige Abnehmer und fördert die wirtschaftliche und politische Re-Kolonisierung des globalen Südens.

Der Marshallplan für Nachkriegseuropa – Vorbild für die Ukraine?

Die Frage nach alternativen Strategien der Konfliktbewältigung nach bewaffneten Auseinandersetzungen führt uns zurück in die Zeit unmittelbar nach dem Ende des Zweiten Weltkrieges und zum amerikanischen Projekt des Wiederaufbaus Europas. Der Aufstieg der Vereinigten Staaten zur globalen Supermacht hatte nach 1945 gleichermaßen Sieger und Besiegte in das historisch einmalige *European Recovery Program* – dem Marshallplan – miteinbezogen. Im Gegensatz zum Revanchismus der Siegermächte nach Ende des Ersten Weltkrieges wurde das kriegszerstörte Europa von den USA in einem Akt des *Enlighthened Self-Interest* in den amerikanischen Orbit geholt. Es galt, Europa als Markt zu erschließen, dem Kommunismus einen Riegel vorzuschieben und den Kontinent militärisch für den aufkommenden Kalten Krieg zu rüsten. Liberale Demokratie und kapitalistische Marktwirtschaft sollten den Alten Kontinent – zumindest den westlichen Teil – zum transatlantischen Pfeiler dieser neuen Weltordnung machen.

Mehr noch als die gigantische finanzielle Unterstützung – die

US-Hilfe zwischen 1948 und 1951 betrug mehr als 200 Milliarden Dollar in heutiger Kaufkraft – hat der von Washington unterstützte und vorangetriebene politische Kulturwandel Frieden und Demokratie auf dem Kontinent sowie dessen Selbstorganisation und die Zusammenarbeit zwischen den europäischen Regierungen etabliert. Aus dem in Paris angesiedelten Büro des Marshallplans wurde in späterer Folge die OECD, welche bis heute die makroökonomische Abstimmung der westlichen Industriestaaten koordiniert.

Selbst die europäische Einigungsbewegung wäre ohne den aufgeklärten *Spirit* des Marshallplans, der die multilaterale Zusammenarbeit und das so typisch amerikanische *Win-Win*-Denken ins Zentrum rückt, schwer vorstellbar gewesen. Die Gründung der Vereinten Nationen und das vom britischen Ökonomen John Maynard Keynes entscheidend mitgeplante (wenn auch nicht gemäß seinen Vorstellungen implementierte) Bretton-Woods-System bildeten gleichsam den globalen Rahmen für die von den USA nahezu im Alleingang geschaffene und bis heute bestimmende westliche Nachkriegsordnung. Diese Ordnung aber wird bereits seit Längerem – insbesondere seit der neoliberalen Wende und der exzessiven Privatisierung wichtiger Gemeingüter – ernsthaft infrage gestellt. Der rasante wirtschaftliche Aufstieg Chinas sowie Russlands militärisch codierte Versuche, ins globale Mächtespiel zurückzukehren, verweisen auf eine aggressive Infragestellung der 1990 von Bush sen. ausgerufenen *Neuen Weltordnung*.

Europas Wandlungen

Im Zusammenhang mit dem Thema dieses Buches ist es mir wichtig, daran zu erinnern, wie der Wiederaufbau des kriegszerstörten Europas – unter den schwierigen Bedingungen der ideologischen Systemkonkurrenz, den Fährnissen des Kalten Krieges samt nuklearer Bedrohung – dennoch gelingen konnte. Die west-östliche Phase der Entspannungspolitik – *Détente* wurde zum politischen Leitbegriff der 1970er Jahre – hat zur KSZE, der Konferenz für Sicherheit und Zusammenarbeit in Europa, geführt und mit deren oft unterschätzter Wirkung der menschenrechtlichen *Soft Power* zum Ende des Kalten Krieges entscheidend beigetragen. Dissidenz und zivilgesellschaftlicher Widerstand im kommunistischen

Osteuropa sind ohne *Helsinki-Prozess* nicht vorstellbar. Den USA war dabei die entscheidende Rolle zugefallen. Ohne den Aufbau liberal demokratischer Strukturen – Rechtsstaatlichkeit, Gewaltenteilung, unabhängige Medien – wäre der Erfolg der amerikanischen *Re-Education* wohl weder in Deutschland noch in Österreich dermaßen erfolgreich gewesen. Weite Teile der Öffentlichkeiten beider Staaten sind demokratisch, ja nachgerade pazifistisch geprägt. Eine zivilisatorische Errungenschaft, die angesichts des Überfalls Russlands auf die Ukraine gründlich infrage gestellt wird.

Wünschenswert wäre, dass in der EU eine Diskussion in Gang gebracht wird, die zu einem Konzept der *Human Security* – also zu einem umfassenden Selbstverständnis und einer grundlegenden Reform der europäischen Außen- und Sicherheitspolitik führt.

Angesichts der russischen Aggression hat sich die Aktualität der 2021 gestarteten *Konferenz zur Zukunft Europas*, die die nächsten Integrationsschritte vorzeichnen sollte, unversehens in eine geopolitische Existenzfrage gewandelt. Es ist zweifellos so, dass in Zukunft das *Friedensprojekt Europa* eine sicherheits- und verteidigungspolitische Dimension benötigt. Dafür aber muss wohl – dem historisch einzigartigen *Integrationsexperiment* entsprechend – ein adäquates gesamteuropäisches Defensivkonzept erarbeitet werden. Eine überhastete Flucht in konventionelle oder gar nukleare Aufrüstung nach dem Vorbild anderer Großmächte kann jedenfalls nicht die Antwort sein.

Es stimmt natürlich: Vergangene Verhandlungserfolge und ausgefeilte Strategien, wie sie der KSZE-Prozess so eindrucksvoll vorgeführt hat, können nicht einfach auf das Jetzt und Heute übertragen werden. Gerade angesichts des militärisch ausgetragenen Ukrainekonfliktes ist mir jedoch der Hinweis auf das Erfordernis diplomatischer Ansätze zur Konfliktbewältigung – das gewiss mühsame Aushandeln nachhaltiger Kompromisse – wichtig.

Russland als revisionistische Macht

Zu den Voraussetzungen für eine erfolgreiche Überwindung des Krieges – und das entspricht dem Bohren besonders dicker Bretter – gehört auch eine umfassende Analyse der politischen Fehleinschätzungen im Umgang mit einem Russland, das spätestens seit der vom Westen kaum sanktionierten Annexion der Krim 2014 einen zunehmend revisionistisch-militaristischen Kurs fährt.

Welche geopolitischen und -strategischen Ideen – um nicht von Visionen zu sprechen – liegen Putins Politik zugrunde? Und welche Rolle spielt die Ukraine darin?

Kann es angesichts notorischer ökonomischer Schwächen tatsächlich um eine von Moskau angeführte *Eurasische Union* gehen? Oder versucht ein zutiefst verunsicherter Koloss den Verlust des Sowjetimperiums militärisch zu kompensieren?

Zum Zeitpunkt, da ich diesen Essay schreibe, ist weder das Ende der Kampfhandlungen noch deren Ausgang abzuschätzen. Die Erfahrungen aus den russischen Militäraktionen in Georgien 2008 (Südossetien und Abchasien wurden von Moskau nach dem Fünftagekrieg als selbständig anerkannt) oder davor im Transnistrien-Konflikt deuten darauf hin, dass Russland – wenn es schon nicht gelingt, die Ukraine und Georgien zu Vasallen zu degradieren – einen *Cordon sanitaire* dysfunktionaler Kleinstaaten zwischen sich und der NATO bzw. der EU errichten möchte. Die kurz vor der Invasion erfolgte Anerkennung der sogenannten Volksrepubliken Donezk und Luhansk durch Moskau scheinen diese These zu untermauern. (Ähnliches wird in Bosnien misslingen, wo Putins serbisch-sezessionistischer Statthalter Milorad Dodik alles daransetzt, seine balkanische Variante kleptokratischer Politik ethno-nationalistisch zu verbrämen.) Alles in allem verheißt das spezifische geopolitische Umfeld der Ukraine nichts Gutes für eine Nachkriegszeit mit realistischen Chancen auf politische Souveränität und wirtschaftliche Entwicklung in den Grenzen von 1991.

Dennoch ist es angeraten, bereits heute über den Wiederaufbau der Ukraine gleichermaßen umfassend wie regional-spezifisch nachzudenken. Die westlichen Hilfsbekundungen sind eindrucksvoll und werden wohl über einen längeren Zeitraum anhalten. Wie aber kann dieser Wiederaufbau gelingen, wenn nicht das korrupte politische System Kiews radikal neu aufgesetzt wird? Wenn nicht die gigantische Expropriation öffentlicher Güter seit der Unabhängigkeitserklärung – die *Crony Privatisation* genannte Ausraubung des reichen Landes durch eine kriminelle Clique – gründlich korrigiert wird? Konkret: Wie kann man etwa die riesigen

Vermögen der Oligarchenklasse in den produktiven Dienst einer neuen – demokratischen – Ukraine stellen? Aber auch: Wie soll der durch Russlands Zerstörungskrieg entstandene Totalschaden der Ukraine kompensiert werden? Wie könnten die in westlichen Banken eingefrorenen russische Vermögenswerte – staatliche wie private – in Form von Reparationszahlungen dem ukrainischen Wiederaufbau zugeführt werden?

Die Kosten für den Wiederaufbau werden zweifellos gigantisch sein und sollten nicht nur von internationalen Akteuren, vor allem von Europa und den USA, aufzubringen sein. Allein die im Westen eingefrorenen Devisen der russischen Zentralbank belaufen sich auf etwa 350 Milliarden US-Dollar. Die Vermögen russischer Oligarchen sind womöglich noch größer. Wiewohl die Beschlagnahme privaten Reichtums an rechtliche Grenzen stößt, ist die Beschlagnahme von Vermögen eines Aggressors völkerrechtlich durchaus möglich. Reparationszahlungen könnten zum Beispiel Teil eines Friedensvertrages sein.

Das Beispiel Bosnien hat deutlich gemacht, dass die Bereitstellung der Finanzierung ohne den gleichzeitigen Aufbau einer funktionierenden – und korruptionsresistenten – Verwaltungsstruktur zum Scheitern verurteilt ist. Die Herausforderungen sind im Oligarchenstaat Ukraine um ein Vielfaches größer. *Transparency International* zeichnet ein düsteres Bild der ukrainischen Korruptionslandschaft. Der Wiederaufbau böte freilich auch die (unwahrscheinliche) Chance, in einem gigantischen Reformsprung das Land näher an europäische Standards heranzubringen. Der erstaunliche kollektive Widerstand, der Wille zur Nation, spricht dafür.

Überlegungen dieser Art setzen jedoch die Überwindung der gerade in der Ukraine tief verankerten oligarchischen Machtstrukturen voraus. Ob das gelingen kann, ist die eigentliche Existenz- und Überlebensfrage der Ukraine.

Erst nach Beantwortung dieser und weiterer elementarer Herausforderungen kann an einen ukrainisch-europäischen *Marshallplan* gedacht werden. Denn das nötige politische und finanzielle Engagement Europas und der USA muss angesichts der vom Krieg ausgelösten wirtschaftlichen Verwerfungen, die weit über das wohlhabende Europa hinausreichen, von den davon betroffenen Steuerzahler:innen mitgetragen werden. – Eine demokratiepolitisch heikle Aufgabe.

Neoliberale Transformation, liberale Demokratie und Autokratisierung

Die politische und wirtschaftliche Transformation Osteuropas basierte gemäß dem *Washington-Konsens* auf der umstandslosen Privatisierung des öffentlichen Produktionssektors, einer raschen Marktliberalisierung und – ganz allgemein – auf dem radikalen Zurückfahren des Staates. Die zu Beginn der 1980er von Thatcher und Reagan eingeleitete neokonservative Wende wirkte sich unmittelbar nur in der lateinamerikanischen Schuldenkrise negativ aus. Weltbank und Internationaler Währungsfonds, unterstützt von den im Geiste Friedrich von Hayeks agierenden *Chicago Boys* (die bereits im Chile Pinochets aktiv gewesen sind) und weiteren Neoliberalen dies- und jenseits des Atlantiks, haben seit dem Beginn der 1990er Jahre mit enormen sozialen Kosten die Transformation der rigiden Planwirtschaften in marktaffine Systeme bewerkstelligt.

Polen ist ein gutes Beispiel für den Erfolg dieser Schocktherapie. Selbst während der globalen Finanzkrise von 2008ff. hat Polen als eines der ganz wenigen Länder wirtschaftliche Zuwachsraten generiert – auf Kosten eines zerstörten sozialen Netzes. Der demokratische Wechsel von den Liberalkonservativen zur Partei des *Starken Mannes* Lech Kaczyński ist auch darauf zurückzuführen, dass seine Partei *Prawo i Sprawiedliwość* (PiS) ein sozial *linkes* mit einem gesellschaftspolitisch illiberalen Programm zu verbinden weiß. Der fortschreitende Abbau demokratischer Strukturen in Polen muss daher als Reaktion auf eine völlige Missachtung der Nöte jener oft verächtlich als *die kleinen Leute* bezeichneten Verlierer im neoliberalen Streben nach Ungleichheit gesehen werden.

Rechtspopulistische Bewegungen – stets gegen repräsentative Demokratien gerichtet – gewinnen Attraktivität und Wahlen, indem ihre Führer (in Frankreich auch weiblich) reale gesellschaftliche Brüche mit autoritär-egalitären Angeboten überpflastern. Ungarns Orbán spielt auf dieser Klaviatur mit besonderer Virtuosität, hat er doch die jüngsten – gewiss unfairen – Wahlen mit einer, trotz der seit Jahren fließenden Milliardenzuschüsse, Anti-EU-Demagogie und pro-russischen Rhetorik entschieden gewonnen.

Über demokratischen Wechsel durch faire Wahlen gibt es aus dem osteuropäischen Umkreis jedoch auch Positives zu berichten: In der Tschechischen Republik wurde der korrupte Multimillionär als Premierminister ebenso abgewählt wie jener in Bulgarien, und auch in Slowenien hat das Volk dem Orbán-Freund und Möchtegern-Autokraten Janša bei den jüngsten Wahlen eine klare Abfuhr erteilt. Gegen die Ersteren wird von der heimischen Justiz bereits wegen Korruption ermittelt. Der vielgepriesene Markt als Ordnungselement ist in diesen beiden EU-Staaten im Begriff, durch die Instrumente des Rechtsstaates eingehegt zu werden.

Gewiss, beim einstigen kommunistischen Hegemon in Moskau ticken die Uhren immer noch anders. Aber selbst im postsowjetischen Russland fand der Marktfundamentalismus enthusiastische Anhänger – und führte unter Boris Jelzin *direttissima* in das kleptokratische Oligarchensystem. Eine Erkenntnis, die auch für den digital-kapitalistischen Westen gilt: Ohne Demokratie funktioniert Wirtschaft eben nur für die sprichwörtlichen *Oberen Zehntausend.* Jelzins Nachfolger Wladimir Putin verstand es, den Oligarchen jede innenpolitische Ambition auszutreiben (Chodorkowskis Enteignung und langjährige Internierung hatte ihre Wirkung nicht verfehlt). Er hat sie – neben den reaktionär-nationalistischen *Siloviki* – als zweite, politisch domestizierte Säule seines Regimes installiert.

Russlands militärische Machtprojektionen von Tschetschenien und Dagestan im Inneren über den kalibrierten Einsätzen im *Nahen Ausland* des Südkaukasus bis hin zum Eingreifen in Syrien und Libyen und in der afrikanischen Sahelzone ließen den russischen Präsidenten als *Rational Actor* mit taktischem Geschick und einem Hang zu kalt kalkulierter Brutalität erscheinen. In der Ukraine scheint nur Letzteres übriggeblieben.

Als Michail Gorbatschow, Putins einstiger Chef, im Oktober 1990 der Friedensnobelpreis zugesprochen wurde, waren die Fundamente des Sowjetreiches bereits gefährlich ins Wanken geraten. *Perestrojka* und *Glasnost* hatten der Bevölkerung keinerlei materielle Erleichterungen gebracht. Die steigende Unzufriedenheit mit der krisenhaften wirtschaftlichen Entwicklung und dem desaströs verlaufenden Krieg in Afghanistan haben dem ob seiner Öffnung im Westen gefeierten Staatspräsidenten und Parteichef zusehends die Gefolgschaft gekostet. Selbst die geplante Oslo-Reise zur Überreichung der Auszeichnung im Dezember 1990 musste kurzfristig abgesagt werden. Die im Moskauer medial-politischen Milieu kursierenden Putschgerüchte und Umsturzpläne hatten die Abwesenheit des Staatspräsidenten ungelegen erscheinen lassen. Das Osloer Nobelpreiskomitee hatte noch in seiner Begründung auf Gorbatschows Verdienste, *die Konfrontation der Blöcke durch Verhandlungen ersetzt* zu haben, herausgestellt. Sein Beitrag zur Stärkung der Vereinten Nationen nach den Verwerfungen des Kalten Krieges wurden besonders hervorgehoben. Gorbatschows Nobelpreisrede – von einem stellvertretenden Außenminister vorgelesen – spiegelt den westlichen Optimismus, wenn er ausführt, dass nunmehr das *Risiko eines nuklearen Krieges praktisch verschwunden* sei.

Die zu diesem Zeitpunkt bereits seit Monaten wachsenden Unabhängigkeitsbestrebungen in den baltischen Ländern haben jedoch rasch die Grenzen von Gorbatschows innenpolitischem Handlungsspielraum aufgezeigt. Mit der Unterstützung des Putschversuches Moskau-treuer Offiziere in Vilnius hat sich der Friedensnobelpreisträger auf die falsche Seite der Geschichte geschlagen. Noch im selben Jahr zerbrach die Union der Sozialistischen Sowjetrepubliken. Im August 1991 wurde der kommunistische Putsch in Moskau von Jelzin mutig niedergeschlagen; Gorbatschow aber war seinen Job als sowjetischer Staatspräsident und als Generalsekretär der KPdSU los. Die historisch herausragende, auch teils zwiespältige Rolle Gorbatschows markiert jene Zeitenwende von 1989/91, deren Folgen bis heute nachwirken. Die Einordnung des Ukrainekonfliktes in den historischen Kontext der Umwälzungen seit 1989 – Endpunkt des Kalten Krieges oder Beginn einer eurasischen Episode? – wird wohl erst von zukünftigen Historikern getroffen werden. Was wir heute wissen: Das Ende der Sowjetunion und die Wiedervereinigung Deutschlands sind untrennbar mit dem Namen Gorbatschow verbunden.

Die chaotischen Jelzin-Jahre zwischen 1991 und 1999 waren gekennzeichnet vom Scheitern westlich-liberaler Reformversuche, der, nennen wir es, *primären Akkumulation* des riesigen Staatsvermögens in den Händen einiger weniger, begleitet von einer atemberaubenden Pauperisierung breiter Bevölkerungsschichten. Der *Radikalreformer*, wie Jelzin sich selbst gerne gesehen hat, war an der konservativen und immobilen russischen Gesellschaft, auch an der traditionellen Untertanenmentalität, gescheitert. Der in Maos China versuchte *Great Leap Forward* ist in Russland unter neoliberal-kapitalistischen Vorzeichen ebenso gründlich misslungen. Revolutionen, zumal wenn es um die gesellschaftliche Transformation geht, haben erst nach vielen – zu vielen? – Opfern zu Veränderung geführt. Selbst das Trauma des Zerfalls der Sowjetunion wurde um die Jahrtausendwende noch nicht einmal richtig wahrgenommen. Zur Jahreswende 1999/2000 hatte sich schließlich der vom Alkohol gezeichnete erste demokratisch gewählte Präsident Russlands aus seinem Amt verabschiedet. Davor noch hatte Jelzin unter angeblich zwanzig Kandidaten Wladimir Putin, den scheu auftretenden ehemaligen sowjetischen Geheimdienstmitarbeiter aus Sankt Petersburg, zu seinem Nachfolger bestimmt.

Sehr rasch und entschieden hat der Neue die politische Re-Zentralisierung des Riesenreiches in Angriff genommen und etwa den Regionen die Wahl ihres Gouverneurs entzogen. Das vom Zerfall der Roten Armee demoralisierte russische Militär hat Putin mit neuen Zielen und Aufgaben in den Dienst seiner revisionistischen Machtbestrebungen gestellt. Zuvor aber galt es noch, die auseinanderstrebenden Nationalitäten im Kaukasus zu disziplinieren. Einige nichtrussische Ethnien wären nur allzu gern den fünfzehn ehemaligen Sowjetrepubliken in die Selbständigkeit gefolgt.

Die zwanzig Millionen Muslime bilden nach wie vor einen weiteren Unsicherheitsfaktor im multiethnischen und multireligiösen Russland.

Die massive Aufrüstung der vergangenen Jahre wurde vom Westen zusehends als Bedrohung wahrgenommen; der offensichtlich militärtechnisch missglückte *Blitzkrieg* gegen Kiew lässt Zweifel an der tatsächlichen Kampfkraft aufkommen. Es ist jedoch eine Tatsache, dass die mit äußerster Brutalität und Vernichtungswillen geführten Tschetschenienkriege, aber auch der Krieg in Transnistrien und in Abchasien, den Beginn jener Autokratisierung und

Militarisierung der russischen Politik markieren, deren vorläufigen Höhepunkt wir in der Ukraine miterleben.

Das brutale Vorgehen gegen die Ukraine hat die Frage aufgeworfen, ob Putin *schon immer* so gewesen sei, oder ob die zweiundzwanzig Jahre an der Macht ihn zu dem gemacht haben, als der er heute auftritt. Die Meinungen dazu laufen diametral auseinander und prägen westliche Kritik und Selbstkritik in zunehmendem Maße. Das internationale *Kommentariat* ergeht sich in einer anschwellenden Kakophonie und argumentiert an der Kernfrage vorbei – nämlich wie *inklusive Sicherheit* entlang der sich gerade neu formierenden europäisch-russischen Machtblöcke hergestellt werden kann.

Versucht man den frühen Putin zu deuten, so fällt einem dessen werbende Rede vor dem deutschen Bundestag 2001 ein. Auch Putins Beitrag auf der Münchener Sicherheitskonferenz 2007 – kein bloß rhetorischer Wendepunkt – ist instruktiv. Hier erleben wir bereits einen selbstbewussten und gegenüber dem Westen auf kritische Distanz bedachten Staatsmann, der offensichtlich die Annäherungsversuche seines Vorgängers Jelzin an den Nordatlantikpakt – 1997 wurden die NATO-Russland-Grundakte unterzeichnet – oder gar Gorbatschows *Gemeinsames Haus Europa* bereits weit hinter sich gelassen hat.

Die ab 1999 in fünf Phasen umgesetzte NATO-Osterweiterung wurde unter Hinweis auf die angeblichen gegenteiligen Versprechen des Westens von Moskau mit zunehmender verbaler Aggression verfolgt. Die im Hochgefühl des überraschend friedlich verlaufenen Endes des Kalten Krieges gewälzten Pläne einer gesamteuropäischen Sicherheitsarchitektur unter Einschluss Russlands waren trotz der in der *Charta von Paris* festgeschriebenen friedlichen Ordnungsprinzipien für ein *Neues Europa* nie ernsthaft angegangen worden. – Ein möglicherweise entscheidender Fehler.

Im Rückblick auf die Jahre der absoluten amerikanischen Dominanz zwischen dem Ende des Kalten Krieges und den islamistischen Terroranschlägen von 2001 in New York und Washington DC verliefen die globalen Entwicklungen in einer eigenartig anmutenden Parallelaktion. Demokratie und Menschenrechte schienen sich weit über den globalen Westen hinaus auszubreiten – die

Zahl der Demokratien hatte sich innerhalb weniger Jahre verdoppelt. (Diese Entwicklung ist seit Jahren rückläufig, ja sie hat sich ins gefährliche Gegenteil verkehrt: Gab es 2010 laut *Varieties of Democracy* noch 123 *Electoral Democracies* und immerhin 60 liberale oder rechtsstaatliche Demokratien, so sind diese Zahlen auf nur noch 50 beziehungsweise 37 gefallen, ein dramatischer Absturz).

China und die USA – Die unausweichliche Rivalität

Das kommunistische China hingegen konnte die vom neoliberalen Globalisierungsschub ausgelöste weltweite Öffnung hervorragend für sich nutzen. Der 2001 erfolgte Beitritt zum multilateralen Handelssystem der WTO befeuerte die rasante Transformation der chinesischen Wirtschaft von der *verlängerten Werkbank* des Westens in ein technologisches Machtzentrum. Aus dem wirtschaftlichen Partner um die Jahrtausendwende hat sich rasch der technologische und systemische Konkurrent und globale Widersacher entwickelt.

Damit aber haben auch die seit der China-Öffnung der USA unter Nixon/Kissinger eingesetzten akademischen Kontroversen zwischen den realistischen und idealistischen Schulen der akademischen Disziplin der Internationalen Beziehungen an Fahrt aufgenommen. Und diese haben politische Auswirkungen bis heute.

Während die zumeist den US-Demokaten zugerechneten Idealisten forcierte Handelsbeziehungen als liberal-demokratischen Transformationsfaktor betrachtet haben, wollten die Realisten im Gefolge von George Kennans erfolgreicher sowjetischer *Containment Policy* die wirtschaftliche Entwicklung Chinas mit den Mitteln und Möglichkeiten amerikanischer Hegemonie einhegen; also: kein Einschluss ins kapitalistische Welthandelssystem, keine FDIs in China und umgekehrt keine chinesischen Investitionen in den USA. Bis zu Trumps Präsidentschaft haben sich die Freihandelsidealisten durchgesetzt. Seither, auch unter Biden, fahren die USA einen – im Gegensatz zum handelsliberalen Europa – strikteren wirtschaftspolitischen Kurs gegen China. Denn für die USA haben sich die Erwartungen nicht erfüllt, dass sich die bevölkerungsmäßig größte Volkswirtschaft mit ihrem kommunistisch-autoritären System gleichsam automatisch in das regelbasierte multilaterale Welthandelssystem einfügen würde.

Ganz im Gegenteil haben seit dem Amtsantritt von Xi Jinping 2012 staatliche wirtschaftliche Eingriffe nachgerade systemische Ausmaße erreicht. Die von Xi betriebene *patriotische Ideologisierung*, der barsche Nationalismus der Weltmacht des 21. Jahrhunderts, macht China zum systemischen Rivalen des Westens. Die Einschätzung des chinesischen Gefahrenpotenzials wird im transatlantischen Dialog zusehends kontroversiell bewertet. Dabei waren Amerikaner wie Europäer die längste Zeit davon überzeugt, dass die Integration in das internationale Wirtschaftssystem Peking in einen verantwortungsvollen globalen Akteur verwandeln würde.

Der ältere Bush, motiviert durch das Ende des Kalten Krieges 1989, war überzeugt, dass Chinas wirtschaftliche Verflechtungen mit dem Westen – trotz der im selben Jahr erfolgten Niederschlagung der Demokratiebewegung am Platz des Himmlischen Friedens – zur gesellschaftlichen Liberalisierung des kommunistischen Staates beitragen würde. Eine frühe Version der These vom *Wandel durch Handel.* Clinton oder auch Bush Junior waren ebenso von der ökonomischen Transformationskraft überzeugt wie Barak Obama, dessen Außenministerin Hillary Clinton 2011 den *Pivot to Asia* ausrief. »A thriving China is good for America«, schrieb sie in der Fachzeitschrift *Foreign Policy* ganz im Einklang mit US-Unternehmerkreisen, die China in Zeiten des *Offshoring* als willkommene Produktionsstätte und riesigen Markt entdeckt hatten. Dies hat sich erst unter der Präsidentschaft von Donald Trump gewandelt. Sein Nachfolger Joe Biden hat die meisten von Trumps oftmals schädlichen außenpolitischen Entscheidungen rückgängig gemacht, nicht jedoch dessen Chinapolitik.

Die Europäische Union, in Fragen der Außenpolitik an das Einstimmigkeitsprinzip gebunden, tut sich in der Formulierung einer einheitlichen Linie Peking gegenüber naturgemäß schwerer. Chinas strategische Investitionen insbesondere in kleinere Volkswirtschaften Zentral- und Südosteuropas macht sich hier bezahlt: Wiederholt scheiterten gemeinsame Erklärungen der EU im Zusammenhang mit Chinas miserabler Menschenrechtspolitik, aber auch strengere Wirtschafts- und Handelsregeln am Veto solcher

Empfänger von chinesischen Investitionen. Diese Unterschiede zwischen Washington und Brüssel im Umgang mit Peking sind über die Jahre größer geworden. Die Frage, wie mit China ein wirtschaftlich-geopolitischer Spagat gelingen kann, sowie westliche Anliegen um Demokratie und Menschenrechte hat man längst beiseitegeschoben; darüber herrscht eingestandenermaßen Ratlosigkeit. Europa ist in besonderem Maße gefordert; immerhin ist das wirtschaftliche Missverhältnis beeindruckend:

Während – Stand 2019 – chinesische Unternehmen ca. 70 Milliarden Euro in der EU investiert haben, sind die europäischen Investitionen in China fast um das Dreifache höher und liegen bei ca. 200 Milliarden. Diese wirtschaftliche Verschränkung – im Falle von Deutschlands Automobilindustrie ist sie noch um einiges intensiver – verlangt Entscheidungen.

Heute zeigt sich, wie schnell ökonomische Verflechtungen als geostrategische Machtinstrumente eingesetzt werden können. Von der wirtschaftlichen Kooperation und handelspolitischen Integration der 1990er Jahre ist das westliche Verhältnis zu China rasch in einem alle Bereiche umfassenden Konflikt gelandet. Pekings geoökonomische Strategie einer globalen Investitionsoffensive unter dem Titel einer *Neuen Seidenstraße – Belt and Road Initiative* (BRI) – sichert der chinesischen Industrie wichtige Absatzmärkte, während die oft einseitigen Kreditkonditionen zu politischen Abhängigkeiten der Empfängerländer führen. Die Beispiele reichen von Montenegro und Sri Lanka bis zum EU-Mitgliedsstaat Griechenland, das im Zuge der von Brüssel oktroyierten Privatisierungsmaßnahmen seinen wichtigsten Hafen am Piräus an einen chinesischen Staatskonzern veräußert hat. *Strategic Europe* glänzte durch Abwesenheit.

ChinAmerica – Und wo bleibt Europa?

Der beherrschende ideologische und strategische Konflikt der kommenden Jahrzehnte wird zwischen Peking und Washington ausgetragen – wo aber steht Europa in diesem sino-amerikanischen 21. Jahrhundert? Barak Obamas Ankündigung eines *Pivot to Asia* schürte Erwartungen oder Befürchtungen eines strategischen Rückzugs Washingtons aus Europa. Amerika würde, so dachte man, seine Rolle als europäische Macht, welche es seit 1945 innehatte, zu einer bloßen Macht in Europa herabstufen. Die russische Invasion in der Ukraine hat diese geostrategische Verschiebung vorerst infrage gestellt, doch Zweifel am US-*Commitment* bleiben in Europa bestehen.

Seit der disruptiven Zäsur der Trump-Präsidentschaft ist das Vertrauen in die Verlässlichkeit des Verbündeten jenseits des Atlantiks angeschlagen. Angesichts der Präsidentschaftswahlen 2024 fragen sich viele, ob nach Trump nicht möglicherweise vor Trump ist. Das kollektive Trauma des gescheiterten Putschversuchs radikaler Trump-Anhänger vom 6. Januar 2021 (als solcher ist der Sturm des Kapitols eindeutig zu benennen) sitzt tief, und die gesellschaftliche Polarisierung der US-Öffentlichkeit sowie ihre Ursachen – eklatante gesellschaftliche Ungleichheit, Rassismus und religiöser Fundamentalismus – zeigen keine Anzeichen einer Besserung.

So taktisch geschickt Russland sein schwaches Blatt auch spielt – trotz einer Volkswirtschaft, kleiner als jene Italiens, einer alternden Bevölkerung und eines Militärs, dessen Bestände großteils aus Sowjetzeiten stammen, hat Moskau einen überproportionalen Einfluss auf die Weltpolitik. Objektiv ist China weitaus bemerkenswerter als Herausforderer des liberal-demokratischen Modells. Peking hat den politischen Willen und das wirtschaftliche Potenzial, die USA als globalen Hegemon abzulösen. Ist der blutige Konflikt in der Ukraine also eine bloße Ablenkung in Washingtons geopolitischen Kalkulationen?

Während Peking und Washington um Macht und Einfluss ringen, scheint dies nicht real, als würde es erneut einen unipolaren Moment geben. Womöglich steuern wir statt auf eine multipolare Welt sogar auf ein vieldimensionales *Array* von Einfluss in definierten Themenfeldern zu. In einem solchen könnten fließende Koalitionen von Staaten und internationalen Organisationen die Führungsrolle in verschiedenen Politikbereichen – etwa Handel, Klima, Energie, digitale Technologien – innehaben. In einer Welt überlappender, pragmatischer Interessengemeinschaften muss Europa Partner unter den Demokratien der Welt – sind Indien, Indonesien oder einzelne afrikanische Staaten als solche zu definieren? – finden und sich auf seine historischen Stärken besinnen. Als *regulatorische Weltmacht* hat die EU Möglichkeiten, die Rahmenbedingungen einer regelbasierten Zusammenarbeit in Bereichen wie Klima- und Umweltschutz, digitale Technologien, aber auch Rechtsstaatlichkeit, Menschenrechte, Soziales oder internationale Gerichtsbarkeit entscheidend mitzugestalten – wenn sie es denn schafft, die notwendigen Koalitionen zu schmieden.

Während die EU in vielen Fragen wohl auch in Zukunft auf ihre traditionelle Partnerschaft mit den USA setzen kann, gibt es doch zahlreiche Felder, in denen Washington den Interessen Europas entgegensteht – die universelle Jurisdiktion des Internationalen Strafgerichtshofs ICC für Kriegsverbrechen und Verbrechen gegen die Menschlichkeit oder die Einhegung der Macht von monopolistischen Silicon-Valley-Konzernen sind nur zwei Beispiele.

Die größte Herausforderung bleibt Amerikas persistierende liberal-demokratische Konfliktlogik. Mit dem mächtigsten Militärapparat der Menschheitsgeschichte ausgestattet, neigt Washington dazu, für jedes internationale Problem militärische Lösungen zu kalkulieren. Der politische Erfahrungshorizont ist daher gewissermaßen eingetrübt: Die USA waren in ihrer gesamten Geschichte nur 15 Jahre in keinen Krieg involviert und führen aktuell Militäroperationen in vielen Dutzend Ländern durch, unter anderem im Zuge ihres *War on Terror* und des *War on Drugs* – beides katastrophal fehlgeleitete *Forever Wars*, die sinnvollerweise nicht mit militärischen Mitteln *geführt* werden. Da passt der peinliche Versprecher gut dazu, der dem jüngeren Bush passiert ist, als er im texanischen Dallas mit Blick auf den Kremlherrscher wörtlich von der *Entscheidung eines einzelnen Mannes, eine völlig ungerechtfertigte und brutale Invasion im Irak (!) zu starten*, gesprochen hat.

Die ambivalenten Traditionen des amerikanischen Bellizismus, jenes Schwanken zwischen *Over Stretch* und Isolationismus, könnten sich womöglich in den Indo-Pazifik ausweiten. Eine problematische Option angesichts des *Asiatischen Jahrhunderts*. Europa sollte daher alles daransetzen, eine weitere Militarisierung der Systemkonkurrenz zwischen China und dem Westen hintanzuhalten, um nicht gar in diese hineingezogen zu werden. Es gilt, die *Thukydides-Falle* zu vermeiden, jenes scheinbar eherne Gesetz der internationalen Beziehungen, dass ein Konflikt zwischen aufstrebenden und absteigenden Mächten unvermeidbar sei. Es scheint so, als ob Metternichs europäische *Balance-of-Power*-Politik im Fernen Osten neu verhandelt wird.

The Fog of War – Wie kann Frieden umfassend gelingen?

Derzeit allerdings häufen sich die Alarmsignale. Es ist davon auszugehen, dass Russland im Zuge seiner internationalen Isolation zunehmend in eine nachgerade klientelistische Abhängigkeit von Peking schlittert. Der damit verbundene Machtzuwachs Chinas würde die globalen tektonischen Machtverschiebungen zweifellos beschleunigen und Europas geopolitischen Spielraum noch weiter einschränken.

Die *Nebel des Krieges* werden sich noch lange nicht verziehen.

Daher war es ungemein wichtig, dass sich Europas stotterndes Integrationsprojekt im Kontext des Ukrainekrieges als überraschend einig erwiesen hat.

Ohne grundlegende Reformen der Brüsseler Entscheidungsabläufe – und diese müssen weit über energie- und verteidigungspolitische Maßnahmen hinausgehen – würde Europas Außenpolitik wieder stärker von Washington abhängen und die beschworene *europäische Souveränität* solcherart in eine ungewisse Ferne rücken. Die Wahl Trumps wie dessen von ihm nicht akzeptierte Abwahl haben deutlich gemacht, dass Europas Schicksal nicht davon abhängen darf, wer gerade im Weißen Haus residiert.

Can Europe Trust America?, fragte sich selbst Ivan Krastev, der zweifellos originellste euro-atlantische *Public Intellectual*, bereits 2019 in der *New York Times* und meldet ernste Zweifel an.

Es liegt daher im vitalen Interesse unseres Kontinents, dass die globale Ordnung im 21. Jahrhundert (auch) eine resolute europäische Handschrift trägt. Allein die von Russlands kolonial codiertem Krieg in den Hintergrund gedrängten globalen Herausforderungen erfordern die rasche Rückkehr zu einer multilateral agierenden Weltgemeinschaft. Die Klimakatastrophe vor allem, aber auch die konfliktbeladene Ressourcenverteilung, aktuelle und künftige Pandemien, Demografie und Migration – zumal der fortschreitende Staatszerfall in der afrikanischen Sahelzone und die vom fernen Konflikt getriggerte Brotgetreidekrise – können nur in globaler Gemeinschaft (ein oft missbrauchter Begriff) gelöst werden. Die neoliberale Globalisierungsvariante ist als gescheitert zu betrachten. Das aber heißt nicht, dass mit dem *Home-Sourcing* strategischer Produktionen die globale Dimension des 21. Jahrhunderts obsolet geworden ist. Im Gegenteil, was die hypervernetzte Welt der nahen Zukunft heute schon benötigt, ist eine differenzierte, regelbasierte und sozial verträgliche, kurz: faire Globale Ordnung. Die globale Finanzkrise hat die Sackgasse des neoliberalen Kapitalismus aufgezeigt. Die verfehlte europäische Autarkiepolitik gegenüber Griechenland (das Staatsdefizit ist von 170 Prozent vor der Krise auf heute 220 Prozent hochgeschnellt) scheint verdrängt; die neoliberale Ideologie lebt zombiehaft fort. Die christliche These vom Fortleben nach dem Tod scheint sich im Extremkapitalismus zu bestätigen.

Können die Vereinten Nationen diese Herkulesaufgabe noch leisten? Gerade das auf verbindlichen kooperativen Regeln gegründete Europa muss im wohlverstandenen Selbstinteresse alles daransetzen, die Zukunft einer die neuen geopolitischen Gegebenheiten und Herausforderungen berücksichtigenden UNO sicherzustellen. Eines muss uns Europäern klar sein: Die von Russland und den USA fahrlässig betriebene Zerstörung des über Jahrzehnte ausverhandelten Netzes von Rüstungsbeschränkungs- und Abrüstungsvereinbarungen ist mitverantwortlich für die unberechenbare Eskalationsspirale gegenwärtiger Konflikte. Deren explosiver *Nucleus* aber befindet sich im Zentrum des Kontinentes.

Putins atomare Drohung hat die überwunden geglaubte nukleare Aufrüstung dramatisch befeuert; selbst der in Wien verhandelte Iran-Deal läuft Gefahr, als bloße *Coda* dieser Ära ausverhandelter Selbstzerstörungsbeschränkungen zu firmieren. Die *Zeitenwende* des 24. Februar 2022 hat ein grelles Schlaglicht auf die Verwundbarkeit des Planeten geworfen. Der akademische Topos der *Inter-Vulnerability* scheint mit diesem Datum seine praktische Bestätigung bekommen zu haben. In der Tat sind die Errungenschaften dieser vernetzten Welt gründlich ins Wanken geraten. Wie aber kann nach dem nuklearen Tabubruch Moskaus, der hegemonialen Resilienz Washingtons und der opportunistischen Absenz Pekings, Sicherheit und Vertrauen, kurz, eine tragfähige Friedensordnung für das 21. Jahrhundert hergestellt werden?

Oder müssen wir Slavoj Žižek, dem postmarxistischem Antipoden Ivan Krastevs, recht geben, der den Angriffskrieg Russlands auf die Ukraine in einer Welt verortet, *die* – so Žižek – *für nichts mehr steht?*

Nur so viel scheint gewiss: Europa und Russland, die Ukraine, Belarus und die baltischen EU-Staaten werden auch in dieser neuen Welt – *for better or worse* – miteinander umzugehen haben. Die Souveränität und territoriale Integrität, das Fortbestehen der Ukraine, ist damit zum (unerreichbaren?) *Urmeter* der anstehenden Neuvermessung dieser Welt geworden.

Kiew/Kyjiw: Majdan – »Platz der Unabhängigkeit« | Credit: Christian Reder

Kiew/Kyjiw: Metrostation im Frieden | Credit: Christian Reder

Skizzen zur Geschichte der Region

PROVOZIERTE ISOLIERUNG. Die auf Gelegenheiten wartenden Interventionen von Putins Russland eskalierten nach exzessiven Kaukasus-Kriegen bekanntlich 2014 mit der Annexion der Krim, die etwa so groß wie Sizilien ist. Die ungleichen Reaktionen lassen an den Öl-Krieg um das kleine Kuweit denken, der dann den Irak mit mörderischen UNO-Sanktionen ruinierte.

Auf der Krim beeindruckte uns 2006/07 die fast menschenleere wunderbare Landschaft. Nur einige Industrieruinen wie der Atomkraftwerk-Rohbau Kasantyp wirkten wie Relikte einer mysteriösen Katastrophe. Dass wie oft sonst in der Ukraine Russisch gesprochen wird, war Alltag. Sewastopol schien als sowjetischer Flottenstützpunkt vertraglich abgesichert. Zehntausende nach den Deportationen vom Mai 1944 zurückkehrende Krimtataren waren dabei, sich trotz ständiger Konflikte friedlich zu integrieren. In vielem an das Griechenland der 1960er Jahre erinnernd, drohten der Krim sichtlich baldige Tourismuswellen. Auch vor der Orangen Revolution ab 2004 und den Euromajdan-Unruhen in Kiew 2013/14 wurden interne Ost-West-Differenzen, Neutralität, EU- und NATO-Beitritt diskutiert, wegen einer desperaten Politik aber angenommen, vieles sei vom Westen oder Russland manipuliert. Die daraus entstandene vielfältige Zivilgesellschaft ist heute das Rückgrat des Widerstandes. Ein militärischer Angriff Russlands mit wirtschaftlicher und kultureller Isolation war noch undenkbar.

Mit der völkerrechtswidrigen ›Wiedervereinigung‹ der Krim intensivierte sich auch der Abspaltungskrieg in Donezk und Lugansk, nun unter dem im mörderischen Syrienkrieg erprobten General Alexander Dwornikow. In der UNO-Generalversammlung hatten 100 Staaten die Krim-Übernahme nicht anerkannt, aber 58 aus Afrika und Asien enthielten sich. Nur eine merkwürdige Koalition unterstützte Russland: Belarus, Armenien, Bolivien, Kuba, Nicaragua, Nordkorea, Simbabwe, Sudan, Syrien, Venezuela. Noch krasser zeigte sich die von der UNO repräsentierte konfuse Weltlage im Verhalten des – zur Friedensicherung geschaffenen – Sicherheitsrats nach Putins militärischem Überfall auf die Ukraine. Nur das Vetorecht der russischen Föderation, die gegen jede Regel als Betroffene den Vorsitz führte, verhinderte eine offizielle Verurteilung. China, Indien und die Vereinigten Arabischen Emirate positionierten sich durch Enthaltung ›neutral‹. In der UNO-Generalversammlung forderten 141 Staaten Russlands sofortigen Abzug, 35 enthielten sich, darunter China, Indien, Iran, Kasachstan. Die Gegenstimmen lieferten Russland, Belarus, Nordkorea, Syrien und Eritrea. Den Ausschluss aus der G 8, der Gruppe der Mächtigen, und dem Europarat nimmt Russland in Kauf. Sich zwar durch ständige Regelbrüche isolierend, will Putins Russland dennoch Einflusszonen sichern, nun als ›Gegenzivilisation‹ von strikt autoritären zu ›dekadent‹ demokratisch-liberal verfassten Staaten. Die seltsamen Abstimmungen in UNO und Europarat zeigen, wie die Weltbevölkerung neuerlich diffus gespalten wird und wie drastisch dieser neue Krieg in Europa die Weltlage seit dem 24. Februar 2022 verändert, so als ob es keine exponentiellen Klimaprobleme gäbe. UNO-Friedensintentionen werden völlig entwertet. Ging es noch vor zwanzig Jahren um Russlands demokratische, sich Europa annähernde Entwicklung, rückt das Thema immer ferner, so notwendig es für die russische Gesellschaft, ihre Wirtschaft, ihre Kunst, ihre Wissenschaft und deren internationale Vernetzung bleibt.

Der offensiv hyper-patriotisch manipulierten Bevölkerung wird der unerklärte Krieg perfiderweise als eine ›Spezialoperation‹ der Notwehr dargestellt, um von Völkermord bedrohte Russen von Neo-Nazis zu befreien. Die totalitär blockierte Zivilgesellschaft zieht sich zurück oder emigriert wie Hunderttausende zuvor. Nicht nur Anna Politkowskaja (1958–2006) und Boris Nemtsov (1959–2015) wurden ermordet, Alexei Nawalny vergiftet und für Jahre inhaftiert. Wie so viele darf der Rockstar Andrej Makarevitch nicht mehr auftreten. Putins Diktatur sieht sich gefährdet, würden im großen Nachbarland erfolgreich Lebensweisen und demokratische Rechtssicherheit Europas demonstriert, das wie die USA durch ständige Destruktion geschwächt werden soll. Von mit russischen Pässen nach Russland Entflohenen wurden offenbar viele verschleppt.

Millionen irren landesintern umher, die meisten flüchten in die EU – momentan willkommener als ›Fremdländische‹ aus Syrien oder Afghanistan. Zivile Raketenziele und die Gewalt einer marodierenden Soldateska provozieren Bitterkeit. Das bestärkt Nationalgefühle und Europahoffnungen der Bevölkerung weit deutlicher als in den chaotischen Jahren davor. Denn durch die »hunderttausenden Menschen, die im Westen gearbeitet haben«, ergaben sich »wirkliche Zeichen der Öffnung zur Welt« und ein gegen die Lähmung durch Oligarchen-Korruption und Mafia-Kriminalität wirkender »Modernisierungsschub«, so der Ukraine-Kenner Karl Schlögel.[2] Anders als Putin ordentlich gewählt, wurden Präsident Wolodymyr Selenskyj (mit russischer Muttersprache und jüdischer Abstammung) und Kiews Bürgermeister Vitali Klitschko als krasse politische Außenseiter zu glaubwürdigen, international akklamierten Repräsentanten des Widerstands.

2 Karl Schlögel: »Putin ist ein Verhängnis«, in *Der Standard*, Wien, 13. 3. 2022.

AUTORITÄRER NATIONALISMUS. Wladimir Putin bezieht sich offenbar häufig auf obskure Stimmen von Russlands Neuer Rechten wie Alexander Dugin oder auf Michail Jurjews Weltvision *Das dritte Imperium*, nach der Russland längst auch Europa beherrscht. Einfluss haben auch Nikolai Berdjajew (1874–1948) und Wladimir Iljin (1883–1954). 1922 mit anderen Unerwünschten ausgewiesen, wurde er in Berlin und dann in der Schweiz Ideologe von Exilrussen. Hitlers Faschismus sah er als Antwort auf Stalins Terrorregime, Europas dekadente Republiken als dem Untergang geweiht. Demokratie sei schädlich für Russland. Nur eine nationale, patriotische, erzieherische, insgesamt aber totalitäre Diktatur würden dem Land wieder selbstbewusste Perspektiven als Großmacht eröffnen.[3]

Auch zuletzt höchst anerkannte Intellektuelle wie Alexander Solschenizyn (1918–2008) stützten offensiv eine imperiale nationalistisch-ethnische Indoktrination. So hielt der vom Sowjetsystem verfolgte Autor der bitteren Stalinismus-Abrechnung *Der Archipel Gulag* und Nobelpreisträger für Literatur nach dem Ende der Sowjetunion selbst die Abtrennung der Ukraine und Weißrusslands ausdrücklich für umkehrbar, als von USA und NATO provoziert, und Russlands früheren Verlust der Krim für ein unerträgliches Verdrängen vom Schwarzen Meer. Deren Annexion nicht mehr erlebend, hätte er sie wie den Angriff auf die Ukraine sicher glühend begrüßt. Als Devise propagierte er entschieden: »Russland wird nie einen Weg gehen können, der mit dem Westen identisch ist.« Nun unabhängige, ehemalige Sowjetrepubliken schützten das russische Volk zwar vor »dessen Ertrinken in der anschwellenden asiatischen Welt«, aber die »friedliche Invasion« aus China bedrohe latent das russische Sibirien.[4] Erkennbar wird, wie im russischen

3 Wikipedia: Iwan Alexandrowitsch Iljin.
4 Alexander Solschenizyn: *Russland im Absturz*, Wien 1999, S. 41, 45, 52, 84.

Alltag einstige ›Völkerfreundschaft‹-Bekenntnisse in durchaus militanten Rassismus und Fremdenhass umgeschlagen sind.

Auf seiner vieles verdeutlichenden *Reise durch das schwarze Europa* entdeckte der dunkelhäutige Johny Pitts aus Sheffield sogar das lange als rassistisch verrufene Marseille als »afropäisches Mekka« und mögliche Heimat. Denn anders als sonst überall stellte ihm dort wegen seiner Hautfarbe niemand »irgendwelche Zugehörigkeitsfragen«. Eindeutig am gefährdetsten hat er sich auf den Straßen Moskaus gefühlt.[5]

5 Johny Pitts: *Afropäisch. Eine Reise durch das schwarze Europa*, Berlin 2020, S. 292, S. 392.

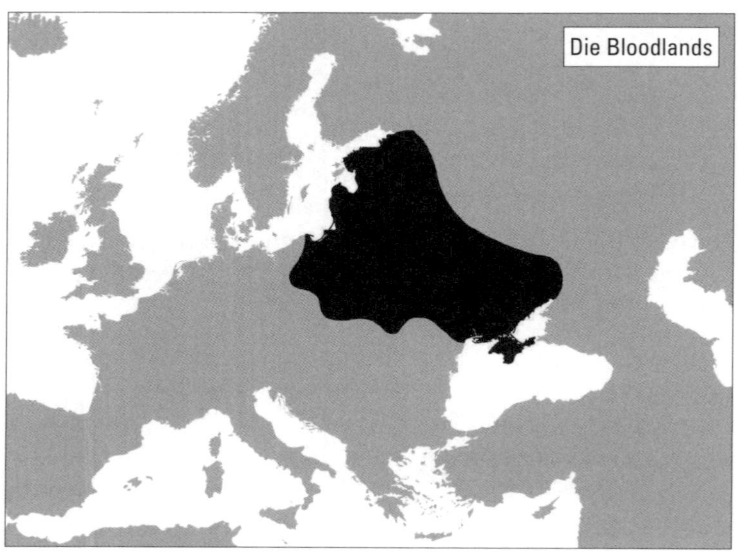

Credit: Timothy Snyder: *Bloodlands. Europa zwischen Hitler und Stalin*. München, 2. Auflage 2014

EUROPAS TODESZONE. Gerade angesichts des unablässigen Terrors gegen die Zivilbevölkerung ist an das latente Versagen friedensstiftender Institutionen, wie es Wolfgang Petritsch eingangs skizziert, zu erinnern und daran, was der offensiv Zusammenhänge aufklärende Yale-Historiker Timothy Snyder in seiner in Wien verfassten Studie *Bloodlands. Europa zwischen Hitler und Stalin* zusammengetragen hat. Denn er behandelt die zentrale Region millionenfacher politischer Massenmorde des 20. Jahrhunderts insgesamt als geschichtlichen Raum, der sich »von Zentralpolen bis Westrussland, einschließlich der Ukraine, Weißrusslands und der baltischen Staaten«, erstreckt. Bisher meist nur separiert betrachtet und zur Aufrechnung von Opferzahlen verwendet, werden die Konstellationen für Leiden und Tod dort besonders betroffener Menschen zusammengeführt: das Nazi- und das Sowjetregime, die jüdische, die europäische Geschichte, die Nationalgeschichten. Denn das sei »von größter moralischer Bedeutung für das 21. Jahrhundert«.[6] Der Krieg Russlands gegen den Nachbarn Ukraine – in seiner bedenkenlosen Aggressivität in Europa völlig aus der Zeit fallend – konzentriert sich wieder auf 1941 bis 1945 gegen ›damalige Faschisten‹ schwer umkämpfte Gebiete: Donbass, Charkiw, Kiew/Kyjiw, Odessa, Südküste. Nur kommt der Angriff auf bedrohliche ›neue Faschisten‹ diesmal aus dem Osten. Rechtsparteien des Westens wurden jedoch seit Jahren hofiert.

Aber bereits im Zuge der sowjetischen Neuformierung des Landes war es 1932/33 zu einer provozierten Katastrophe enormen Ausmaßes gekommen, als in der Ukraine »nicht weniger als 3,3 Millionen Sowjetbürger an Hunger und Folgekrankheiten« starben und »etwa dieselbe Zahl von Ukrainern (nach Nationalität) in der gesamten Sowjetunion«, so Timothy Snyder zu der mit brutaler

6 Timothy Snyder: *Bloodlands. Europa zwischen Hitler und Stalin*, München, 2. Auflage 2014, S. 9, 21.

Militanz durchgesetzten Requirierung alles Essbaren und selbst von Saatgut. Damit sollte die Staatsmacht gestärkt, Landbesitz kollektiviert, selbständige Bauern als reiche ›Kulaken‹ eliminiert werden, um die hungernden Städte in militärisch organisierter Weise zu versorgen. »Die gesamte Agrarproduktion« wurde »zu Staatseigentum und jede unautorisierte Sammlung von Nahrungsmitteln zum Diebstahl erklärt und dieser Diebstahl mit sofortiger Hinrichtung bestraft«. »So konnte ein hungernder Bauer erschossen werden, wenn er eine Kartoffelschale von einem Stück Land aufhob, das vor Kurzem noch ihm gehört hatte.« Weithin kam es zu verzweifeltem Kannibalismus, gerade auch von Kindern. Anfangs registrierte die Geheimpolizei zwar »fast eine Million individuelle Widerstandshandlungen«, aber mangels Waffen führte das »nicht zum Aufstand, sondern zu Amoralität, Verbrechen, Gleichgültigkeit, Wahnsinn, Paralyse und schließlich zum Tod«. International nur marginal beachtet oder als ›Preis für den Fortschritt‹ hingenommen, stellten die Kreise um Stalin damals schon die Hungersnot und »die Repressionen als Reaktion auf den ukrainischen Nationalismus« dar, obwohl »die Ukraine eine multinationale Republik« war mit verschwimmenden Übergängen zwischen Russen, Ukrainern, Juden, Polen, Tataren, Roma, Armeniern und andern Gruppen. Dort als »Holodomor« (Vernichtung durch Hunger) bezeichnet, woran in Kiew erst seit 2008 eine Gedenkstätte erinnert, aber nicht generell als Völkermord anerkannt, war das für Raphael Lemkin (1900–1959) »das klassische Beispiel eines sowjetischen Genozids«.[7] Diesen Begriff hatte der aus jüdischer Familie im heutigen Belarus stammende Jurist und Friedensforscher für planmäßigen Völkermord nach jahrelanger Arbeit am Thema durchgesetzt, was 1948 zur UNO-Konvention über die Verhütung und Bestrafung von Völkermord führte, die bisher 147 Staaten ratifiziert haben.

Insgesamt ermordeten das NS- und das Stalin-Regime »in den ›Bloodlands‹ zusammen über vierzehn Millionen Menschen«, das sind mehr als doppelt so viele wie Kriegstote Deutschlands. Auf die über drei Millionen Opfer der »politischen Hungersnot« in der Ukraine folgte Stalins Großer Terror 1937/38 mit »rund 700 000«

7 Ebd., S. 51, 55, 59, 67, 71, 73, 74, 75.

Erschossenen. Im Zuge der Zerstörung Polens durch Deutsche und Sowjets wurden 1939/41 »etwa 200 000 Menschen ermordet«, darunter 4 400 vom NKWD (Innenministerium der UdSSR) im Wald von Katyn bei Smolensk hingerichtete polnische Militärs und über 1 000 politische Gefangene in Lwiw. »Über eine halbe Million Zivilisten« wurden in den Partisanenkämpfen um Weißrussland und Warschau getötet. Die vordringende Wehrmacht hungerte »die sowjetischen Kriegsgefangenen und die Bewohner Leningrads aus, was über vier Millionen Menschen das Leben kostete. In der besetzten Sowjetunion, dem besetzten Polen und den besetzten baltischen Staaten erschossen und vergasten die Deutschen etwa 5,4 Millionen Juden«.[8] In keiner anderen Weltgegend wurde je den Menschen in wenigen Jahren so viel grausames, meist zum Tod führendes Leid zugefügt.

Dass 1941 in der Ukraine die Bevölkerung den deutschen Überfall manchmal begrüßte, wie Filmaufnahmen belegen, ging sichtlich auf die Verzweiflung der Hungerjahre und den Hass auf erlebte Autoritäten zurück. Umso drastischer wurde kenntlich, dass es nun um noch umfassendere planmäßige Unterdrückung und einen »Vernichtungskrieg« ging, um den für Deutschland angeblich unbedingt notwendigen »Lebensraum im Osten« zu erobern. Dabei gab es kaum ein Interesse für groß angelegte Übersiedlungen und in Aussicht gestellte »Rittergüter« für verdienstvolle Parteigenossen und Militärs. Aber der Besitz des zuvor verwüsteten und entvölkerten Landes wurde als Glück verheißendes Kriegsziel hingestellt, denn »die Ukraine sollte durch deutsche Besiedlung in einen der schönsten Gärten der Welt verwandelt werden; wie es in einer SS-Broschüre hieß, ›ein fruchtbarer, aber schlecht genutzter Boden, der ein Paradies sein könnte, ein Kalifornien Europas‹«.[9]

Die geheime Rüstungskooperation Deutschlands mit der Sowjetunion seit 1925 – unter Bruch des Versailler Vertrages – und der Hitler-Stalin-Pakt von 1939 sollten schnellstmöglich in Vergessenheit geraten, ging es doch propagandistisch nun gegen

8 Ebd., S. 381f.

9 Mark Mazower: *Der dunkle Kontinent. Europa im 20. Jahrhundert*, Berlin 2000, S. 215.

Kommunisten als ›Untermenschen‹ und um ein Drittes Reich bis zum Ural. »Die ›antibolschewistische Walze‹, die Goebbels am Morgen des Überfalls anwarf«, so Gerd Koenen, »musste gerade deshalb so grell und betäubend sein, weil sie eine ganze Geschichte deutsch-russischer Beziehungen auszulöschen hatte.«[10] Längst vorbereitete Pläne, so Ausführungen im Nürnberger Prozess zum Angriffskrieg, »sahen die Zerstörung und Aufteilung der Sowjetunion als unabhängiger Staat, sowie die Gründung sogenannter Reichskommissariate und die Umwandlung Estlands, Lettlands, Weißrusslands und anderer Gebiete in deutsche Kolonien vor«. »Westlich des Ural« dürfe es nie wieder eine eigenständige militärische Macht geben. Zum Reichsgebiet sollte »das gesamte Baltenland« werden, »die Krim mit einem erheblichen Hinterland«, ferner »die Wolga-Kolonie«, »das Gebiet um Baku«. Selbst die Halbinsel Kola im hohen Norden sollte wegen ihrer Nickelvorkommen unmittelbar zu Deutschland kommen. Dieses riesige Grenzland Europas hätte zu einem jeden Gulag-Terror krass übersteigernden Sklavenstaat werden sollen, mit Millionen Verhungerten und Vertriebenen.[11]

Insgesamt hatte die Sowjetunion »im Zweiten Weltkrieg mehr Menschen verloren als irgendein Land in der Weltgeschichte«, so Timothy Snyder. Es dürften 27 Millionen gewesen sein, davon 15 Millionen Zivilisten. Exzessiv gekämpft und gewonnen »wurde vor allem in Sowjet-Weißrussland und der Sowjet-Ukraine«. Deshalb »waren mehr jüdische, weißrussische und ukrainische Zivilisten getötet worden als russische«. Die Sowjet-Propaganda betonte jedoch stets Heldentaten und Leiden des gesamten Volkes, weshalb sich auch die jüdische Tragödie »nicht in die sowjetische Erfahrung integrieren« ließ. Sie war sogar »eine Bedrohung für die sowjetische Mythenbildung nach dem Krieg«.[12] Bis heute sind kritische Analysen zur Zeitgeschichte unerwünscht; selbst die 1989 gegründete verdienstvolle Menschenrechtsorganisation »Memorial« müsste

10 Gerd Koenen: *Der Russland-Komplex. Die Deutschen und der Osten 1900–1945*, München 2005, S. 432.

11 Internationaler Militärgerichtshof Nürnberg (Hg.): *Der Nürnberger Prozess gegen die Hauptkriegsverbrecher vom 14. November 1945–1. Oktober 1946*, 23 Bände, Nürnberg 1947, Reprint 2001, Band 22, S. 517f.

12 Timothy Snyder: *Bloodlands*, a. a. O., S. 338, 340.

sich 2021 auflösen, obwohl nicht nur zum Gulag-Netz Hunderter Straf- und Arbeitslager so vieles ungeklärt bleibt.[13]

Parallel dazu gab es im deutschen Herrschaftsbereich etwa 1 000 Konzentrations- und Nebenlager. Die zentralen Vernichtungsstätten – für Timothy Snyder Todesfabriken – befanden sich im besetzten Polen: Auschwitz-Birkenau, Kulmhof, Majdanek, Belzec, Sobibor und Treblinka. Im besetzten Belarus lagen Maly Trostinez und Bronnaja Gora.[14]

Wie der ›Krieg gegen die Juden‹ und gegen ›Untermenschen‹ anlief, zeigte sich drastisch in Kiew, das am 19. September 1941 von der Wehrmacht eingenommen worden war. Bereits zehn Tage danach, am 29. und 30. September, kam es zum Massaker von Babyn Jar, dem 35 000 an Sammelstellen beorderte Jüdinnen und Juden zum Opfer gefallen sind, die bloß mit Deportation gerechnet hatten. Plakate hatten sie aufgefordert, an diesem Tag um sieben Uhr früh »mit Sachen, Ausweisen und warmer Kleidung« neben dem Jüdischen Friedhof zu erscheinen. »Zuwiderhandelnden droht die Todesstrafe.«[15] Der befehlshabende SS-Standartenführer Paul Blobel (1894–1951), im Zivilberuf Architekt, wurde nach dem Nürnberger Einsatzgruppenprozess hingerichtet, einzelne andere Haupttäter erst viel später zu Haftstrafen verurteilt. Ein Verbergen wurde keineswegs wichtig genommen, liegt doch die breite Schlucht von Babyn Jar in einem weitläufigen Waldgelände unweit des Zentrums. Das dafür errichtete Monument erinnert wie üblich generell an umgekommene Sowjetbürger. Erst nach der politischen Wende 1989/91 kamen jüdische Gedenkstätten hinzu. Insgesamt dürften dort etwa 100 000 Menschen ermordet worden sein: Juden, sowjetische Kriegsgefangene, Partisanen, Roma und Sinti, Geisteskranke, Vertreter der ukrainischen Intelligenz.[16] Im März 2022 wurde sogar diese Gedenkstätte von Raketen beschädigt, die offenbar dem nahen Fernsehturm galten.

13 Wikipedia: Gulag | Anne Applebaum: *GULAG. A History*, New York 2004.

14 Wikipedia: Konzentrationslager | Vernichtungslager.

15 Aufruf Babyn Jar in: Ilja Ehrenburg: *Menschen Jahre Leben. Memoiren*, 3 Bände, Berlin 1982, Band 1, S. 299.

16 Karl Schlögel: *Entscheidung in Kiew. Ukrainische Lektionen*, Frankfurt am Main 2017, S. 118.

Von den besonderen Stätten alltäglichen Grauens liegen Schytomyr und Berdytschiw inmitten der Ukraine, unweit von Winnyzja, im Krieg das östliche Führerhauptquartier, von dem aus Hitler öfter in das Geschehen eingriff. Die oberste Ost-Generalität hatte sich somit in Massakergebieten angesiedelt, wo ständig gemordet wurde und die Lager für über drei Millionen, zu zwei Drittel dem Hungertod preisgegebene sowjetische Kriegsgefangene – die zweitgrößte NS-Opfergruppe – nicht zu übersehen waren. Vom kaum fünfzig Kilometer von Winnyzja entfernten Berdytschiw hat der aus Wien stammende Holocaustforscher Raul Hilberg (1926–2007) in *Die Vernichtung der europäischen Juden* dokumentiert, dass unter dem Kommando des SS- und Polizeiführers Friedrich Jeckeln (1895–1946) allein bei einem Einsatz 1303 Juden getötet wurden, »darunter 876 Jüdinnen über 12 Jahre«. Als für das Ghetto von Riga Zuständiger wurde dieser dort nach dem Krieg hingerichtet, was, wie andere Urteile, nicht mehr als eine vage Warnung an davongekommene Täter sein konnte. Zum nahen Schytomyr wird ein Wehrmachtsmajor zitiert, dass er zwar schon viele unerfreuliche Dinge erlebt habe, »ein solches Massengemetzel aber, noch dazu in aller Öffentlichkeit, wie auf einer Freilichtbühne, übersteige alles bisher Gesehene. Es verstoße gegen die deutschen Sitten, Ideale usw.«. Der schließlich als Kriegsverbrecher verurteilte, aber bald freigekommene Wehrmachtsgeneral Georg-Hans Reinhardt (1887–1963) half dort »der Einsatzgruppe C bei der ›Durchkämmung‹ der Stadt. Außerhalb der Städte wurden die über die Landstraße fliehenden und sich in den Wäldern versteckenden Juden häufig von Militäreinheiten ergriffen und den Einsatzgruppen übergeben.« Zahllose Belege für Mitwisserschaft und Mittäterschaft regulärer Wehrmachtseinheiten – mit ihren die Bevölkerung repräsentierenden Wehrpflichtigen und Offizieren – machen längst evident, was lange bestritten und der SS angelastet worden war, bevor die Ausstellungsreihe *Verbrechen der Wehrmacht* des Hamburger Instituts für Sozialforschung breitere Diskussionen provozierte.[17]

17 Raul Hilberg: *Die Vernichtung der europäischen Juden*, 3 Bände, Frankfurt am Main 1999, Band 2, S. 311, 316.

Selbst Schytomyr westlich von Kiew wurde 2022 sofort bombardiert, obwohl einer der Schreckensorte des Zweiten Weltkriegs, was der russischen Führung sichtlich irrelevant ist. Präsident Selenskyj erinnert in Video-Botschaften sehr wohl daran, beeindruckend besonnen, ohne eine sonst in Kriegen eskalierende nationale Hysterie. Dabei wurden dort wie im nahen Berdytschiw gleich im Juli 1941 die greifbaren jüdischen Menschen sofort ermordet, lebten doch im ihnen von 1791 bis 1915 zugewiesenen ›Ansiedlungsrayon‹ viele Juden. Wie der zum britischen Erfolgsautor gewordene Joseph Conrad (1857–1924) oder der Pianist Swjatoslaw Richter (1915–1997) stammte auch Wassili Grossman (1905–1964) von dort. Von seinen Kriegserfahrungen in Stalingrad über Berdytschiw, wo auch seine Mutter umgebracht wurde, bis zur Entdeckung von Treblinka-Relikten handelt sein in den Westen geschmuggeltes Epos *Leben und Schicksal* (1959). Darin heißt es etwa: »Der Antisemitismus ist ein Spiegel der Unzulänglichkeit einzelner Menschen, gesellschaftlicher Strukturen und staatlicher Systeme. Sag mir, was du dem Juden vorwirfst, und ich sag dir, was du dir selbst vorzuwerfen hast.« Kaum ein anderes Buch aus Sowjetrussland beschrieb damals so präzis den Untertanengeist, die Ängste, strikten Kontrollen, aber auch ein allmähliches Erwachen von Kritik und häufig erlebbare menschliche Güte. Auch seine mit Ilja Ehrenburg (1891–1967) herausgegebene Dokumentation *Das Schwarzbuch. Der Genozid an den sowjetischen Juden*, initiiert von Albert Einstein (1879–1955) und dem US-Komitee jüdischer Schriftsteller und Künstler, konnte in der Sowjetunion nie erscheinen, weil es nur um Heldentum und Leiden der Gesamtbevölkerung gehen durfte.[18]

Als Odessa, die Stadt mit der größten jüdischen Bevölkerung in der Sowjetunion, nach wochenlangen Kämpfen von rumänischen und deutschen Einheiten eingenommen wurde, sind umgehend etwa 30 000 als Juden geltende Menschen ermordet worden, vorgeblich als Vergeltung für eine Bombenexplosion im rumänischen

18 Wassili Grossman: *Leben und Schicksal*, Roman (1959), Berlin 2007, S. 589 | Wassili Grossman, Ilja Ehrenburg (Hg.): *Das Schwarzbuch. Der Genozid an den sowjetischen Juden*. Hg. der deutschen Ausgabe: Arno Lustiger, Reinbek bei Hamburg 1994, S. 1064.

Hauptquartier. Allerdings hielten sich Partisanen bis Kriegsende in den weitläufigen, nie kartografierten Katakomben der Stadt, aus denen einst der Kalkstein für die Gebäude gewonnen wurde. Neben der Systematik der Einsatzgruppen ist in Transnistrien im Umland von Odessa, das unter rumänische Verwaltung gestellte Gebiet zwischen Dnjestr und Bug (heute wird der schmale, von Russland kontrollierte Streifen der Republik Moldawien so genannt), eine von ›unorganisiertem‹ Terror bestimmte Todeszone gewesen. Zehntausende Juden, Roma und Sinti sind in den winterlichen Einöden zu Arbeitseinsätzen umhergetrieben worden, wurden wahllos erschossen, in Scheunen verbrannt oder in eiligst errichtete Konzentrationslager gepfercht, wo die meisten unter grauenhaften Umständen umkamen, darunter die aus Czernowitz deportierten Eltern des Dichters Paul Celan (1920–1970).

Von den Erschießungen von 65 000 Juden auf der Krim, wo in der Hauptstadt Simferopol »auch Zuschauer vom Armee-Oberkommando« dabei waren, hat der als Kriegsverbrecher hingerichtete SS-Gruppenführer Otto Ohlendorf (1907–1951) berichtet, er habe sie extra beaufsichtigt, damit sie »unter den gegebenen Umständen human« verliefen. Darauf war man bedacht, »da im Falle anderer Tötungsarten die seelische Belastung für das Exekutionskommando zu stark gewesen wäre« – ein Hauptgrund, um dann auf Massenvergasung zu setzen.[19]

Ebenso unbegreiflich bleibt, dass es noch 1946, so im polnischen Kielce, Pogrome an überlebenden Juden gab, offenbar weil das miterlebte Töten denkbare Hemmungen beseitigt hatte. »Die Judenverfolgung gehörte zu den nationalsozialistischen Gräueln«, so auch Catherine Merridale in *Iwans Krieg. Die Rote Armee 1939–1945*, »die man in der sowjetischen Öffentlichkeit ignorierte«, denn »in diesem Krieg sah Russland sich selbst als das größte Opfer an.«[20] Es blieb seine Grundlage nationalistischer Propaganda, nun auch gegen den angeblich feindlichen Nachbarn Ukraine und dessen antirussische Kräfte.

19 Raul Hilberg: *Die Vernichtung der europäischen Juden*, a. a. O., Band 2, S. 335.
20 Catherine Merridale: *Iwans Krieg. Die Rote Armee 1939–1945*, Frankfurt am Main 2006, S. 318

In Charkiw (russ. Charkow), der russischsprachigen zweitgrößten Stadt der Ukraine, die Russlands Angriff bisher erfolgreich abwehrte, dürften Erinnerungen an einstige Kämpfe ›gegen die Faschisten‹ aufleben. Zwar war sie nach heftigen Kämpfen im Oktober 1941 vom deutschen Überfall überrannt worden, der dann vor Moskau zum Stehen kam. In der zweiten Schlacht um Charkiw im Mai 1942 kam es zur Einkesselung großer Teile der Sowjetarmee und zu zahllosen Gefangenen. Im Februar 1943 von dieser zurückerobert, aber neuerlich von der Wehrmacht eingenommen, konnte sie im August 1943 endgültig befreit werden. Voraussetzung war die größte Panzerschlacht der Geschichte bei Kursk im Norden der Stadt in den Wochen davor. Zur gleichen Zeit waren die Alliierten auf Sizilien gelandet. Mehr als zwei Millionen Soldaten hatten sich dort bekämpft. Das Land bebte »unter siebzigtausend Geschützen, dreizehntausend Panzern oder gepanzerten Fahrzeugen sowie zwölftausend Flugzeugen«. Die Kornfelder fingen Feuer und verwandelten »den Horizont in ein einziges Flammenmeer«, so von Catherine Merridale erhobene Augenzeugenberichte.[21] Die Schlacht um Kursk wurde zur eigentlichen Wende des Krieges, weil die Initiative endgültig auf die Rote Armee überging, mit ständig erzwungener deutscher ›Frontbegradigung‹ bis hin nach Berlin. Der sowjetischen Geschichtsschreibung zufolge war die dortige Wehrmachtgruppierung »stärker als die vor Moskau oder bei Stalingrad. Die Dimensionen der Kursker Schlacht übertrafen bedeutend die aller Operationen der anglo-amerikanischen Truppen während des Zweiten Weltkrieges.«[22]

Statt um Bolschewismus, wie vom Feind behauptet, ging es den Verteidigern um enorme Kräfte freisetzenden verzweifelten Patriotismus als treibende Kraft. Denn »ab Anfang 1943, als die Armee von Stalingrad aufbrach, gewann die zuvor abstrakte Idee des Vaterlandes einen neuen, innigen Zusammenhang mit einer politischen Geographie«. Nur habe dieser Patriotismus seit dem Zerfall der Sowjetunion außer an den zahllosen Gedenkstätten

21 Ebd., S. 237.

22 Boris Solowjow: *Wendepunkt des Zweiten Weltkriegs. Die Schlacht bei Kursk*, Köln 1984, S. 7, 64.

»nirgends mehr eine politische Heimat«. Sekundär blieb auch, dass »die Ukrainer unter allen Sowjetvölkern die meisten zivilen Opfer zu beklagen hatten«. Überdies kamen von den 2,8 Millionen zur Zwangsarbeit ins Deutsche Reich Deportierten 2,1 Millionen aus der Ukraine.[23] Der generell fast als Alleingang beanspruchte Sieg über den Faschismus wirkt sicher weiter identitätsstiftend – als »die herausragendste Leistung des Sowjetkommunismus«.[24] Seit dieser aber verdrängt wird, werden Visionen wieder auf ein Imperium projiziert.

Die belarussische Nobelpreisträgerin Swetlana Alexijewitsch aus Iwano-Frankiwisk in der Ukraine hat in *Der Krieg hat kein weibliches Gesicht* und in *Die letzten Zeugen. Kinder im Zweiten Weltkrieg* Erinnerungen Überlebender gesammelt. Jetzt könne nur ein Durchhalten der Ukraine die Demokratie in der Region retten. Auch Alexijewitsch blieb von Erinnerungen geprägt: »Über den Krieg wurde unentwegt gesprochen: in der Schule und zuhause, bei Hochzeiten und Taufen, an Feiertagen und auf dem Friedhof. Sogar unter Kindern. Der Krieg blieb auch nach dem Krieg die Heimstatt unserer Seele. Alle lebten dort, alles hatte seinen Ursprung in dieser schrecklichen Zeit.« Die damals dreizehnjährige Emma Lewina sagte dazu: »Heute denke ich: Was für eine schlimme Zeit, aber was für großartige Menschen waren das. Ich staune, wie wir damals waren. Wie wir glaubten!« Die damals siebenjährige Nina Ratschinskaja erinnerte sich an die Besatzer: »Sie hatten uns alles weggenommen, wir hungerten. In die Küche durften wir nicht, dort kochten sie nur für sich. Bevor die Deutschen abzogen, zündeten sie unser Haus an.« Oft kam auf, was der damals siebenjährige Jakow Kolodinski von der Reaktion seines Vaters berichtet hat: »Wir müssen weg. Die Deutschen gehen mit einer Liste durchs Dorf. Irgendjemand hat ihnen alle Kommunisten aufgeschrieben. Die Lehrerin haben sie schon abgeholt.« Oder: »Wir bekamen alle Angst. Was waren das für Menschen?« (Katja Sajaz, damals zwölf Jahre). Zum Verhalten von Besuchern des Museums über die Schlacht von Kursk im russisch-ukraini-

23 Karl Schlögel: *Entscheidung in Kiew*, a. a. O., S. 55.
24 Catherine Merridale: *Iwans Krieg*, a. a. O., S. 21, 408, 413.

schen Grenzgebiet bemerkte die Kuratorin: »Sie reden nicht viel.« »Offenbar brauchen sie das nicht. Manchmal stehen sie nur da und weinen.«[25]

Das Land blieb von totaler Verwüstung gezeichnet. Einem Himmler-Befehl zufolge sollte sie so radikal wie möglich sein: »Es muss erreicht werden, dass bei der Räumung von Gebietsteilen in der Ukraine kein Mensch, kein Vieh, kein Zentner Getreide, keine Eisenbahnschiene zurückbleibt; dass kein Haus stehen bleibt, kein Bergwerk vorhanden ist, das nicht für Jahre gestört ist, kein Brunnen vorhanden ist, der nicht vergiftet ist. Der Gegner muss wirklich ein total verbranntes und zerstörtes Land vorfinden.«[26]

Dass nun ein verdeckter – zweigeteilter – neuer ›Vaterländischer Krieg‹ stattfindet, negiert sichtlich alle Mentalitätsverschiebungen und internationalen Zusicherungen seither. Denn für ihren Nuklearwaffenverzicht waren der Ukraine im Budapester Memorandum von 1994 im Rahmen der KSZE-Konferenz unter Berufung auf die Schlussakte von Helsinki volle Souveränität und die bestehenden Grenzen garantiert worden, offiziell – aber sichtlich nebulos – gesichert von Russland, den USA, Großbritannien und weiteren Ländern. Dennoch konnte Russland im Schatten der Kriege in Syrien, in Libyen, in Afghanistan in acht Jahren bisher 20 Prozent der Ukraine unter seine militärische Kontrolle bringen, obwohl mittlerweile offenbar 90 Prozent der Bevölkerung in die EU drängen. Bis zum Angriff am 24. Februar interessierte die Ukraine den Westen nur peripher, weil Russland selbst stets wichtiger genommen wurde.

Verdrängt worden dürfte sogar sein, dass im nun von Russlands Armee wochenlang schwer attackierten Charkiw – 1919 bis 1934 die Hauptstadt der Ukraine und Zentrum ihrer architektonischen Moderne – einst die meisten Traktoren und die Symbole des sowjetischen Sieges, die leichten T-34-Panzer, gebaut worden sind, 1934 konzipiert von Michail Koschkin (1898–1940). Auch wegen deren

25 Swetlana Alexijewitsch: *Der Krieg hat kein weibliches Gesicht*, Berlin 2004, S. 11 | *Die letzten Zeugen. Kinder im Zweiten Weltkrieg*, Berlin 2005, S. 71, 72f., 253, 275 | Catherine Merridale: *Iwans Krieg*, a. a. O., S. 421.

26 Internationaler Militärgerichtshof Nürnberg (Hg.): *Der Nürnberger Prozess*, a. a. O., Band 22, S. 376.

dann hinter den Ural verlegter Massenproduktion waren sie letztlich den deutschen störungsanfälligen und schweren High-Tech-Panzern überlegen – später prägten sie jedoch auch das Niederwerfen der Aufstände in Berlin, Budapest, Prag.

Ein ebenso markantes Symbol sowjetischer Kampfkraft war die vom Schlosser Georgii Schpagin (1897–1952) konzipierte, ab 1941 in enormen Mengen erzeugte Maschinenpistole PPSch-41 mit dem runden Magazin. Die Kalaschnikow wiederum, das sowjetische Sturmgewehr AK-47, wurde seit 1947 mit 100 Millionen Stück zur weltweit meistproduzierten Handfeuerwaffe. Selbst ihr Konstrukteur Michail Kalaschnikow (1919–2013) forderte deshalb insistierend strengere Kontrollen von Waffenproduktion und Waffenhandel. Denn entwickelt habe er sie nur zur Verteidigung gegen den deutschen Überfall.

In der Ukraine gegen überlegene Truppen wieder notwendige Molotowcocktails als billiger, aus Flaschen, Benzin, Öl, Fetzen herstellbarer Handgranatenersatz, sollen zuerst im Russischen und Spanischen Bürgerkrieg und im Winterkrieg Finnlands 1939/40 eingesetzt und dort nach dem Feindbild Molotow benannt worden sein (1955 ein Unterzeichner von Österreichs Staatsvertrag). Denn als damaliger sowjetischer Regierungschef war er die aggressive Radiostimme des vom Hitler-Stalin-Pakt gestützten Angriffs auf diese frühere russische Provinz.

Nun provozierte der Ukrainekrieg das lange bündnisfreie Finnland wie auch Schweden zum NATO-Beitritt – mit den USA und ausgerechnet der Türkei als stärksten Europa schützenden Armeen –, obwohl er deren Ausbreitung blockieren sollte, was die europäische Sicherheitsstruktur bestärken, aber auf längere Sicht auch deutlich verändern dürfte.

TSCHERNOBYL. Mit der weltweit ersten, weithin drastische Schäden bewirkenden Reaktorexplosion vom 26. April 1986 setzte sich die Katastrophenbilanz der Ukraine aus Bloodland-Zeiten fort, so als ob dem Land keine ungestörte Entwicklung vergönnt wäre. Aus Erinnerungen zu weltpolitischen Zäsuren verschwindet offenbar langsam, wie sehr Tschernobyl, Afghanistan, der Rüstungswettlauf (und selbst der polnische Papst) die Implosion des Sowjetimperiums beschleunigt hatten, mit rasch aus KGB-Strukturen gebildeten Bereicherungsnetzwerken, analog zu China- und zur Trump-Ideologie – mit ihrerseits tendenziell faschistischer ›White-Supremacy‹-Anhängerschaft, zu der es in Russland Parallelen gibt. Immerhin konnte sich die Ukraine vom neu formierten nationalistischen Russland lösen.

Es schwindet aber auch ein Bewusstsein um Unlösbares, das diese Reaktorkatastrophe evident machte. Wäre sie, wie am 11. September 2001 in den USA, von Terroristen ausgelöst worden, hätte es ganz andere, weltweit ›konzertierte‹ Reaktionen gegeben. Bis zur Nuklearkatastrophe von Fukushima im März 2011 und Deutschlands Atomausstieg lag es – so die globale Beschwichtigungsmaschinerie – an noch unvollkommenen ›östlichen‹ Systemen. Auf Problembewältigung bezogen, wurde angesichts ohnedies unvorstellbarer Zeitdimensionen bei Verstrahlung und Atommüll die Meinungsbildung selbst zur exemplarischen Katastrophe. Von massiver Lobbyarbeit gestützt, zerfiel Wissenschaft vielfach in steuerbare Fraktionen. Auch internationale Organisationen verspielten ihre Glaubwürdigkeit. Daher gab es völlig kontroverse Angaben über Folgen und Spätfolgen, über die Anzahl der Todesfälle, missgebildete Kinder, das Schicksal der eingesetzten Liquidatoren, anhaltende Depressionen, zahllose Selbstmorde, unerklärliche, zu Apathie führende organische Schäden, vorher unvorstellbare Missgeburten bei Tieren. Nicht nur die seither verlassene Stadt

Pripjet, auch Kiew hätte vorübergehend evakuiert werden müssen, so die oft gehörte Forderung, nur wusste niemand wie. Mit der nach Jahren diverser Provisorien hergestellten Ummantelungen wird ein über hundert Meter hohes ›Monument‹ in der engeren Sperrzone, die mit etwa 4 000 Quadratkilometer zehnmal so groß ist wie Wien, diese zivilisatorische ›Panne‹ auf ewig, wie es heißt, in Erinnerung halten.

Laut Wladimir Usatenko, einem langjährigen, von Krankheiten gezeichneten Liquidator und offiziellen Berater der Tschernobyl-Kommission, gebe es, so Susan Boos in ihren Recherchen zehn Jahre danach, »in der Ukraine nicht nur dreieinhalb, sondern fünfeinhalb Millionen Menschen, die an den Folgen des Unfalls leiden: ›Allein in Kiew leben 23 000 Tschernobyl-Opfer, die nie registriert wurden.‹« In Weißrussland seien 23 Prozent des Bodens kontaminiert und »ein Viertel der gesamten Bevölkerung« betroffen.[27] In Alexander Kluges Tschernobyl-Buch *Die Wächter des Sarkophags* sind Bildsequenzen aus der Innenwelt des geborstenen Reaktors zu sehen – eine tatsächlich ›andere‹ Welt. »Um die Schächte des Kernkraftblocks zu erkunden, benutzten wir Videokameras, die auf ferngesteuerte Roboter montiert sind, die wir in einem Spielzeuggeschäft kauften«, so Augenzeugen zur notwendigen Improvisation. Die aus dem Reaktor verschwundene Masse war in Hohlräume der Untergeschosse geflossen und hatte in der Erstarrung jeweils »eine Form angenommen, die entfernt an einen Elefantenfuß erinnerte und außerordentlich heftig strahlte«. Die »Zone« in Tarkowskis Film *Stalker* von 1979 hatte in diffuser Weise Szenarien vorweggenommen, wenn Natur und Naturkräfte in solcher Weise miteinander zu tun bekommen. »Die aufständische Natur schreibt Regeln eines barbarischen Managements vor«, heißt es dazu treffend bei Kluge. Auch die anfangs weltweite Erregung hat über Jahre »zu keinem wesentlichen Lernprozess geführt«.[28] Für die Endlagerung von Massen radioaktiven Abfalls über Jahr-

27 Susan Boos: *Beherrschtes Entsetzen. Das Leben in der Ukraine zehn Jahre nach Tschernobyl*, Zürich 1996, S. 144, 212.

28 Alexander Kluge: *Die Wächter des Sarkophags. 10 Jahre Tschernobyl*, Hamburg 1996, S. 15, 19, 96, 102 | Andrei Arsenjewitsch Tarkowski: *Stalker*, Spielfilm, 1979 | Swetlana Alexijewitsch: *Tschernobyl. Eine Chronik der Zukunft*, Ber-

tausende konnte nirgends eine überzeugende Vorsorge getroffen werden. Allein das macht jegliche Kosten-Nutzen-Rechnung illusorisch. Derzeit werden in der Ukraine 15 Reaktoren an vier Standorten betrieben. Mit rund 110 Reaktoren verfügt die Europäische Union über ein Viertel aller Reaktoren weltweit. Ein Land als atomstromfrei zu betrachten, bleibt wegen der vagen Herkunftsbestimmungen der internationalen Stromverteilung fragwürdig. Die Kriegssituation in der Ukraine wiederum relativiert drastisch alle Sicherheitsversprechen zu ziviler Nutzung der Kernenergie. Sogar ›taktische Atomschläge‹, seit jeher tabuisiert, oder im Krieg provozierte Reaktorunfälle werden wieder für möglich gehalten – und Atomstrom zum Schutz des Klimas.

Als plausibles Bild für Unlösbares steht für Alexander Kluge die Figur des Grafikers Philemon Berdjew aus Lviv/Lemberg, der wegen der freigesetzten Strahlungen »am Entwurf symbolischer Zeichen« arbeite, »die noch in 6 000 Jahren einem Intelligenzwesen TÖDLICHE GEFAHR signalisieren. Es wird angenommen, dass der Adressat keine der heute gesprochenen Sprachen beherrscht. Er liest auch keine kyrillische Schrift. Die Zeichen müssen, auch bei Beschädigung oder Verwitterung, ein eindeutiges Signal wiedergeben. Zu berücksichtigen ist die kulturelle Umformung, in Zukunft beschleunigt, aus hässlich wird schön, aus Schrecken Attraktion, aus gut böse. Unter diesen Voraussetzungen ist Eindeutigkeit gefordert.« Zu Formfindungen für die garantierte Lesbarkeit solcher Zeichen habe das bisher nicht geführt, denn die Gefahr bleibe jenseits des Verständlichen. Allein die Überschriften der Tschernobyl-Texte in Kluges Buch *Die Lücke, die der Teufel lässt. Im Umfeld des neuen Jahrhunderts* lesen sich wie Codes, die unkontrollierbare Sachverhalte analytisch-kryptisch beschwören wollen: »Kein Messgerät passt zur Lage – Menschliche Körper als Messgerät und Ersatz – Unterschied von Feigheit und Besonnenheit – Evakuierung von Pripjet – Prompte Reaktion eines an sich sklerotischen Apparats – Kein Versagen der Zentrale – Wie eine Planwirtschaft über Gefährlichkeiten kommuniziert – Versorgung

lin 1997 | Robert Polidori: *Sperrzonen. Pripjat und Tschernobyl*, mit einem Text von Elizabeth Culbert, Göttingen 2003.

mit Richtlinien – Der Chef der Feuerwehrbrigade Kiew berichtet – Ersatz-Maschinen – Titanengrab – Im Zweifel Beton – Katastrophe nach der Katastrophe.«[29]

In Gesprächen mit Igor Kostin (1936–2015), der als erster Reporter Aufnahmen aus dem Hubschrauber gemacht hat, wurde deutlich, wie sehr es sein Leben veränderte, als Augenzeuge von Unvorstellbarem wie auch durch seine damit einsetzende internationale Prominenz. Vom ersten Film blieben ihm nur zwei Bilder, alle anderen waren durch die Radioaktivität schwarz geworden. Niemals in seinem Leben habe er solche Farben gesehen. Vor allem wollte er den nur für Minuten der Strahlung aussetzbaren Liquidatoren, von denen die umhergeschleuderten Brennstäbe geborgen werden sollten, ein Denkmal setzen. Die Bewunderung für deren Todesmut schien stärker nachzuwirken als die angesichts der ungebrochenen Entwicklung seither mit einem gewissen Fatalismus gesehene Katastrophe selbst.

29 Alexander Kluge: *Die Lücke, die der Teufel lässt. Im Umfeld des neuen Jahrhunderts*, Frankfurt am Main 2003, S. 174f.

GRENZLAND UKRAINE. Die Massenflucht aus der Ukraine ins sichere Europa lässt daran denken, wie oft Verzweifelte früherer Generationen fliehen oder auswandern mussten. So bildet Saskia Sassen zufolge »die Massenemigration von 2,5 der um 1870 insgesamt 5,6 Millionen zählenden Juden aus Osteuropa und Russland zwischen 1880 und dem Ersten Weltkrieg in mancher Hinsicht den Beginn der modernen großen Flüchtlingsströme«. Wegen völlig unzureichender Hilfsmaßnahmen waren unzählige aus Russland Entkommene ab 1917/18 »in den Straßen Konstantinopels verhungert«. Die internationale Erregung darüber führte, so Sassen, zu einem lange dominierenden Flüchtlingsbegriff, »der von der Flucht vor dem Kommunismus geprägt war«.[30] Solche Unterscheidungen wirken in der Diskriminierung von Gruppen nach. Für Putins Russland geht es in der von ihm nicht als Nation anerkannten Ukraine um ohnedies unerwünschte ›Auszubürgernde‹, wie einst in der DDR.

Weil sich dessen Propaganda gegen eine Verwestlichung der Ukraine richtet, die sich als Kleinrussen wie Weißrussen höchstens als Vasallenstaat abgrenzen dürften, ist die Phase vor hundert Jahren signifikant, als die gesamte Grenzregion in kriegerischen Konflikten wieder einmal neu gegliedert wurde. Ein Freigeist wie Isaak Babel (1894–1940) kämpfte dort zwar im Dienst der jungen Sowjetunion um Gebietserweiterungen, notierte 1920 aber zu seinen Sehnsüchten in aller Deutlichkeit: »Wie ich den Duft Europas einsauge, der von dort kommt.«[31]

In diesem Polnisch-Sowjetischen Krieg von 1919 bis 1921 als Divisionsschreiber und Reporter unterwegs, vermerkte er ange-

30 Saskia Sassen: *Migranten, Siedler, Flüchtlinge. Von der Massenauswanderung zur Festung Europa*, Frankfurt am Main 1996, S. 95, 188.

31 Isaak Babel: *Die Reiterarmee*. Erste vollständige Ausgabe. Mit einem Tagebuch des Autors und dokumentarischem Anhang (Moskau 1926), Darmstadt 1980, S. 159.

Denkmäler aus sowjetischer Zeit
Kiew/Kyjiw: Mutter Heimat; Batkiwschtschyna-Maty | Rodina-mat
Bildhauer: Jewgeni Wutschetitsch (1908–1974) und Wassyl Borodaj (1917–2010)
Gedenkstätte für den Sieg der Roten Armee im Zweiten Weltkrieg, eröffnet 1981
Credits: Christian Reder

sichts miterlebter Kriegsgräuel der gegen ›Reaktionäre‹ kämpfenden Reiterarmee von Semjon Budjonny (1883–1973): »In Galizien ist es unausstehlich trostlos.« Was »so besonders an den galizischen Städten« sei, fragte er sich: »Die Mischung aus schmierigem, schwerem Orient (Byzanz und Juden) mit dem deutschen Bierwesen.« Bei vom Feld weg Bewaffneten beeindruckte ihr »schnaubender Bauernzorn« gegen »die polnischen Gutsbesitzer«. Heldentaten ergab das nicht, denn »je drei Bauern erhielten ein Gewehr und dazu Patronen, die nicht in die Gewehre passten«. Ohne jede Idealisierung von Kämpfen heißt es bei ihn: »Krieg ist, obwohl tatsächlich manchmal schön, in jedem Fall schädlich. Ich habe hier zwei Wochen völliger Verzweiflung hinter mir, das kam von der rasenden Grausamkeit, die hier nicht eine Minute verhält, und davon, dass ich deutlich begriffen habe, wie ungeeignet ich für das Werk der Zerstörung bin, wie schwer es mir wird, mich vom alten zu lösen, [...] jetzt komme ich wieder zu mir, was soll da weiter sein – die einen werden die Revolution machen, und ich werde das singen, was sich abseits findet, was tiefer liegt, ich habe das Gefühl, dass ich das kann und dass dafür Platz und Zeit sein wird ...«[32]

Aus Odessa stammend, geriet Isaak Babel – trotz internationalen literarischen Erfolgs, Reisen nach Frankreich, Italien, der Förderung durch Gorki, frühen Übersetzungen, Einbettung in den Kulturbetrieb, Erfahrungen im Journalismus, Theater, Film, der Verbrennung seiner Bücher im Deutschland von 1933 – in die Gulag-Maschinerie und wurde am 27. Jänner 1940 in Moskaus Geheimdienstzentrale Lubjanka erschossen.

Seine Berichte entstanden, als nach den drei Teilungen zwischen Russland, Preußen und Österreich erstmals nach 120 Jahren wieder ein souveränes Polen existierte. Nach langer Unterdrückung nationaler Bestrebungen und selbst der Sprache gab es zu Kriegsende für drei Jahre die von den Mittelmächten und anderen Ländern anerkannte Ukrainische Volksrepublik um Kiew/Kyjiw, inklusive der Krim (!), teilweise parallel zur Westukrainischen Volksrepublik um Lwiw/Lemberg, dann um Iwano-Frankwisk, sowie zur in Charkow gegründeten Ukrainische Sowjetrepublik, bis 1920 die Rote

32 Isaak Babel: *Die Reiterarmee*, a. a. O., S. 87, 163, 164, 171f.

Armee die gesamte Ukraine besetzte.[33] Westliche Gebiete fielen an Polen, Rumänien und die Tschechoslowakei. Die Zentral-, Ost- und Südukraine wurden zur Sowjetrepublik. Im 1939 von Deutschland mit Deckung Stalins gegen Polen begonnenen Weltkrieg wurden weite Gebiete um Krakau und Lemberg zur Schreckensregion des NS-Generalgouvernements, Teile davon 1945 zur sowjetischen, 1991 zur unabhängigen Ukraine. Auf der Jalta-Konferenz bekamen neben der Sowjetunion auch ihre Republiken Ukraine und Weißrussland Sitz und Stimme in der UNO, was wie eine frühe Anerkennung späterer Eigenstaatlichkeit wirkt.

Wie konfus, rassistisch und für viele unverständlich nationale Bestrebungen in diesen Regionen in Gang kamen, hat mit ständigen Grenzverschiebungen, Teilungen, den Animositäten kulturell-sprachlich eigenständiger Bevölkerungsgruppen und kaum herstellbarer ethnischer Geschlossenheit zu tun. Solche Traditionen führten nur bedingt zu politischer Gemeinsamkeit, war doch etwa Lemberg zeitweise polnisch, österreichisch oder ukrainisch. Ohne Distanz zur eigenen Geschichte tendiert das zu Radikalisierung. Deshalb blieb der als Vorkämpfer ukrainischer Unabhängigkeit wieder mit Denkmälern geehrte Stepan Bandera (1909–1959) höchst umstritten. Seine 1929 in Wien gegründete Organisation Ukrainischer Nationalisten (OUN) und die 1942 gebildete Ukrainische Aufstandsarmee (UPA) kämpften sogar bis in die 1950er Jahre als Partisanen gegen die Sowjetunion. Bedenkenlos mit Hitler-Deutschland kooperierend, wurde aber ein 1941 in Lwiw angestrebter ukrainischer Staat nicht akzeptiert. Bandera war bis 1944 ›Ehrenhäftling‹ in Konzentrationslagern, sollte dann aber noch am antisowjetischen Widerstand mitwirken. Wie in baltischen Staaten wurde die aus solchen Kreisen gebildete ukrainische Hilfspolizei zu willigen Helfern in KZs und Vernichtungslagern. Es gab die ukrainische SS-Division Galizien. Ukrainische Einheiten wirkten über Jahre an Massakern an Juden, Polen und Russen mit, um angeblich Fremdes zu eliminieren. Deren Aktionen und Ziele gelten deswegen eindeutig als faschistisch und

33 Wikipedia: Ukrainische Volksrepublik: Landkarte | Westukrainische Volksrepublik.

antisemitisch. Bandera, in der UdSSR in Abwesenheit zum Tod verurteilt, entkam nach München, wo ihn 1959 ein KGB-Agent ermordete, der sich anschließend stellte und einige Jahre Haft bekam. Symon Petljura (1879–1926), den Präsidenten der 1917 bereits von vielen Ländern anerkannten kurzlebigen Ukrainischen Volksrepublik, hatte schon 1926 in Paris ein jüdischer Attentäter aus Rache für ermordete Familienmitglieder erschossen, der wegen dieser Motive freigesprochen wurde. Über Jahre in wechselnden und dubiosen Koalitionen für eine unabhängige Ukraine engagiert hatte sich auch Wilhelm von Habsburg (1895–1948), sichtlich um ›König der Ukraine‹ zu werden. 1947 aus Wien entführt, starb er in sowjetischer Haft.[34] Die weiter übliche Heroisierung von Bandera nützt nun Putins Feindpropaganda. Zwar bildeten sich in die Armee als ›Internationale Brigade‹ integrierte Kampfgruppen Freiwilliger aus vielen Ländern, mit Parallelen zu berüchtigten Söldnern der russischen ›Gruppe Wagner‹, aus Tschetschenien und jenen in kommerziellen, von den USA genutzten Privatarmeen, es gibt dort jedoch nicht mehr kampfbereite Rechtsradikale als unter Trump-Anhängern oder anderswo. Im Parlament spielen sie keine Rolle. Selenskyjs Regierung tritt jedenfalls deutlicher gegen den Ruf des Landes schädigende Extremisten auf. Brutalität und Motive des Krieges könnten jedoch auf beiden Seiten einen antidemokratischen Ultranationalismus bestärken, als jahrelang anhaltende Feindseligkeit.

Was längst aus jedem national geprägtem Bewusstsein entschwunden ist, hat etwa der aus Krakau ins Exil entkommene polnische Essayist Jerzy Stempowsky (1893–1969) als Kindheitserinnerungen beschrieben. Dieses Osteuropa unterschied sich seinem sarkastischen Blick zufolge schon deshalb stark vom Westen, weil dort nie auf Dauer durchsetzbar war, »Grenzen mehr oder weniger zu sichern, die Fremden zu vertreiben, den Ausländern die Einreisegenehmigungen zu verweigern und eine Illusion der inneren Einheit zu schaffen«. Die Bevölkerung entzog sich eben störrisch jedweder Angleichung. Denn »der riesige Teil Europas

34 Timothy Snyder: *Der König der Ukraine. Die geheimen Leben des Wilhelm von Habsburg*, Wien 2009.

zwischen der Ostsee, dem Schwarzen Meer und der Adria war ein großes Schachbrett der Völker, voller Inseln, Enklaven und seltsamster Kombinationen gemischter Bevölkerungen. Vielerorts hatte jedes Dorf, jede gesellschaftliche Gruppe, beinahe jede Zunft eine eigene Sprache. In meiner Heimat, im Tal des mittleren Dnjestr«, schrieb er, Ruiniertes in Erinnerung rufend, »sprachen die Landadeligen polnisch, die Bauern ukrainisch, die Beamten russisch mit Odessa-Akzent, die Kaufleute jiddisch, die Zimmerleute und Tischler, als Philipponen [eine dem russischen Mönch Philipp folgende priesterlose Sekte] und Altgläubige russisch mit Novgoroder Akzent, und auch die Schweinehändler hatten ihre eigene Mundart. Außerdem gab es in der Umgebung noch Dörfer mit Bauern aus verarmtem Landadel, die polnisch sprachen, andere, ebenfalls aus dem Landadel stammend, sprachen ukrainisch, und es gab moldauische Dörfer, die rumänisch sprachen; die Zigeuner hatten ihre Zigeunersprache. Türken gab es dort zwar keine mehr, aber in Chocim [einst eine osmanischen Festung], auf der anderen Seite des Dnjestr, und in Kamenenez [in der Westukraine] standen immer noch ihre Minarette.« Es gab Orte, »wo alle Juden türkische Staatsangehörige waren«, »jede Bevölkerungsgruppe besaß ihre eigene Architektur« und jede Sprache brachte »eine andere historische, religiöse und gesellschaftliche Tradition mit sich«. Westgebiete orientierten sich nach Wien, Kiew, Krakau, Sankt Petersburg, französisch sprechende Gebildete nach Paris. Obwohl viele Einwohner kleiner Orte und Ghettos »Verwandte in New York und Buenos Aires besaßen«, lebten sie »in Abgeschiedenheit, weit entfernt vom Hauptstrom der Ereignisse …«[35]

35 Jerzy Stempowsky: *Von Land zu Land. Essays eines Kosmopolen*, Hg.: Basil Kerski, Berlin 2006, S. 3ff.

HERKUNFTSMYTHEN. Als historische Keimzelle großrussischer Einheit gilt imperialem Denken das Kiewer Reich des Frühmittelalters. Gebildet hatten es jedoch Waräger mit dort siedelnden Slawen, also Wikingergruppen von der Ostsee, deren lukrative Handelsrouten entlang der Flüsse Djnepr (Dnipró), Dnister (Dnjestr) und Don (Dónez) bis Byzanz reichten. Auch Kiewer Rus genannt, wurde daraus die Selbstbezeichnung der westslawischen Bevölkerung, während »die Ostslawen im Moskauer Reich, die Großrussen«, »in weiten Teilen Westeuropas als Moskowiter« bezeichnet wurden. »Der Begriff ›Ukraine‹ mit der Bedeutung Grenzland taucht erstmals in den Chroniken des 12. und 13. Jahrhunderts für Grenzgebiete des Kiewer Reiches in der heutigen Ukraine auf.«[36]

Der in Kiews berühmtem (nun anfangs sogar von Raketen bedrohten) Höhlenkloster entstandenen Nestor-Chronik zufolge hatten Fürst Wladimir I. (960–1015) und die Bojaren Boten ausgesandt, um die Religionen für das neue Reich zu beurteilen. Die Riten der Juden sagten ihnen wenig. »Wir gingen zu den Bulgaren, und wir sahen, wie sie in ihrer Kirche – besser Moschee – Gott anbeteten. Sie stehen ohne Gürtel da; danach werfen sie sich nieder, und dann setzen sie sich und schauen wie besessen herum; Freude herrscht nicht bei ihnen, eher Trübsal und ein großer Gestank. Ihr Glaube ist nicht gut. Danach gingen wir zu den Deutschen und sahen zahlreiche Gottesdienste in ihren Kirchen, aber nichts, was schön gewesen wäre. Danach gingen wir also zu den Griechen, und diese führten uns dorthin, wo sie ihren Gott verehrten. Und da wussten wir nicht mehr, ob wir im Himmel oder auf Erden waren. Weil wir auf dieser Welt niemals ein solches Schauspiel und solche Schönheit gesehen haben, darum sind wir nicht in der Lage es zu schildern. Wir wissen nur, dass dort Gott unter den Menschen wohnt und dass ihr Gottesdienst den aller

36 Andreas Kappeler: *Kleine Geschichte der Ukraine*, München 2000, S. 21, 22.

anderen Länder übersteigt.«[37] Das orthodoxe Christentum (altgriech. *orthos*, ›aufrecht, richtig‹ und *doxa*, ›Verehrung, Glaube‹) erschien somit als konkurrenzlos.[38] Angenommen wurde es der Legende nach im Jahr 988 mit der Taufe von Wladimir I. bei dessen Hochzeit mit der Schwester des byzantinischen Kaisers Anna auf der Krim, mit der erstmals, als hohe Ehre, »eine legitime byzantinische Prinzessin ins Ausland verheiratet worden« war. Aber auch Österreichs Herzog Heinrich II. Jasomirgott (ca. 1107–1177) bekam bald mit Theodora Komnena (ca. 1134–1184) eine Nichte des byzantinischen Kaisers zur Frau, die ihrer Kultiviertheit wegen als erste Großstädterin Wiens gilt. Dem Einfluss des von Rom zunehmend an den Rand gedrängten Byzanz brachte das »eine ungeahnte Erweiterung«, für den sich »unter die geistige Leitung Konstantinopels« stellenden Kiewer Staat den »Beginn einer neuen Ära«.[39] Um die Hauptstadt Kiew, mit 40 000 Einwohnern damals eine der großen Städte Europas, entstand trotz fragiler Vasallenstrukturen bis zu ihrer Zerstörung durch die Mongolen 1240 »einer der großen, politisch, wirtschaftlich und kulturell blühenden Herrschaftsverbände des mittelalterlichen Europas«.[40]

Hatten keltische Mönche aus Irland die römische Christianisierung West- und Mitteleuropas intensiviert, verbreiteten die Slawenapostel Kyrill (ca. 826–869) und Method (ca. 815–885) von Saloniki aus die Orthodoxie am Balkan, bis Kiew und schließlich in Russland. Verbindend wirkten die altkirchenslawische Sprache, die Liturgie, das aus dem griechischen entwickelte kyrillische Alphabet und die ins Slawische übersetzte Bibel. Das ergab stets ein enges Einvernehmen von Religion, Klerus und Staatsmacht, als Garanten für die Kontinuität von Herrschaft, Kultur und Sprache – deutlicher als es die lateinische Kirche im Westen

37 Tomáš Špidlík: *Russische Spiritualität*, Regensburg 1994, S. 29ff.

38 Grigorios Larentzakis: *Die Orthodoxe Kirche. Ihr Leben und ihr Glaube*, Graz 2000, S. 14, 168.

39 Georg Ostrogorsky: *Geschichte des byzantinischen Staates* (1940), München 1975, S. 255f.

40 Andreas Kappeler: *Kleine Geschichte der Ukraine*, a. a. O., S. 29, 32 | Georg Ostrogorsky: *Geschichte des byzantinischen Staates* (1940), München 1975, S. 255f.

beanspruchen konnte. Zwar als einzige wahre Lehre geltend, gibt es derzeit krasse interne Kontroversen. Denn mit ihrer Ideologie von einer »russischen Welt« gemeinsamer Sprache, gemeinsamer Kirche unter einem Oberhaupt, dem politischen Zentrum Moskau, dem geistigen Zentrum Kiew, unterstützt das ultrareaktionäre »Patriarchat von Moskau und der ganzen Rus« unter Kyrill I. Russlands Angriff auf die Ukraine und überhöht Putins imperialkolonialistisches Programm religiös. Das ergibt unüberbrückbare Gegensätze zur nun vereinigen Orthodoxen Kirche der Ukraine und ihrer mit Rom unierten griechisch-katholischen Kirche sowie dem Griechisch-Orthodoxen Patriarchat in Istanbul. Diese Politisierung von Religion lässt an die Militanz eines Mullah-Islams, der Taliban Afghanistans oder religiöser US-Fundamentalisten denken, die säkulare Errungenschaften aggressiv bekämpfen.

Relevant bleibt, wie nachhaltig seit Europas Frühmittelalter die Expansion des Islam rund um das Mittelmeer gewirkt hat, parallel zur Ausbreitung römisch-katholischer und orthodoxer Sphären. Die eine prägte, bis hin zur lateinischen Schrift, Westeuropa, die andere, sichtbar durch die kyrillische Schrift, bis heute den Alltag im Osten »von der Adria bis Sibirien«.[41]

Erst 1963 wurde der durch beidseitige Exkommunikation im Jahre 1054 erfolgte Bruch zwischen der römisch-katholischen und der griechisch-orthodoxen Kirche Konstantinopels aufgehoben, unter Akzeptanz eines gleichberechtigten Status – als ein Kalter Krieg, der 900 Jahre gedauert hat.[42] Nun ist als Zentrum der Moskauer Russisch-Orthodoxen Kirche die unter Stalin gesprengte Christ-Erlöser-Kathedrale rekonstruiert worden. Als Zeichen des Anspruchs auf die Ukraine bekam Wladimir I. ein mächtiges Denkmal. Auch im griechischen Ruinenfeld von Cherson auf der Krim wurde am legendären Ort der fürstlichen Taufe eine neue Kirche errichtet, die auch an die dortige Missionstätigkeit von Kyrill und Method erinnern soll. Selbst der dem ›atheistischen‹ Großen Vaterländischen Krieg gewidmete Moskauer Siegespark

41 Mark Mazower: *Salonica. City of Ghosts, Christians, Muslims and Jews 1430–1950*, London 2005, S. 23.

42 Grigorios Larentzakis: *Die Orthodoxe Kirche*, a. a. O., S. 200.

bekam eine Kirche. Für Catherine Merridale passen eben »Weihrauch und Priester« wieder »zum schwierigen Geschäft des Trauerns«, dabei gab es unter den Soldaten kaum Gläubige. Geläufig waren bloß »abergläubige Gebete und rituelle Gesten, indem sie sich zum Beispiel als eine Art Zauberformel gegen den Tod bekreuzigten«.[43] Nun aber wurde die russisch-orthodoxe Kirche wieder zur den Staat wie stets bedingungslos stützenden Macht.

Auch die Eroberungen Russlands am Schwarzen Meer sind in der gegenwärtigen Situation zu reflektieren, weil die Verbindung von der Krim zum Donbass und die Küste schwer umkämpft sind, offenbar um mit Kollaborateuren, russischen Pässen und dem Rubel als Währung Fakten für Abtrennungen zu schaffen. Um mythisches altes russisches Land handelt es sich keineswegs, galten diese dem Osmanischen Reich abgerungenen Gebiete doch ganz offiziell als ›Neurussland‹. In der nun radikal zerstörten Stadt Mariupol am Asowschen Meer lebten noch Ende des 19. Jahrhunderts überwiegend Schwarzmeergriechen, die stets auch in Odessa stark vertreten waren. Die Stadt Donezk wiederum war wegen entdeckter reicher Kohlevorkommen vom britischen Geschäftsmann John Hughes (1815–1889) und mitgebrachten Facharbeitern erst 1869 als Standort bald expandierender hochmoderner, nun im Krieg erneut devastierter Eisenwerke und Fabriken gegründet worden, um im Auftrag des Zaren die Industrialisierung des Landes voranzutreiben.

Reichten Russlands gegen die Osmanen gerichtete Expansionsvisionen latent bis Konstantinopel als altem Zentrum der Orthodoxie und Zugang zum Mittelmeer, konkurrierten nationalistische Griechen offensiv durch die antitürkische ›Megali Idea‹ mit Konstantinopel als ihrer angestammten, Byzanz wiederbelebenden Hauptstadt. In deren Geschichtsbüchern heißt es bis heute: »Seit tausenden Jahren lebten am Schwarzen Meer Griechen, und zwar lange bevor Slawen (die frühen Rus) Gebiete des späteren russischen Reiches besiedelten.« Als Ureinwohner im ›Barbarenland‹ habe das von Kiew angenommene orthodoxe Christentum eben »griechische Kultur« in Russland verbreitet, es geistig an Byzanz bindend, auch noch als »the Turks, who were considered non-

43 Catherine Merridale: *Iwans Krieg*, a. a. O., S. 410f.

Christian barbarians« (so die noch 2004 vertretene Abwertung), für Jahrhunderte am Schwarzen Meer dominierten. Dieser sich von der Antike herleitenden Hellenismus-Fiktion zufolge seien die Ukraine und Russland kulturell somit Produkte griechisch-orthodoxer Infiltration[44] – nur beanspruchte dann Russland viel machtvoller die legitime Nachfolge von Byzanz mit Moskau als ›drittem Rom‹.

Im Süden expandierte Russland erst nach Angliederung ukrainischer Gebiete, seit sich die Saporoger Kosaken am Dnjepr dem Moskauer Zaren unterstellten. Osmanische Provinzen am Schwarzen Meer wurden zu ›Neurussland‹, mit Cherson (1778), Sewastopol (1783) und Odessa (1794) als neuen, geplant ausgebauten Hafenstädten. Seit dem 16. Jahrhundert war, als Parallele zu Österreichs Türkenkriegen, das Osmanische Reich Russlands Hauptgegner. Pro forma religiös motiviert, spielte das in Koalitionen oft keine Rolle. Zuerst wurde das Khanat Astrachan an der unteren Wolga eingenommen. Im nächsten Krieg behaupteten die Osmanen noch ihre Gebiete südlich von Kiew, die Saporoger Kosaken auf das linke Dnjepr-Ufer verdrängend. Der Friede von Karlowitz beendete 1699 den Großen Türkenkrieg zwischen dem Osmanischen Reich und dem Heiligen Römischen Reich, mit Polen, Venedig, dem Kirchenstaat und Russland. Er folgte auf die Wiener Türkenbelagerung von 1683. Die Habsburgermonarchie wurde zur Großmacht mit Angliederung Ungarns, Siebenbürgens, Teilen Kroatiens, 1772 auch Galiziens. Polen bekam weite Teile der Ukraine. Mit der Schlacht von Poltawa in der heutigen Ukraine verlor Schweden 1709 seine Großmachstellung, als es im Großen Nordischen Krieg um die Vorherrschaft an der Ostsee ging. Der Frieden von Belgrad beendete 1739 einen weiteren Russisch-Österreichischen Türkenkrieg. Nachfolgende Kriege brachten Russland bis ins 19. Jahrhundert Gebietsgewinne. Eine Zäsur in den Allianzen wurde der Zehntausende Opfer fordernde Krimkrieg 1853 bis 1856, in dem das Osmanische Reich massiv von Truppen aus Frankreich, Großbritannien und Sardinien-Piemont unterstützt wurde, um Russlands weitere Ausdehnung und seine Seeherrschaft

44 John Athanasios Mazis: *The Greeks of Odessa. Diaspora Leadership in Late Imperial Russia*, New York 2004, S. 1, 3, 4.

am Schwarzen Meer zu blockieren, worauf noch zurückgekommen wird.[45] Mit der Eroberung des Khanats der Krimtataren 1783 wurden als Unterwerfung und Vertreibung der indigenen Bevölkerung Gebiete nördlich des Schwarzen Meeres zu ›Neurussland‹ – zu einer Zeit, als sich auch ›die koloniale Erschließung‹ Nordamerikas und Sibiriens intensivierte.

Es war aber auch die Zeit, als in Paris die Erklärung der Menschen- und Bürgerrechte beschlossen wurde, das Weiße Haus in Washington D. C. und San Franciscos erste Siedlungen entstanden. Legendär blieb die Reise der Zarin Katharina II. (1729–1796) von 1787 in die neuen Südprovinzen – Anlass der Legende von den Potemkin'schen Dörfern –, an der selbst Österreichs Reformregent Joseph II. (1741–1790) teilnahm. Der damit verbundene Intrigen durchstehende Günstling der Kaiserin, Fürst Grigori Potjomkin (1739–1791), Oberbefehlshaber der Armee, tatkräftiger Reformer und indirekt Namensgeber der Hafentreppe in Odessa, starb noch vor ihr und ist in Cherson am Schwarzen Meer begraben. Sogar Voltaire (1694–1778), mit dem die Zarin häufig korrespondierte, hatte sie begeistert zur kolonialistischen Eroberung der muslimischen Krim ermuntert und ihren baldigen »Einzug in Konstantinopel« herbeigesehnt.[46]

Für ein noch konfuses Europa-Bewusstsein ist bezeichnend, dass für die Aufklärungs-Encyklopédie Europa nur bis zur Krim, zum 34. Längengrad Ost vom Paris-Meridian aus reichte, was Kiew und das ›Tor zum Westen‹ Sankt Petersburg einschloss (heute 30° 30' O bzw. 30° 16' O).[47] Moskau lag jenseits davon. Dort wie auch andernorts fühlte sich jedoch »vor der Aufnahme europäischer Ideen« im 19. Jahrhundert niemand je als Asiate, denn »›Asien‹ ist ein europäischer Begriffsentwurf«, so Jürgen Osterhammel in *Die Entzauberung Asiens*.[48]

45 Wikipedia: Russisch-Türkische Kriege.

46 Martin Fronius (Hg.): *Voltaire. Ein Lesebuch für unsere Zeit*, Berlin-Weimar 1989, S. 371f., 390.

47 Anette Selg, Rainer Wieland (Hg.): *Die Welt der Encyclopédie*, Frankfurt am Main 2001, S. 97.

48 Jürgen Osterhammel: *Die Entzauberung Asiens. Europa und die asiatischen Reiche im 18. Jahrhundert*, München 1998, S. 42, 45.

KOSAKEN. Sich auf freie, also ungebunden und mehr oder minder sorglos nomadisierende Vorfahren zu beziehen, hat sich in Tourismusgesellschaften sichtlich aufgehört. Waren für Jugendliche einmal die von Karl May beschriebenen Indianer prägende Identifikationsfiguren, weit stärker als (muslimische) Beduinen übrigens, spielt ein Bezug zu natürlicher Lebensweise erst wieder als modernisiertes Bewusstsein um Ökologie eine Rolle. Unter Traditionalisten in der Ukraine und in Russland gehen solche Imaginationen sichtlich tiefer. Die in der Steppe ihre Freiheiten auslebenden Kosaken blieben ein stärkerer Mythos als Nomadenphasen von Germanen, Magyaren oder eine ›Zigeunerromantik‹.

Die Saporoger Kosaken schreiben dem Sultan einen Brief, das berühmte Historiengemälde von Ilja Repin (1844–1930), heute im Russischen Museum in Sankt Petersburg, zeigt eine übermütige Gruppe martialisch gekleideter Teufelskerle, die sich 1676 von ihrem Gebiet am Dnjepr aus (*sa porogami*, hinter den Stromschnellen) mit osmanischen Einheiten im Krieg befinden und gerade an Sultan Mehmet IV. eine offenkundig unflätige Schmähschrift verfassen. Der Zar war von dieser Darstellung ursprünglicher Wildheit so begeistert, dass er dafür den höchsten bis dahin für das Werk eines russischen Malers erzielten Preis bezahlte. Solche Steppenkrieger blieben, ob in *Taras Bulba* von Nikolai Gogol (1809–1852) oder in *Die Kosaken* von Leo Tolstoi (1828–1910), als Gegenbild zu massiv erlebter Disziplinierung ein kontinuierlich behandeltes Thema des russischen und ukrainischen Geisteslebens. Während seiner Verbannung in den Süden beschäftigte sich Alexander Puschkin (1799–1937) eingehend mit Kosakentraditionen. Gogol sprach von einem Volk, »das nach Glauben und Wohnort zu Europa gehört, indes nach seiner Lebensweise, seinen Bräuchen und seiner Kleidung ganz und gar asiatisch ist«.[49]

49 Vgl. Orlando Figes: *Nataschas Tanz. Eine Kulturgeschichte Russlands*, Berlin 2003, S. 407

Ilja Repin (1844–1930): *Die Saporoger Kosaken schreiben dem türkischen Sultan einen Brief*, 1880–1891, Russisches Museum, Sankt Petersburg

Kosaken-Denkmal Odessa | Credit: Christian Reder

An der von Jermak Timofejewitsch (1525/40–1585) im Auftrag der Handelsdynastie Stroganow eingeleiteten Eroberung Sibiriens waren Kosaken maßgeblich beteiligt, ihr Naturverständnis und ihre Beweglichkeit mit Pferden und Booten einsetzend. Die Kosakenaufstände unter Stenka Rasin (1630–1671) oder Jemeljan Pugatschow (ca. 1742–1775) blieben in kollektiven Erinnerungen präsent. Beide sind in Moskau hingerichtet worden. Rasin wurde durch eine Komposition von Dimitri Schostakowitsch (1906–1975) geehrt, Pugatschow als literarischer Stoff von Puschkin. In ihrer großen Zeit, dem 17. Jahrhundert, war die Lage weiter westlich vom Dreißigjährigen Krieg und den Türkenkriegen geprägt. Ukrainische Kosaken nahmen auf der Seite Polens 1683 am Entsatz von Wien teil. Kosaken bildeten »eine egalitäre Gesellschaft«, die ihre Anführer, die Atamane (polnisch: Hetman, vom turkotatarischen Otaman), selbst wählte und sozial »extrem durchlässig« war. »Traditionsgemäß konnte jedermann Kosake werden«, wird dazu konstatiert – angesichts grassierender, ethnisch fixierter Ursprungsmythen und latenter Migrationsabwehr ein erstaunlicher Freiheitsgrad und ein rares Beispiel für Aufnahmebereitschaft, gerade auch von entlaufenen Leibeigenen. Wobei zu fragen bliebe, welche Bedingungen zu erfüllen waren, um statt gemeinsamer Herkunft auf gemeinsame Zukunft setzen zu können. Damals »kontrollierten die Kosaken das Land rechts und links des Dnjepr, wo etwa 1,2 bis 1,5 Millionen Menschen lebten, während die westliche Ukraine polnisch blieb«.[50] Als Jubiläum begangen wird das Jahr 1654, als sich die Saporoger Kosaken dem Zaren unterstellten, was aus russischer Perspektive als Anschluss von Ukrainern an Russland zu werten sei. Nur hatte die Ukraine eben »mit Ausnahme einiger kurzer Perioden« nie einen »eigenen Staat«; nur Teile gehörten seit dem 19. Jahrhundert zu Russland. Ihre Geschichte wurde von diversen Mächten dominiert, »vom Kiever Reich des 10. bis 13. Jahrhunderts über das Fürstentum Galizien-Wolhynien des 13. und 14. Jahrhunderts, das als teilweise ukrainisch interpretierte Großfürstentum Litauen des 14. bis 16. Jahrhunderts und das Hetma-

50 Orest Subtelny: Die Zeit der Het'mane (17.–18. Jahrhundert), in: Frank Golczewski (Hg.): *Geschichte der Ukraine*, Göttingen 1993, S. 92, 93.

nat der Dnjepr-Kosaken im 17. Jahrhundert bis zum kurzlebigen Hetmanat von 1918 und der Ukrainischen Volksrepublik der Jahre 1917–1920«. »Polen und Russen anerkannten die Ukrainer nicht als eigenständige Nation, sondern betrachteten sie meistens als Bestandteil ihrer eigenen Nation«, obwohl in der Region stets auch viele Juden, Polen, Russen, Deutsche, Griechen, Armenier, Bulgaren und Rumänen lebten.

Heute jedoch herrscht weithin Konsens, »dass das Ukrainische eine eigenständige Sprache ist«.[51] Als es allerdings nach 2014 in nationalem Überschwang zur einzigen offiziellen Staatssprache erklärt wurde, befeuerte das landesweit Gegendemonstrationen und Separatisten. Inzwischen ist Zweisprachigkeit bis in die Regierung überall akzeptiert, in einer nicht ethnisch, sondern politisch und territorial definierten Nation, nicht als slawisches ›Brudervolk‹ Russlands.

Die Saporoger Kosaken am Dnjepr zum historischen Zentrum ukrainischer Autonomie zu stilisieren, demonstriert eher ahistorisch nationales Denken. Ihr loser Sozialverband hatte jedoch wegen seiner demokratischen Verfassung und der gewählten Anführer Aspekte einer ›republikanischen‹ Enklave zwischen den umliegenden autokratisch-aristokratischen Reichen: Polen-Litauen (das allerdings auch die Königswahl kannte), Russland, Osmanisches Reich, Krim-Khanat. Renommiert geblieben ist etwa der Ataman Bogdan Chmelnitzki (1595–1657), dem allerdings wie vielen anderen im Zuge seiner zum Massenaufstand gegen Polen werdenden Revolte besonders krasse Judenpogrome anzulasten sind. Als Repräsentanten bedeutend blieben auch Iwan Mazepa (ca. 1644–1709) oder Pylyp Orlyk (1672–1742). Tendenziell eine reine Männergesellschaft, eine, so Toynbee, »halbmönchische militärische Bruderschaft«, bestand ihr Dnjepr-Verband, Söldner für wechselnde Koalitionen stellend, bis zu seiner endgültigen gewaltsamen Auflösung 1774.[52] In organisierter Weise ins Donaudelta und ins Kubangebiet am Kaukasus abgewandert, wurden Dnjepr-Kosaken als Grenzwächter Teil

51 Andreas Kappeler: *Kleine Geschichte der Ukraine*, a. a. O., S, 8, 9, 13, 23.

52 Arnold J. Toynbee: *Der Gang der Weltgeschichte*, 2 Bände, Zürich 1970, Band 1, S. 174.

der russischen Armee. Der Ataman Anton Golowaty (1732–1797) gründete die mit Potjomkin bei der Eroberung von ›Neurussland‹ kooperierenden Schwarzmeer-Kosaken, aus denen sich die Kuban-Kosaken im Kaukasus bildeten.

Kosaken gelten somit einerseits manchen als Urzelle einer ukrainischen Nation, völlig konträr dazu aber auch als das ›altrussische‹ Kiewer Gebiet ins Russische Reich integrierende Kräfte. Ihrer exemplarischen Loyalität zum Zaren wegen zum Inbegriff des Russischen geworden, stellten sie auch dessen Leibwache. Es waren von irgendwo Fortziehende, die sich im kaum besiedelten Niemandsland an den Grenzen zusammengefunden haben. Auch Tataren, Kalmücken, Kasachen, Kirgisen, ansonsten oft bekämpft, wurden zu Kosaken, als Verstärkung ihrer Stützpunkte entlang der großen Flüsse, so auf der zentralen Dnjepr-Insel Chortyzja. Das Staatsgebilde der Saporoger Kosaken bestand aus anfangs autonomen Außenposten, deren gesellschaftliche Struktur von »den Wirtschafts- und Selbstverteidigungsbedingungen in der Steppenregion nördlich des Schwarzen Meeres« geprägt worden ist. »Der Begriff des ›Kosaken‹ (›freier Krieger‹) umreißt daher auch später noch nicht den ausschließlich militärischen Kriegerverband, sondern bezieht sich auf die Form des kollektiven Zusammenlebens in Grenzland und Steppe.«[53] Von staatlichen Mächten zum eigenen Vorteil eingesetzt – wie die Bewacher der »Militärgrenze« der Donaumonarchie und später die Fremdenlegion – oder als nicht integrierbar bekämpft, konnten solche abgesonderten Sozialstrukturen auf Dauer nicht bestehen, durchaus analog zur Aufgabe von Frontier-Freiheiten durch die in Massen nach Nordamerika Gezogenen – aber mit bedenkenswerten Parallelen (anfangs autonome Communitys, Pferde, Waffenbesitz, Viehherden, Cowboys, Trapper, Sheriffmentalität, Forts im Feindesland, ›rassische‹ Überlegenheit) und Unterschieden (ethnisch vermischte Absonderung, andere Staatenbildung, andere Rechtsordnung).

Orlando Figes charakterisiert die Träger der russischen ›Go-

53 Carsten Kumke: Zwischen polnischer Adelsrepublik und Russischem Reich (1569–1657), in: Frank Golczewski (Hg.): *Geschichte der Ukraine*, Göttingen 1993, S. 62, 65ff.

East‹-Expansion in seiner *Kulturgeschichte Russlands* als exemplarisches Mischvolk: »Die Kosaken waren eine spezielle Volksgruppe von russischem Geist durchdrungener Krieger, die seit dem 16. Jahrhundert an der südlichen und östlichen Grenze des Reiches lebten: im Don- und Kuban-Gebiet, am Terek im Kaukasus, in der Orenburger Steppe und in strategisch wichtigen Siedlungen um Omsk, den Baikal-See und dem Amur in Sibirien. Diese urrussischen Kämpfer führten ein halb asiatisches Leben und waren kaum von den Tataren der östlichen Steppen und des Kaukasus zu unterscheiden, von denen sie möglicherweise sogar abstammen (›Kosak‹ oder *quzzaq* ist ein Turkwort für Reiter).« Arnold J. Toynbee betonte, dass dieses türkische Wort auch für »Ausgestoßene« steht. »Sowohl der kosakische als auch der tatarische Stammesangehörige verteidigte seine Freiheiten mit wild entschlossenem Mut; beide waren von Natur aus herzlich und spontan, und beide liebten das angenehme Leben.«[54]

Bevor sich Gemeinschaftsgefühle zu tendenziell rassistischem Hochmut steigerten, waren Überlagerungen von Traditionen und Vermischung mit Fremden weithin geläufig. Wie bei Kosaken blieben auch in der Immigrantengesellschaft der USA Indianerkriege und die Weiten der Prärie Fundamente späteren Selbstverständnisses. Millionen Nordamerikaner mit indianischen Vorfahren beziehen sich wieder darauf und alles spricht für analoge Relationen in Russland, gerade auch unter urrussisch auftretenden Kosaken.

Von Napoleon ist die respektvolle Einschätzung ihrer ungewöhnlichen Kampfweise überliefert als – neben dem harten Winter – Hauptursache seiner Niederlage: »Nur diesen Kosaken muss man Gerechtigkeit widerfahren lassen. Sie haben die Erfolge in diesem Feldzuge errungen.«[55] Gefeierte Anführer der Kosakenpartisanen waren Denis Dawydow (1784–1839), der auch als Schriftsteller bekannt wurde, oder Sergei Wolkonski (1788–1865). Um das Vertrauen ihrer Kämpfer zu gewinnen, trugen sie statt zu französisch wirkender Husarenuniformen oft Bauernkaftans,

54 Orlando Figes: *Nataschas Tanz*, a.a.O., S. 406 | Arnold J. Toynbee: *Der Gang der Weltgeschichte*, a.a.O., Band 1, S. 174.

55 Armand de Caulaincourt: *Unter vier Augen mit Napoleon*, Bielefeld 1937, S. 86.

für Orlando Figes frühe Zeichen für ein volkstümlicher werdendes »Bekenntnis zur Nation«.[56] Wolkonski verfolgte die Reste von Napoleons Grande Armée bis Paris und nahm am Wiener Kongress teil. Im Bericht von Frankreichs General Philippe de Ségur (1753–1830) heißt es zur Endphase an der Beresina: »Wer nicht im eiskalten Wasser umgekommen war – oder durch das Massaker nach Ankunft der Kosaken – ist schlicht erfroren oder verhungert.«[57] Das Inferno des Rückzugs kulminierte in Spitälern wie jenen in Vilnius, wo Tausende Leichen herumlagen und Fenster und Mauerlöcher »mit Füßen, Beinen, Armen, Händen, Rümpfen und Köpfen, wie sie in die Öffnungen passten«, zugestopft waren, um die eisige Kälte »von den noch Lebenden fernzuhalten« – als krasses Gegenbild zu jeglicher Kriegsidealisierung.[58]

Während der Februarrevolution von 1917, betonte Leo Trotzki, verhielten sich die gefürchteten Kosakenregimenter beobachtend neutral und ließen vieles einfach geschehen: »Der Umschwung in der Armee hatte sich gleichsam zuallererst bei den Kosaken geäußert, den ewigen Ordnungshütern und Strafexekutoren. Das bedeutete allerdings nicht, dass die Kosaken revolutionärer waren als die andren Truppen. Im Gegenteil, diese wohlbestallten Landeigentümer mit ihren Pferden, die ihre besonderen Kosakenrechte hoch einschätzten, den einfachen Bauer verachteten, dem Arbeiter misstrauten, bargen in sich viele Elemente des Konservativismus. Aber gerade deshalb waren die durch den Krieg hervorgerufenen Veränderungen an ihnen am krassesten erkennbar.« Als Erste gaben sie zu verstehen, sich nicht mehr Befehlen zu unterwerfen und signalisierten, »macht was ihr könnt, hindern werden wir euch nicht«.[59]

In die Kämpfe hineingezogen wurden sie erst im Zuge offensiver Polarisierung. Der Gegenspieler von Ministerpräsident Alexander Kerenski (1881–1970), der putschende General Lawr

56 Orlando Figes: *Nataschas Tanz*, a. a. O., S. 102.

57 J. Summerville (Hg.): *Napoleon's Expedition to Russia. The Memoirs of General de Ségur*, London 2003, S. 217.

58 Eckart Kleßmann (Hg.): *Napoleons Russlandfeldzug in Augenzeugenberichten*, München 1972, S. 371.

59 Leo Trotzki: *Geschichte der Russischen Revolution*, 2 Bände, Erster Teil: Februarrevolution, Frankfurt am Main 1973, S. 98.

Kornilow (1870–1918), stammte aus einer sibirischer Kosakenfamilie. Im Bürgerkrieg bildeten sich an Don und Kuban Kosakenhochburgen, die mit den Weißgardisten paktierten und den größten Teil deren Kavallerie stellten. Weil sie eigene Staaten beabsichtigten, blieb die Kooperation unzuverlässig. Trotz fallweiser Bündnisse von den Bolschewiki bekämpft, sind Anfang 1919, so Orlando Figes in *Die Tragödie eines Volkes*, »etwa 12 000 Kosaken, darunter zahlreiche alte Männer, als ›Konterrevolutionäre‹ von den Tribunalen der einfallenden Roten Armee hingerichtet« worden, »was sich nur als kriegerischer Völkermord an den Kosaken bezeichnen lässt«. Der »Nationalismus der Kosaken« wiederum führte zu Massakern und zu häufigen Pogromen an Juden; »die Kubankosaken vertrieben Tausende Menschen nicht kosakischer Herkunft (meist Russen und Ukrainer) von ihren Höfen und ihren Dörfern, schlossen ihre Kinder vom Schulbesuch aus und ermordeten Hunderte von ihnen als ›Bolschewiki‹«. Das für einen Historiker signifikant summarische Urteil: »Die Kosakenführer vertraten immer wieder die Meinung, ihre Menschen seien die einzigen Russen von Wert, alle übrigen seien ›Dreck‹«[60] – analog zu auch andernorts wieder offensiver werdenden Überlegenheitsgefühlen.

Ein ehemals in nationalkonservativen Kreisen geschätzter Autor wie Edwin Erich Dwinger (1898–1981) trug durch hohe Auflagen dazu bei, dass sich gerade in Deutschland ein – weil antibolschewistisch – bewunderndes Kosakenbild gehalten hat: *Sie suchten die Freiheit … Schicksalsweg eines Reitervolkes* (1952). 1915 in russische Gefangenschaft geraten, war er im Bürgerkrieg mit Kosaken in Kontakt gekommen. In seinem Buch darüber, *Zwischen Weiß und Rot* (1930), werden idealistische Ebenen deutscher Russlandbegeisterung evident: »Ich liebe dich, Russland! Denke ich Abschied nehmend.« Angeführte Tagebuchnotizen eines russischen Freundes klingen wie ein Selbstgespräch: »Sicherlich ist der Bolschewismus die Reaktion auf Europa. Aber warum muss auch sie in Despotismus, in Knechtung der Geister ausarten? Gibt es in Russland keinen anderen Weg als den der Wiederholung? Gewiss,

60 Orlando Figes: *Die Tragödie eines Volkes. Die Epoche der Russischen Revolution 1891–1924*, Berlin 1998, S. 468, 603, 698f.

es gab bei uns einmal einen altslawischen Kollektivismus«, aber dessen Wiederbelebung sei »Abstieg zum Primitiven, nicht Aufstieg zum Menschlichen!«[61] Den Antagonismus, Individuelles kontra Kollektives, die zeitweilige Standardformel für Ostbeurteilungen, konnten offenbar nur romantische Bilder von Kosaken in Balance bringen. Im Zweiten Weltkrieg Kriegsberichterstatter, widmete Dwinger schließlich auch dem NS-Kollaborateur General Andrei Wlassow (1901–1946) ein Buch, der wie der deutsche Kommandant des Kosakenkorps, Helmuth von Pannwitz (1898–1947), und einige Kosakengeneräle in Moskau hingerichtet wurde. Dass 1945 etwa 25 000 auf deutscher Seite kämpfende, mit ihren Familien, Pferden und Trecks nach Kärnten, Osttirol und in die Steiermark gelangte Kosaken und Kaukasier schließlich aufgrund alliierter Abmachungen von der britischen Besatzungsmacht an ihr Herkunftsland Sowjetunion ausgeliefert worden sind, den sicheren Tod oder langjährige Lagerhaft vor Augen, gehört zu jenen Tragödien, die sich als Überlagerung von kurz davor Geschehenem in vielen Erinnerungen festgesetzt haben. Hunderte von Selbsttötungen sind überliefert. Die Stadt Graz fühlte sich bemüßigt, durch eine Kosakengasse direkt an der Mur Solidarität zu zeigen. Gekämpft haben Kosaken, wie auch früher oft, auf beiden Seiten. Ilja Ehrenburgs Einschätzung blieb betont ambivalent: »Die Kosaken waren grausam: aus Tradition, aus Wut über ihr verpfuschtes, verlorenes Leben, aus Verzweiflung.«[62]

Ihre Kollaboration konnte sichtlich erfolgreich verdrängt werden, denn nach der politischen Wende 1989/91 haben die vier bis fünf Millionen weiterhin als Kosaken Auftretenden eigene Organisationen neu belebt, vielfach mit ausgeprägt reaktionär-nationalistischer, neuerlich kampfbereiter, russisch-orthodoxer Orientierung, als symptomatische Verengung einst beanspruchter Freiheiten.

61 Edwin Erich Dwinger: *Sibirisches Tagebuch. Armee hinter Stacheldraht. Zwischen Weiß und Rot* (1929, 1930), Wels 1965, S. 653, 662 | *Sie suchten die Freiheit … Schicksalsweg eines Reitervolkes*, Frankfurt am Main 1952.

62 Ilja Ehrenburg: *Menschen Jahre Leben*, a. a. O., Band 1, S. 318.

Joseph Roth: *Radetzkymarsch*, München 1981 | Credits: Verlag Kiepenheuer & Witsch, Köln

GALIZIEN. BUKOWINA. Joseph Roth (1894–1939) stammte aus dem später ukrainischen Brody nordöstlich von Lwiw/Lemberg. Für Isaak Babel, dort mit der sowjetischen Reiterarmee unterwegs, war es trotz aller Zerstörungen eine »sehr interessante Stadt. Polnische Kultur. Uralter reicher jüdischer Siedlungsort«.[63] In diesem weiten Grenzgebiet zu Russland hatte auch Joseph Roth seinen Militärdienst geleistet und dorthin die Handlung seines zum Zerfall der österreichisch-ungarischen Monarchie unübertroffenen Epos *Radetzkymarsch* verlegt. Die »Reiterfeste der Kosaken« brachten Abwechslung. Zu Kriegsbeginn reagierten in einer Schlüsselszene angetrunkene Offiziere auf den eben gemeldeten Mord am Thronfolger in Sarajewo höchst desperat. Nur die Ungarn darunter waren sich rasch einig: »Wir sind übereingekommen, meine Landsleute und ich, dass wir froh sein können, wann das Schwein hin is!« Auch in diesen Kreisen war vielen längst bewusst: Die Monarchie »zerfällt bei lebendigem Leibe«. »Die Zeit will uns nicht mehr! Diese Zeit will sich erst selbständige Nationalstaaten schaffen! Man glaubt nicht mehr an Gott. Die neue Religion ist der Nationalismus.« Diesen Willen zu Abgrenzungen sarkastisch ironisierend, war für Joseph Roth auch die Ukraine damals bloß auf dem Weg zu einer der »modern« gewordenen Nationen, von deren Bewohnern – so seine prophetisch bleibende Aussage – »man bei uns und im übrigen Westen nicht vielmehr weiß, als dass sie irgendwo zwischen Kaukasus und Karpaten wohnen, in einem Land, das Steppen und Sümpfe hat«.[64] Wie elend gerade Ukrainer und Ukrainerinnen beiderseits der Grenze behandelt wurden, sollte diese journalistische Polemik sichtlich vergessen lassen.

63 Isaak Babel: *Die Reiterarme*, a. a. O., S. 164.

64 Joseph Roth: *Radetzkymarsch*, Roman (Berlin 1932), München 1981, S. 128, 155, 288 | *Reise nach Russland. Feuilletons, Reportagen, Tagebuchnotizen 1919–1930*, Köln 1995, S. 63.

Denn als 1914 russische Truppen große österreichische Gebiete Ostgaliziens und der Bukowina eroberten, die nie zu Russland gehört hatten, setzte eine Propaganda von »altem russischen Land« ein, um Besitzansprüche zu festigen. Man ging »rücksichtslos gegen die Juden vor; doch auch die Ukrainer, die eine Wende in der Nationalitätenpolitik erwartet hatten, wurden enttäuscht«, ihre nationalen Organisationen massiv beschränkt, »die [mit Rom] unierte Geistlichkeit verfolgt, zahlreiche politisch aktive Ukrainer verhaftet und nach Russland deportiert«. Auch Österreich behandelte die Ruthenen genannten ›österreichischen‹ Ukrainer nicht besser. Kaum waren diese Gebiete zurückerobert, »wurde für tatsächliche, in den meisten Fällen aber wohl angebliche Kollaboration mit den Russen Vergeltung geübt. Es kam zu Hinrichtungen von Ruthenen durch die österreichisch-ungarischen Militärs, und mehrere Zehntausend wurden in Internierungslager gesperrt. Mit diesem Verhalten gegenüber den galizischen und bukowinischen Ruthenen hatte sich nicht nur die ›russische‹, sondern auch die ›habsburgische Idee‹ desavouiert«, so die Historikerin Kerstin S. Jobst.[65] Von 1914 bis Mai 1917 waren etwa 20000 russischer Sympathien Verdächtige im Lager Thalerhof bei Graz und weitere in Theresienstadt interniert, von denen viele umkamen.

Als Joseph Roth, der Hitler früh als Gefahr erkannte und dem Frankreich zum kosmopolitischen Paradies wurde, in Paris starb, wie im Jahr davor Ödön von Horváth (1901–1938) und Österreichs emigrierter Sozialistenführer Otto Bauer (1881–1938), kulminierte sein Begräbnis am 30. Mai 1939 zu einem bizarren Miniaturbild damaliger Verhältnisse. Denn »Monarchisten und Kommunisten, Ostjuden und Katholiken strömten zu dem offenen Grab hin«, heißt es in David Bronsens minutiöser Roth-Biografie. »Die Gemüter erhitzten sich, die gegenseitigen Ressentiments kamen im Ton der Gespräche zum Ausdruck.« Als getaufter Jude geltend, konnte jedoch »ein eindeutiger Beweis für die Taufe nicht erbracht« werden, was schon im Vorfeld heftige Kontroversen ergab. Nach Aussagen von Freunden habe er selbst sich stets als Jude gefühlt

65 Kerstin S. Jobst: Die ukrainische Nationalbewegung bis 1917, in: Frank Golczewski (Hg.): *Geschichte der Ukraine*, Göttingen 1993, S. 170.

und »das Spiel mit dem Katholizismus« nur »wegen seiner Sympathie für die monarchistische Bewegung aufrechterhalten«. Man einigte sich auf »eine ›bedingt‹ katholische Beerdigung, die für Zweifelsfälle vorgesehen ist«, ohne Sarg in der Kirche und ohne Totenmesse, wogegen sich wiederum anwesende Juden empörten. Unter den vielen Trauergästen am ärmlichen Friedhof von Thias im Süden der Stadt waren Alfred Polgar, Egon Erwin Kisch, Hermann Kesten, Friederike Zweig, seine letzten Gefährtinnen und eine »Schar Ostjuden aus Roths galizischer Heimat«. Otto von Habsburg (1912–2011) »hatte eine Abordnung österreichischer Legitimisten« und einen Kranz in seinem Namen gesandt. Obwohl wegen der angespannten Atmosphäre keine Reden gehalten werden sollten, löste sich Roths Freund Egon Erwin Kisch (1885–1948) zornig »aus der Reihe der um ihn gescharten Kommunisten, schleuderte eine Scholle ins Grab, darauf einen roten Nelkenstrauß, und rief mit einer Stimme, die alles andere übertönte: ›Im Namen deiner Kollegen vom SDS‹« – dem Schutzverband deutscher Schriftsteller.[66]

Nachhaltigere Österreichbezüge zu Galizien und zur Bukowina ergeben sich vor allem durch architektonische Relikte, andere werden nach über hundert Jahren zu bloßer Nostalgie. In Erinnerung rufen lässt sich, dass das letzte Gedicht von Georg Trakl (1887–1914) »Grodek« heißt, der im damals galizischen Krakau gestorben ist: »Alle Straßen münden in schwarze Verwesung …«, bezogen auf die höchst verlustreiche Schlacht von Grodek, als Hunderttausende Österreicher in russische Gefangenschaft gerieten. Auch Ludwig Wittgenstein (1889–1951) war in Galizien stationiert, als Teil der Besatzung eines Wachschiffs auf der Weichsel, dann in Militärwerkstätten. Vom Tod Trakls erfuhr er gleich; dessen Gedichte hielt er für genial, »ohne sie zu verstehen«. Oft an Selbstmord denkend, heißt es in einer Tagebuchnotiz: »Warum nicht ein sinnloses Leben führen?« 1939 wurde er britischer Staatsbürger.[67]

Der als Philosoph und Science-Fiction-Autor anerkannte Stanisław Lem (1921–2006), der russische Humanist Lew Kopelew

66 David Bronsen. *Joseph Roth. Eine Biographie*, Köln 1974, S. 601ff.

67 Ludwig Wittgenstein: *Geheime Tagebücher 1914–1916*, Hg. Wilhelm Baum, Wien 1991, S. 37, 43, 47.

(1912–1997), der polnische Autor Zbigniew Herbert (1924–1998) oder der in die USA emigrierte Liberalismus-Ökonom Ludwig von Mises (1881–1973) wurden in Lwiw/Lembeg geboren, auch der im Terror umgekommene KP-Aktivist Karl Radek (1885–1939). Dort aufgewachsen sind der jüdische Religionsphilosoph Martin Buber (1878–1965) und der Schriftsteller Leopold von Sacher-Masoch (1836–1898), dessen Werke zum Begriff ›Masochismus‹ anregten. Auch die 1914 in die Schweiz gelangte Schriftstellerin Salcia Landmann (1911–2002) stammte aus der Gegend wie der Psychoanalytiker Wilhelm Reich (1897–1957). Der Schriftsteller und Zeichner Bruno Schulz (1892–1942), ein Holocaust-Opfer, kam aus dem heute ukrainischen Drohobycz. Die über ihren Tod hinaus einflussreiche, in Berlin von Rechtsradikalen ermordete Marxistin Rosa Luxemburg (1871–1919) war vom südpolnischen Zamość aus aufgebrochen. Österreichbezüge aus Lemberg stammender Persönlichkeiten ergeben sich auch durch die dann in den USA wirkende Psychoanalytikerin Else Frenkel-Brunswik (1908–1958), den Wirtschaftshistoriker Eduard März (1908–1987), den Historiker Adam Wandruszka (1914–1997). Mit seiner jüdischen Herkunft aus Lemberg völlig gebrochen hatte Leopold Weiss alias Muhammad Asad (1900–1992), der auf Reisen im Mittleren Osten Muslim und dann bedeutender Islamgelehrter, Berater Ibn Sauds und der Gründung Pakistans wurde, »weil das seiner Sehnsucht nach einer Gemeinschaft in einem tieferen Sinne, als sie die Zufallsgruppierungen von Volk oder Rasse mit sich bringen können«, am besten entsprach.[68]

Solche Namen deuten ein Netz übernationaler Potenziale an, die sich nur bedingt auf Herkunftsregionen beziehen lassen, blieb doch die Zuordenbarkeit wegen ständiger Grenzverschiebungen, sich häufig überlagernder nationaler, religiöser, ethnischer Faktoren und zahlloser ›Mischehen‹ selten eindeutig. Wie kaum irgendwo sonst im 20. Jahrhundert hat in diesen Gegenden der Zufall des

68 Muhammad Asad: *Der Weg nach Mekka* (1954), Düsseldorf 2009, S. 164f., 184, 349 | *Die Botschaft des Koran*, Übersetzung und Kommentar, Düsseldorf 2009 | Günther Windhager: *Leopold Weiss alias Muhammad Asad. Von Galizien nach Arabien 1900–1927*, Wien 2002.

Geburtsortes existenzielle Alternativen erzwungen: weggehen, umkommen, durchkommen, Glück haben.

Auch Bukowinas Hauptstadt Czernowitz blieb ein Inbegriff für erst unsichere, dann bedrohte oder bereits vergebliche Hoffnungen auf Emigration. Von dort Geborenen überlebte die Lyrikerin Rose Ausländer (1901–1988) schreckliche Jahre im Ghetto, ihr Jugendfreund, der Dichter Paul Celan (1920–1970), die Deportation in rumänische Arbeitslager. Der künstlerisch vielfältig aktive Friedrich Kiesler (1890–1965), auch Architekt des *Schrein des Buches* in Jerusalem, hatte die Stadt schon in jungen Jahren verlassen, so wie der Chemiker und Autor Erwin Chargaff (1905–2002) oder der Schriftsteller Gregor von Rezzori (1914–1998). Auch der legendäre Tenor Joseph Schmidt (1904–1942) stammte aus der Gegend. Der Ökonom Joseph Schumpeter (1883–1950), 1919 kurz Österreichs Finanzminister, begann in Czernowitz seine akademische Karriere, die ihn bis nach Harvard führte. Ein Großvater der Wiener Architektin Margarete Schütte-Lihotzky (1897–2000) war Bürgermeister von Czernowitz. Manès Sperber (1905–1984) ist unweit der Stadt im Schtetl von Zabolotiv aufgewachsen, kam aber bald nach Wien. Vater und Großvater von André Glucksmann stammten aus Czernowitz. Unzählige weitere Verbindungslinien ließen sich aufspüren, etwa zum für militärischen Widerstand gegen Österreichs »Anschluss« an Hitler-Deutschland plädierenden, aus Iwano-Frankiwsk/Stanislau stammenden Heereschef Alfred Jansa (1884–1963) – wo auch der derzeit vom Abwehrerfolg der Ukraine überzeugte, vielfach übersetzte Autor Jurij Andruchowytsch 1960 geboren wurde. Heimito von Doderer (1896–1966) wiederum war 1916 bei Czernowitz in russische Kriegsgefangenschaft geraten (*Die sibirische Klarheit. Texte aus der Gefangenschaft*). Direkte Erfahrungen mit Russlands politischem Umsturz hatten auch der Austromarxist Otto Bauer, Josip Broz Tito, der Räterepublik-Anführer Bèla Kun, Jaroslav Hašek (*Die Abenteuer des braven Soldaten Schwejk*), der spätere Berliner Bürgermeister Ernst Reuter, aber auch der wegen seiner Hasstiraden berüchtigte, anfangs als Kommunist agierende spätere Präsident des NS-Volksgerichtshofes Roland Freisler.

Im zur Mordzone Generalgouvernement gewordenen Teil Polens hatte von Krakau aus – übrigens genau südlich von Emmanuel Kants Wirkungsstätte Königsberg an der Ostsee gelegen – Hans Frank (1900–1946) geherrscht, der als ein Hauptkriegsverbrecher hingerichtet wurde. Sein aus Wien stammender Stellvertreter Otto Wächter (1901–1949), ein Organisator des Mordes an Österreichs Bundeskanzler Engelbert Dollfuß (1892–1934), wünschte sich im Offizierskasino in Lemberg ein Maria-Theresien-Fresko, als merkwürdig deplatzierte Demonstration übernationalen Geschichtsbewusstseins. Dafür wurde Rudolf Holzinger (1898–1949) hinbeordert, dessen Engel im Himmelsfresko über der Wiener Kapuzinergruft noch an ihn erinnern. Erst viel später war seine Frau, die Autorin Dorothea Zeemann (1909–1993) fähig, darüber zu berichten, sah sie doch dort mit ihm brennende Juden, »die man über die Balkonbrüstung warf«. »Von den Massakern und den Vergasungen und Krematorien« wurde geredet. »Was sich hier abspielt, würde ich keiner Gräuelpropaganda glauben.«[69] General Glaise-Horstenau (1882–1946), einen weiteren Besucher aus Wien, beeindruckte zwar das »Regime Wächter, das an Härte nichts zu wünschen übriglässt«. Ein Fehler wäre jedoch, die angeblich moderatere österreichische Wesensart nicht gezielter »für die ganze deutsche Sache« zu nutzen, seien doch immer noch »in Galizien die Österreicher unvergleichlich beliebter« als in Polen …[70]

69 Dorothea Zeemann: *Einübung in Katastrophen. Leben von 1913 bis 1945*, Frankfurt am Main 1979, S. 131ff. | Christian Reder: *Deformierte Bürgerlichkeit*, Wien 2016, S. 145, 146, 313, 314, 315.

70 Peter Broucek: *Ein General im Zwielicht. Die Erinnerungen Edmund Glaises von Horstenau*. Band 2, Wien 1983, S. 521, 533.

GEBOREN IN KIEW, IN ODESSA … Gerade weil im 20. Jahrhundert die krassesten zivilisatorisch-kriegerischen Bedrohungen eindeutig von Mitteleuropa ausgingen, mit Serbien und dann Polen als unmittelbaren Kriegsvorwänden, könnte als Gegenströmung mitgedacht werden, wie sehr durch Ausgewanderte und Flüchtlinge aus dem Osten eingesickerte Befruchtungen in der Welt positiv gewirkt haben.

So waren Bob Dylans Eltern im Revolutionsjahr 1905 aus Odessa in die USA gelangt. Der sich erst im Westen entfaltende Konzeptkünstler Ilja Kabakow war 1933 in der Ukraine, in Dnipro/Dnepropetrowsk zur Welt gekommen. Der nun 94-jährige Linguist und radikale Kritiker westlicher Entwicklungen Noam Chomsky stammt aus einer jüdisch-ukrainischen Gelehrtenfamilie. Die Eltern des Violinvirtuosen Yehudi Menuhin (1916–1999) sind Nachfahren chassidischer Rabbiner aus dem heute weißrussischen, nahe der ukrainischen Grenze liegenden Gomel. Der schon als Kind in die USA gekommene Geiger Isaac Stern (1920–2001) wurde im ukrainischen Kremenets geboren. Bedeutende Pianisten sind ukrainischer Herkunft: Vladimir Horowitz (1903–1989), der Russland bald verließ, kam in Kiew zur Welt, der im Land gebliebene Swjatoslav Richter (1915–1997) in der Nähe von Schytomyr. Aus Odessa stammen weltberühmte Geiger wie David Oistrach (1908–1974), dessen Sohn Igor Oistrach (1931–2021) oder der berühmte Bach-Interpret Nathan Milstein (1903–1992). In die USA kamen markante Künstler aus jüdisch-russischen Immigrantenfamilien, so Mark Rothko (1903–1970) mit seinen aus Lettland ausgewanderten Eltern, wie auch Sol LeWitt (1928–2007) oder Richard Serra.

Weltweit wirksam wurde die künstlerische Avantgarde damaliger Aufbruchsjahre. Kasimir Malewitsch (1878–1935) kam in der Nähe von Kiew als Sohn eines Arbeiters in der Zuckerrübenindustrie zur Welt. Trotz trostloser Ausgangsbedingungen hat er in kürzester Zeit Bildmöglichkeiten radikal revolutioniert, bis hin zum *Schwar-*

Odessa: Geburtshaus Anna Achmatowa (1889–1966)

Odessa: Wohnhaus Isaak Babel (1894–1940)

Kiew/Kyjiw: Geburtshaus Golda Meir (1898–1978), Ministerpräsidentin Israels

Odessa: Wohnhaus Wassily Kandinsky (1866–1944)

Credits: Christian Reder

zen Quadrat. Wladimir Tatlin (1885–1953) war in Charkiw aufgewachsen. Der früh nach Paris und dann nach New York gegangene Alexander Archipenko (1887–1964) wurde in Kiew geboren. Wassily Kandinsky (1866–1944) wiederum war als Kind aus Moskau nach Odessa gekommen und dort aufgewachsen. Ein frühes naturalistisches Bild von ihm in der Tretjakow-Galerie in Moskau zeigt den dunstigen Hafen mit einem Segelschiff. Anfangs wollte er Anthropologe werden und hat 1889 in der Komi-Region am Ural eingehend die Rituale, Ornamente, Zeichen und Zauberformeln des dortigen Schamanismus studiert. Das »sollte seine abstrakte Kunst später maßgeblich inspirieren«, so Orlando Figes in seiner akribischen *Kulturgeschichte Russlands*, denn »der Kreis und der Strich, die Kandinskys abstrakte Bilder dominieren, waren Symbole für den Stock und die Trommel des Schamanen«, für Sonne und Mond, hakenförmige Bogen und Striche stehen für das Pferd und sind »Symbol für das asiatische Erbe«, für »die asiatische Steppe«.[71]

Den Ort ihrer Geburt, den Vorort Odessas Bolschoi Fontan, hatte Anna Achmatowa (1889–1966) bereits als Säugling verlassen, weil ihre Familie nach Sankt Petersburg zog. In der Jugend verbrachte sie eine Zeit in Jewpatorija auf der Krim, dann Schul- und Studienjahre in Kiew, bevor sie, nach großen Anfangserfolgen jahrzehntelang missachtet und drangsaliert, endgültig in Sankt Petersburg blieb, fast durchwegs im berühmten Haus an der Fontanka (heute eine Gedenkstätte für sie). Modigliani hat sie 1911 in Paris gezeichnet. Mit ihrem Pseudonym Achmatowa bezog sie sich offenbar in eher bildhafter Weise »auf den letzten Tataren-Khan«.[72] Ihr Zeitgenosse Sergei Prokofiew (1891–1953) stammte aus Krasnoe in der östlichen Ukraine. Nach Jahren im Ausland in die Sowjetunion zurückgekehrt, schrieb er für Sergei Eisenstein (1898–1948) Filmmusik, komponierte unter ständigem Druck, zu formalistisch, zu wenig volkstümlich zu sein, und ist am selben Tag wie Stalin gestorben. Iwan Bunin (1870–1953) auf den noch eingegangen wird, lebte immer wieder in Odessa. Der in Russ-

71 Orlando Figes: *Nataschas Tanz*, a. a. O., Berlin 2003, S. 448.
72 Wolfgang Hässner: *Anna Achmatowa*, Reinbek bei Hamburg 1998, S. 29.

land zu den Berühmtesten seiner Zeit zählende Maler Ilja Repin (1844–1930), dessen Kosakenbild in diesem Band abgebildet ist, kam aus Tschugujew bei Charkow in der Ukraine, Marc Chagall (1887–1985) aus dem weißrussischen Witebsk. Auch der zeitlebens in die internen Machtkonstellationen verstrickte Ilja Ehrenburg (1891–1967), Sohn eine Brauereidirektors, hatte die ersten Jahre in seiner Geburtsstadt Kiew verbracht.

Isaak Babel (1894–1940), der bereits einbezogene, eng mit Odessa verbundene Dichter, war Sohn eines armen jüdischen Händlers in der Vorstadt Moldawanka und hat die damalige Atmosphäre in Erzählungen und als Teilnehmer am Polnisch-Sowjetischen Krieg von 1920 verarbeitet. An seinem Wohnhaus in der Rischeljewska 17 ist ihm eine Gedenktafel gewidmet. Das kleine private Jüdische Museum in Odessa verwahrt seinen verglasten Bücherschrank, als einziges erhaltenes Relikt aus seiner Wohnung. »Es gibt Menschen, die dem Tod geweiht sind. Und es gibt Menschen, die noch nicht begonnen haben zu leben«, heißt es in seinen *Geschichten aus Odessa*.[73]

Die in Paris reüssierende Malerin Sonia Delaunay-Terk (1885–1979) stammte aus der Gegend von Poltawa in der Ukraine. Sie hatte mit Blaise Cendrars (1887–1961), der seinerseits durch längere Aufenthalte mit Russland verbunden blieb, 1913 das berühmte, Bild- und Textebenen integrierende »erste Simultanbuch« herausgebracht: *La Prose du Transsibérien et de la petite Jehanne de France*. Die Schriftstellerin Elsa Triolet (1896–1970), Propagandistin und Übersetzerin von Wladimir Majakowski (1893–1930) und Frau von Louis Aragon (1897–1982), und Helene Dimitriewna Diakonowa (1894–1982), die unter dem Namen Gala als aktivistische Frau von Paul Éluard (1895–1952) und Salvador Dalí (1904–1989) legendär wurde, kamen aus Russland, wie Sergei Diaghilew (1872–1929), der mit den »Ballets russes« das exponierte Pariser Kunstgeschehen beeinflusste. Der ebenso das Ballett revolutionierende Tänzer und Choreograf Serge Lifar (1905–1986) und der legendäre Tänzer Vaslav Nijinsky (1890–1950) stammten aus Kiew. Nijinsky hatte es, ge-

73 Isaak Babel: *Geschichten aus Odessa und autobiographische Erzählungen*, München 1972, S. 18.

zeichnet von geistiger Verwirrung, 1945 aus Ungarn, vom ihn verehrenden Sowjets geschützt, vorerst nach Wien verschlagen. Von seinem Grab in London ist sein Leichnam schließlich auf den Montmartre-Friedhof überführt worden. Der Bildhauer Ossip Zadkine (1880–1967) aus Belarus liegt am Friedhof Montparnasse, Serge Lifar auf dem Friedhof von Sainte-Geneviève-des-Bois – der größten russischen Nekropole außerhalb Russlands –, wie auch der grandiose Tänzer Rudolf Nurejew (1938–1993), der, aus tatarischer Familie stammend, österreichscher Staatsbürger wurde und sich nach islamischem Ritus bestatten ließ. Auch Russlands erster, entschieden sowjetkritischer Literatur-Nobelpreisträger Iwan Bunin (1870–1953) oder der Rasputin-Mörder Felix Fürst Jussupow (1887–1967) haben dort ihre letzte Ruhestätte. Wegen der Offenheit für Emigranten gab es am rätedemokratischen Aufstand der Pariser Kommune von 1871 eine signifikante internationale Beteiligung. Stellvertretend zu nennen ist Jarosław Dąbrowski (1836–1871), der, als aus dem ukrainischen Schytomyr stammender Pole, nach einem rebellischen Lebenslauf und Flucht aus Sibirien zu einem ihrer Delegierten geworden und im Barrikadenkampf umgekommen war. Das Dąbrowski-Bataillon im Spanischen Bürgerkrieg hat ihn geehrt. Der Chirurg, Verleger und Autor Eric Hazan betont in *Die Erfindung von Paris* ausdrücklich die Bedeutung der Immigranten »aus dem Osten, aus dem großen reichen Osten, der seit dem 18. Jahrhundert unaufhörlich das Pariser Leben befruchtet hatte«. Im 19. Jahrhundert lebten zehntausend aus Russland und der Ukraine Gekommene dort, nach der Revolution von 1917 nahm Frankreich vierhunderttausend weitere auf. Nur Berlin war für sie ähnlich attraktiv.[74]

Der als ›typisch russisch‹ geltende Klassiker Nikolai Gogol (1809–1852) war Sohn eines nahe Poltawa lebenden ukrainischen Gutsbesitzers. Sich als russisch oder ukrainisch abzugrenzen war die längste Zeit eher mental relevant. So bei Alexander Puschkin

74 Eric Hazan: *Die Erfindung von Paris. Kein Schritt ist vergebens*, Zürich 2006. S. 571 | Karl Schlögel: *Das russische Berlin. Ostbahnhof Europas*, München 1998 | Fritz Mierau (Hg.): *Russen in Berlin. Literatur Malerei Theater Film 1918–1933*, Leipzig 1987.

(1799–1837), der eine Zeit lang auf die Krim, nach Odessa und nach Moldawien verbannt war und sich wünschte, länger im ukrainischen Süden leben zu können. Der spätere Pazifist Leo Tolstoi (1828–1910) gehörte noch im Krimkrieg zu den Verteidigern. Mit seinen *Erzählungen aus Sewastopol* (1855) wurde er als Schriftsteller bekannt. Anton Tschechow (1860–1904), geboren im russischen Taganrog am Asowschen Meer, lebte zuletzt meist auf der Krim: »Weil ich Ukrainer bin und schon anfange, faul zu werden«, heißt es in einem Brief an seinen Verleger.[75] Der große Satiriker Michail Bulgakow (1891–1940), dessen Hauptwerke, vor allem *Meister und Margarita*, erst lange nach seinem Tod veröffentlicht und im Westen bekannt wurden, stammte, wie auch Nadeschda Mandelstam (1899–1980), aus Kiew. Ursprünglich war er Arzt wie Tschechow, nur hatte dieser das Praktizieren nie aufgegeben. Nadeschda Mandelstam wurde etwa von Joseph Brodsky (1940–1996) deswegen hochgeschätzt, weil sie mit ihren Erinnerungen *Das Jahrhundert der Wölfe* seiner Forderung »der menschlichen Sensibilität eine weiterreichende Perspektive« zu schaffen, sehr nahekam.[76]

Leo Trotzki wiederum, geboren als Lew Dawidowitsch Bronstein im ukrainischen Dorf Janowka, hat im Bericht von seiner Jugend in Odessa, damals noch zwischen der Mathematik »und der Revolution« schwankend, gleichsam existenzialistische Stimmungen beschrieben: »Ich lebte in Odessa und suchte. Was? In erster Linie – mich selbst.«[77] Sein Pseudonym »Trotzki« übernahm er in Sibirien vom Namen eines Gefängniswärters. Mehrmals inhaftiert, war er schließlich ins Ausland entkommen und zur Revolution selbst – nach Jahren in Wien – aus New York angereist. Solche Beispiele vergegenwärtigen zeitgeschichtliche Dimensionen, die sich mit der Herkunft von Akteuren und Akteurinnen verbinden lassen. Anonym gebliebene Schicksale schwingen mit, ob als Auswanderungswellen oder immer wieder notwendig gewordene Flucht.

75 Natalia Ginzburg: *Anton Tschechow. Ein Leben*, Berlin 1990, S. 63f., 68, 73.

76 Joseph Brodsky: *Flucht aus Byzanz*. Essays, München 1988, S. 252f.

77 Leo Trotzki: *Mein Leben. Versuch einer Autobiographie* (Berlin 1929), Frankfurt am Main 1982, S. 104f.

Das schließlich hingerichtete Politbüromitglied Grigori Sinowjew (1883–1936) stammte aus Kirowohrad/Kropywnyzkyj in der Ukraine – benannt nach dem ermordeten Konkurrenten Stalins Sergei Kirow (1886–1934), dem Parteichef von Leningrad; auch das berühmte Mariinski-Balett hieß früher nach ihm. Der in der Ostukraine aufgewachsene Marschall der Sowjetunion Kliment Woroschilow (1881–1969) überlebte als Vertrauter Stalins alle Säuberungen. Der zu diesem Machtzirkel gehörende Lasar Kaganowitsch (1893–1991), ein Hauptverantwortlicher für die von der Zwangskollektivierung ausgelöste grauenhafte Hungersnot, stammte aus der Gegend von Kiew. Einer der Befreier Wiens, Marschall Rodion Malinowski (1898–1967), wurde in Odessa geboren, nahm am Ersten Weltkrieg, am Russischen und Spanischen Bürgerkrieg, an der Schlacht um Stalingrad teil und war, als Befehlshaber der 2. Ukrainischen Front, von der Krim über Odessa, Bukarest, Budapest bis Wien vorgestoßen. Der zweite Wien-Befreier Marschall Fjodor Tolbuchin (1884–1949) war schon im Bürgerkrieg hoher Offizier der Roten Armee und rückte dann vom heutigen Moldawien Richtung Wien vor. Ein Platz in Odessa erinnert an ihn, wo auch Marschall Malinowski ein Denkmal ehrt.

Der Vater von Lenins Weggefährtin Alexandra Kollontai (1872–1952), als Volkskommissarin für Soziales erste weibliche Ministerin der Welt, war ein in der Ukraine beheimateter General. Aus einer Arbeiterfamilie stammend, wurde Nikita Chruschtschow (1894–1971) in Kalinowka an der russisch-ukrainischen Grenze geboren. Als Parteichef der Ukraine galt er als Ukrainer. Zwar lange ein Günstling Stalins, wurde er 1956 Auslöser der Abrechnung mit diesem. Er hatte die Krim, die schon zur Ukrainischen Volksrepublik der Jahre 1917 bis 1920 gehörte, 1954 administrativ an die sowjetische Ukraine abgetreten, zum Jubiläum des Treueeids der Saporoger Kosaken 1654. Leonid Breschnew (1906–1982) wiederum kam aus dem ukrainischen Dneprodserschinsk. Seit 2016 heißt die Stadt Kamjanske, nicht mehr nach dem berüchtigten Geheimdienstchef Felix Dserschinski (1877–1926), einem Polen aus Weißrussland. Solche semantisch verfilzten Konstellationen stellen wie von selbst Verbindungen zwischen Orten, Akteuren, Zeit und Raum her, sofern sie gesucht werden.

Der die Baukultur des Stalinismus prägende Architekt Boris Jofan (1891–1976) stammte aus Odessa. Sein sowjetischer Pavillon auf der Pariser Weltausstellung von 1937 mit der Riesenskulptur *Arbeiter und Kolchosbäuerin* von Wera Muchina (1889–1963), die aus Riga stammte, stand dem Pavillon-Turm Deutschlands von Albert Speer (1905–1981) direkt gegenüber – wie ein gebautes Omen von Kommendem. Den hochdotierten Pritzker-Preis wiederum, den ›Nobelpreis für Architektur‹, stiftete Jay Arthur Pritzker (1922–1999), der sein Vermögen mit der Hyatt-Hotelkette erwarb. Sein Vater war Ende des 19. Jahrhunderts aus Kiew in die USA eingewandert. Die im ukrainischen Dnjepropetrowsk in deutschrussischer Familie geborene Helena Blavatsky (1831–1891), die sich auf weiten Reisen – bis Indien, angeblich auch bis Tibet – ein auf große Nachfrage stoßendes, sich auf esoterisches Geheimwissen berufendes Weltbild zusammengebaut hatte, wurde Mitbegründerin der phasenweise sehr einflussreichen Theosophischen Gesellschaft, die der Österreicher Rudolf Steiner (1861–1925) als Abspaltung zur Anthroposophie weiterentwickelt hat. Künstler, wie der von Nabokov geschätzte Dichter Andrej Belyi (1880–1934) oder der aus Kiew stammende, dann meist auf der Krim lebende Dichter und Maler Maximilian Woloschin (1877–1932), auf dessen Umfeld noch eingegangen wird, wurden zu deren Anhängern.

Hier weiterzuforschen hieße, sich in Ahnengalerien verlieren, gerade was Auswanderungen nach Nordamerika betrifft. Als Vorbilder brauchbare Vorläufer heutiger Oligarchen der ukrainischen und russischen Geschäftswelt fänden sich zur Genüge. So hatte Samuel Zemurray (1877–1961) aus Kischinjow/Chişinău, der Hauptstadt Moldawiens, die United Fruit Company durch Bananenimporte in die USA zum marktbeherrschenden Weltkonzern gemacht. Auf der Flucht vor antijüdischen Pogromen war Zino Davidoff (1906–1994), geboren im nordostukrainischen Nowhorod-Siwerskyj, mit seiner Familie nach Genf gekommen; seine Zigarrenmarke wurde zum Inbegriff des Produktes selbst. Das Whisky-Unternehmen Seagrams geht auf Samuel Bronfman (1891–1971) zurück, dessen Eltern aus dem moldawischen Soroca nach Kanada ausgewandert waren. Die ausgeprägt sozialistisch gesinnte Familie des legendären Ost-West-Kapitalisten, Mediziners und Kunsthändlers Armand Hammer (1898–1990) kam aus Odessa. Als US-Amerikaner und Organisator von Hilfslieferungen für die russische Bevölkerung fand er in Lenin einen Protektor für große Import-Export-Geschäfte mit Getreide, Pelzen, Kaviar, erhielt Konzessionen für Asbest, kaufte viel Kunst, war Generalagent von Ford für die UdSSR und konzentrierte sich schließlich auf seine Occidental Petroleum Company, als Träger des Lenin-Ordens immer wieder die alten Kontakte zur Sowjetnomenklatura nutzend.

Peter Weibel, in den Kriegswirren von 1944 in Odessa geborener Konzeptkünstler aus Wien, gibt wie so viele der angeblich Russland bedrohenden NATO-Einkreisung die Schuld am Ukraine-Krieg und plädiert mit bewusst einseitiger Exzentrik für einen Frieden durch Anerkennung russisch kontrollierter Gebiete ohne weitere Waffenlieferungen, weil er die Eigenstaatlichkeit des Landes für fragwürdig hält.[78] An Odessa sind ihm die Mathematiker Sergei N. Bernstein (1880–1968) und Wladimir I. Arnold (1937–2010) wichtig, der Nobelpreisträger für Medizin und Physiologie Ilja I. Metschnikow (1845–1916), der Physiker Henry Primakoff (1914–1983) als US-Spezialist für subatomare Teilchen oder George Gamow (1904–1968), einer der Begründer der Theorie des Urknalls und der Expansion des Weltalls, der 1933 aus Odessa in die USA gelangte.

Auf ein Entkommen durch frühzeitiges Auswandern verweist das Geburtshaus von Golda Meïr (1898–1978) im Zentrum Kiews. Bereits als Kind mit ihrer Familie in die USA und dann mit ihrem Mann nach Palästina gezogen, wurde sie Israels erste Botschafterin in Moskau, Außenministerin und 1969 bis 1974 Ministerpräsidentin. Wladimir Zeev Jabotinsky (1880–1940), der militante Vorkämpfer für einen eigenen Staat der Juden beiderseits des Jordan, stammte aus Odessa. Für dessen zeitweiligen Sekretär Arthur Koestler (1905–1983), wie Theodor Herzl (1860–1904) in Budapest geboren, war jener »der erste politische Schamane« seines Lebens. »Ohne die Vorsicht und den Machiavellismus der offiziellen Führer und ohne den Wagemut der Opposition und ihres Sprosses, der Terroristen«, schrieb er rückblickend zu den für ihn

78 Statement von Peter Weibel im *Standard* vom 4. Mai 2022.

zwangsläufigen Begleiterscheinungen von Israels Staatsgründung, »würde die Bewegung entweder im Sande verlaufen sein oder mit einem katastrophalen Abenteuer geendet haben«.[79] Jabotinskys auch unter Juden als faschistisch und rassistisch angefeindete Politik führte von den ersten jüdischen Kampfgruppen der Neuzeit im britisch kontrollierten Palästina im Ersten Weltkrieg zur Gründung der radikaler als die »Hagana« Briten und ansässige Palästinenser bekämpfenden Terrorgruppen »Stern« und »Irgun«. »Irgun«-Anfüher wurde der aus Brest-Litowsk gekommene spätere Ministerpräsident Menachem Begin (1913–1992). Israels erster Regierungschef, David Ben Gurion (1886–1973), stammte aus Plonsk in Polen, sein Nachfolger Mosche Scharet (1894–1965) aus Cherson in der Ukraine und Jitzchak Schamir (1915–2012) aus Ruzinoy in Polen. Der erste Staatspräsident Chaim Weizmann (1874–1972) kam aus einem Dorf beim weißrussischen Pinsk. Auch dessen Nachfolger stammten bis in die 1970er Jahre aus diesen Regionen, Jitzchak Ben Tzwi (1884–1963) aus Poltawa, Salman Schasar (1889–1974) aus Mir bei Minsk, Ephraim Katzir (1916–2009) aus Kiew. Noch Schimon Peres (1923–2016) wurde im heutigen Belarus geboren. Die Familie des israelischen Schriftstellers Amos Oz (1939–2018), offensiver Vertreter der Friedensbewegung und der Zwei-Staaten-Konzeption, stammte aus Odessa und war 1933 nach Palästina ausgewandert.

Das zeigt die eminente kulturelle Wirksamkeit vor allem jüdischer Auswanderer aus dem unruhigen, perspektivlosen ›Zwischeneuropa‹ und dem ›Ansiedlungsrayon‹ an und was Europa damit verloren ging. Wie sehr nicht nur »die große Flucht aus Galizien« ein Geschäftsmodell für »Strategen der Überseewanderung« wie Albert Ballin (1857–1918) wurde, hat Martin Pollack recherchiert. Denn dessen durch günstige Zwischendeck-Tarife zur größten Reederei der Welt gewordene HAPAG organisierte die Auswanderung vom Osten aus mit eigenen Büros, Anwerbern und Schleppern als in der Masse überaus lukrative Fracht, weil die Schiffe für die ansonsten maßgeblichen Importe aus Nordamerika keine Leer-

79 Arthur Koestler: *Als Zeuge der Zeit. Das Abenteuer meines Lebens* (1982), Frankfurt am Main 2005, S. 56ff.

strecken mehr hatten. Ab 1892 gab es dafür in Hamburgs Hafen Auswandererbaracken, ärztliche Betreuung und eine gewisse Versorgung, verließen doch zwischen 1840 und 1914 fünfzig Millionen Menschen durchaus geordnet Europa Richtung Übersee – eine Realität, die beim heutigen Umgang mit gegenläufiger Migration sichtlich verdrängt wird.[80]

80 Martin Pollack: *Kaiser von Amerika. Die große Flucht aus Galizien*, München 2015, S. 256, 281 | Saskia Sassen: *Migranten, Siedler, Flüchtlinge*, a. a. O., S. 58.

FILMKULTUR. Migration bot die Chance, der engen, retrospektiv oft idealisierten Schtetl-Welt und der sich radikalisierenden Pogromstimmung zu entkommen und hat so unzählige Leben gerettet und verändert. Ganz besonders ein Aktivitätsfeld – die Macht der Bilder, das reproduzierbare illusionistische Schauspiel – hatten vor allem aus Europas Osten kommende jüdische Emigranten zur maßgeblichen Kulturindustrie des 20. Jahrhunderts ausgebaut, als *ein eigenes Reich*, so der Titel von Gablers Buch zum Thema *Wie jüdische Emigranten Hollywood erfanden*.

Aus Kiew stammende Unternehmensgründer wie Lewis J. Selznick (1870–1933), dessen Sohn David O. Selznick (1902–1965) oder der Regisseur Anatole Litvak (1902–1974) haben den Filmstandort Los Angeles entscheidend mitgeprägt. Louis B. Mayer (1885–1957), die treibende Kraft von Metro-Goldwyn-Mayer, kam aus Minsk im heutigen Weißrussland, Samuel Goldwyn (1882–1974), ursprünglich Handschuhmacher, aus Warschau. Die Familie der Warner Brothers war aus Polen in die USA eingewandert. Eine Filmgröße wie Billy Wilder (1906–2002), der in Sucha Beskidzka am südpolnischen Rand der Karpaten geboren wurde, gelangte über Wien und Berlin nach Hollywood. Weil seine gesamte Familie bleiben wollte, kam sie durch die Shoah um. Auch für Otto Preminger (1905–1986), geboren in Wiznitz/Wysvnyzj bei Czernowitz, wurde Wien vorerst bestimmend. Der einflussreiche Produzent Sam Spiegel (1901–1985) stammte aus dem früher galizischen Jaroslav in Südpolen. Max Fleischer (1883–1972) war schon als Kind aus Krakau in die USA gekommen, mit Comicfiguren wie »Popeye the Saylor« prägte er den Animationsfilm.

Der große Filmdenker und ›Pate‹ des amerikanischen Avantgardefilms Jonas Mekas (1922–2019), Gründer der *Anthology Film Archives* in New York, war aus Litauen in die USA entkommen, so wie aus noch österreichischem, später polnischem Gebiet die Familien von Norman Mailer (1923–2007) oder von Arthur Miller (1915–

2005). Steven Spielberg hat, so wie Dustin Hoffman, Stan Getz (1927–1991) oder George Gershwin (1898–1937), jüdische Vorfahren aus der Ukraine und spürt diesen Wurzeln durch Dokumentarfilme nach. Der Vater von Walter Matthau (1920–2000) ist, so dessen Darstellung, in Kiew Hausierer gewesen, jener des Komponisten Leonard Bernstein (1918–1990) kam aus dem ukrainischen Berdytschiw (wie Józef Teodor Nałęcz Konrad Korzeniowski, einer der wichtigsten Autoren des 19. Jahrhunderts, der unter dem Pseudonym Joseph Conrad veröffentlichte). Lee Strasberg (1901–1982), Leiter des legendären *Actors Studio* in New York, stammte aus dem ukrainischen Budaniw bei Ternopil.

Träumerisches, Weltverlorenes, grassierendes Elend, eine immer wieder von Exzessen abrupt unterbrochene Gleichförmigkeit, so die in vielen Beschreibungen der weiten Gegenden zwischen Odessa, Warschau und der Ostsee anklingenden Vorstellungsmuster, haben sich, jedenfalls vordergründigem Anschein nach, in der neu entstehenden Filmindustrie, einschließlich Big Business und Managementbrutalität, Transformationsmöglichkeiten erschlossen. Das kalkulierbare Wüstenlicht von Los Angeles war eine der Voraussetzungen. Neu beginnende Kräfte konnten zeigen, was in ihnen unter anderen, freieren – ihrerseits immer wieder von Krisen geschüttelten – Lebensumständen steckte; und das in einer neuen Branche, wo nicht ein amerikanischer Antisemitismus, für den Henry Ford (1863–1947) eine Galionsfigur war, Aufstiege blockierte.

Wer geblieben war, musste sich unter sowjetischen Bedingungen zurechtfinden. Sergei Bondartschuks (1920–1994) Verfilmung von Tolstois *Krieg und Frieden* (1967), in der er auch als Schauspieler auftrat, war eine Gegenversion zu King Vidors westlicher Fassung von 1956; geboren wurde er in der Nähe von Cherson. Für einen Zeitgenossen Kandinskys, den aus dem heute polnischen Białystok stammenden, in der UdSSR gebliebenen Dsiga Wertow (1896–1954), wurden Abläufe von Wirklichkeitsausschnitten und eine von der Kameraführung bis zur Schnitttechnik erkennbare, Realität ›radikalisierende‹ Produktionsweise das Wichtige, weshalb er sich auf bildwirksam montierte Experimental- und Dokumentarfilme konzentrierte. Sergei Eisenstein (1898–1948), aus Riga weiter im Norden stammend, wo sein Vater Stadtarchitekt gewesen ist, hat Odessa mit seinem bahnbrechenden Stummfilm *Panzerkreuzer Potemkin* von 1925, der zum Jubiläum der Revolution von 1905 in Auftrag gegeben worden war, ein Denkmal gesetzt, dessen Entstehung nachfolgend ein eigener Abschnitt gewidmet ist. 1930 von Paramount »zur allgemeinen Überraschung« nach Hollywood gelockt, wurde Eisenstein jedoch sofort »zum Opfer einer gnadenlosen antisemitischen und antikommunistischen Kampagne«, das Projekt, in *An American Tragedy* nach Theodore Dreisers Roman Regie zu führen, platzte und er musste »tief enttäuscht wieder abreisen«.[81]

Dass bei der von Hollywood aus massiven Beeinflussung von Weltbildern und besonders vom ›Vorbild USA‹ jahrzehntelang heftig konkurrierende Immigranten aus Osteuropa führend waren, bevor die Studios in konturlosen Mischkonzernen der Unterhaltungsindustrie aufgingen, ist eine Geschichte für sich. In *Wie jüdische Emigranten Hollywood erfanden* wird beschrieben, wie angeblich ›Jüdisches‹ daran vom latent wirksamen »bösartigen Antisemitismus« oder »den Kommunistenhassern der vierziger Jahre« benutzt worden ist, um dem ständigen Vorwurf »amerikanische Werte auszuhöhlen« Gewicht zu verleihen, obwohl die Neuamerikaner »nichts verzweifelter wollten, als diese Werte zu übernehmen«. Diese in vielen Branchen und Gesellschaftskreisen nicht akzeptierten Außenseiter, die »der Vergangenheit entrinnen« mussten, hatten oft ähnliche Kindheitserfahrungen in bitterer Armut, aber auch mit dem dafür lebensnotwendigen ›jüdischen Humor‹. Von Job zu Job wechselnde »Luftmenschen« in der Familie lieferten laufend Einblicke in Kaufmotive im Textil-, Mode-, Einzelhandel. Ein solches Verständnis »für die Träume und Ziele anderer Einwanderer und Arbeiterfamilien«, begünstigte, dass sie »das Publikum« und dessen »simple Emotionen und Einstellungen« zur Maxime machten, sich aber zugleich dezidiert als konservative Republikaner positionierten.[82] Sich in der Filmbranche »ein neues Land erschaffen« zu können, »ihr eigenes Reich sozusagen –, eines,

81 Neal Gabler: *Ein eigenes Reich. Wie jüdische Emigranten Hollywood erfanden*, Berlin 2004, S. 283.

82 Ebd., S. 11ff., 445.

zu dem sie nicht nur Zutritt hatten, sondern in dem sie auch herrschen konnten«, wie Gabler unterstellt, komprimiert jedoch bloß Stereotype und biblische Muster, ohne zu beachten, wie zentral diese Intention für jegliches Schaffen, für Unternehmertum, für ein Profit- und Machtdenken ist.

Für herausragende Filme wie *Der letzte Tango in Paris, Einer flog über das Kuckucksnest, Der Stadtneurotiker, Apocalypse Now, Mississippi Burning, Der mit dem Wolf tanzt, Das Schweigen der Lämmer* wurde der vielfache Oscar-Preisträger Eric Pleskow (1924–2019) als Leiter von United Artists und Orion Pictures ein zentraler Produzent künstlerisch unabhängiger Filme. Seine Großeltern waren 1905 aus Sewastopol nach Wien ausgewandert. Er selbst wurde von dort 1939 vertrieben. Als Präsident des Viennale Filmfestivals wieder ständig mit jüngeren, international wirksamen Kräften in Kontakt, wollte er jedoch, wie oft geäußert, mit den Leuten seiner Generation in Wien »eigentlich nichts zu tun haben«.

Hollywood | Credit: Wikipedia

Sergei Eisenstein: *Panzerkreuzer Potemkin*, 1925 | Credit: imago/Cinema Publishers Collection

POTEMKIN. Damit beauftragt, für den 20. Jahrestag der Revolution von 1905 – die zum Initialereignis für den Umsturz von 1917 stilisiert worden war – ein Szenario zu entwickeln, hat die sonst anonym gebliebene Nina Agadschanowa den Anstoß zu Eisensteins in Odessa handelndem Film *Bronenossez Potjomkin* (*Panzerkreuzer Potemkin*) gegeben. Auch die Feiern zu ›Zehn Jahre Oktoberrevolution‹ kamen auf das Land zu. Niemand konnte ahnen, dass ein Meilenstein der Filmgeschichte entstehen würde. Ursprünglicher Titel: »Das Jahr 1905«. »Aus einer halben Seite« des »in gemeinsamer Arbeit« verfassen Festprogramms, sei schließlich, so Sergei Eisenstein (1898–1948) in seinen Memoiren, nach ihrem Skript der Film entstanden. Als Richtungsangabe habe das genügt, um Schritt für Schritt die notwendige »außerordentliche Genauigkeit des allgemeinen künstlerischen Konzepts für die jeweilige Szene oder Phase des Filmwerks« zu erreichen. Sie, »die kleine, blauäugige, schüchterne, grenzenlos bescheidene und liebenswerte«, nach der armenischen Form ihres Vornamens Nuné genannte Bolschewikin, so betonte er dankbar, »war der Mensch, der mir in einem kritischen Moment meiner schöpferischen Laufbahn hilfreich die Hand reichte«. Die Mitwirkenden wurden in ihrem Bewusstsein bestärkt, »dass die Revolution einen jeden brauche«. Denn »der Intellektuelle, der nach 1917 zur Revolution gefunden hatte, musste notwendigerweise erst das Stadium des ›Ich‹ und ›Sie‹ durchlaufen, ehe in ihm beides zu dem Begriff des sowjetischen revolutionären ›Wir‹ verschmolz.« Mit dem bahnbrechenden Theaterregisseur Wsewolod Meyerhold (1874–1940), der im Zuge der Säuberungen in Moskau erschossen wurde, und dem Dichter Wladimir Majakowski (1893–1930), der sich dann unter ständigem Zensurdruck umbrachte, sah er sich als Vorkämpfer der linken Front, »die eine neue, eben den neuen sozialen Verhältnissen entsprechende Kunst wollte«. »Nicht die intuitive Schöpfung, sondern rationalistischer, konstruktivistischer Aufbau wirkender Elemente«

war sein Thema: »Die Wirkung muss von vornherein berechnet und analysiert sein, das ist das Wichtigste«; im Grund sei alles »eine rein mathematische Angelegenheit«. Wie viel improvisiert wurde, erschließt sich erst durch Schilderungen der Produktionsweise. Die diktierten Termine waren äußerst knapp; fertig gestellt wurde alles in »einer dreimonatigen (!) Arbeit an dem Film. (Die zwei Wochen für die Montage mitgerechnet!)«. Gedreht wurde in Odessa und Sewastopol. Das originale Schlachtschiff »Potemkin« war längst verschrottet worden, nachdem es die meuternden Matrosen in Konstanza gegen Zusicherung freien Geleits an Rumänien übergeben hatten, worauf es an Russland zurückgestellt worden war. Aber in Sewastopol entdeckte Eisensteins Assistent das Schwesterschiff »Zwölf Apostel«, das als mit Minen beladenes explosives Sperrschiff vor den großen Lagerhöhlen für Seeminen am Ende des Hafens verankert war. Um für die Szenen am Bug das freie Meer als Hintergrund zu bekommen, musste das Wrack unter großem Aufwand aufs offene Wasser hinaus gedreht werden. Der originale Aufbau wurde mit Sperrholz rekonstruiert, für einige Szenen der Kreuzer »Komintern« verwendet. Totalansichten wurden in einer Moskauer Badeanstalt mit einem Modell gefilmt.

Wie die »außerordentliche Genauigkeit des allgemeinen künstlerischen Konzepts« zu realisieren sei, wurde anhand konkreter Situationen entschieden. Dass etwa das von Kosaken angerichtete Blutbad auf der Hafentreppe Odessas eine so zentrale Rolle spielen würde, sei »in keiner Szenenvariante und keiner Montageliste vorgesehen« gewesen. Die Vorstellung dazu entstand als »Entdeckung an Ort und Stelle«. »Es war die ›Flucht‹ der Stufen, die die Idee für diese Szene hervorgebracht hat, ihr ›Auffliegen‹ hat die Regie-Phantasie zu neuem ›Flug‹ inspiriert.« Auch »die panische ›Flucht‹ der Menge, die die Stufen ›hinunterfliegt‹, ist nichts anderes als die Materialisierung dieser ersten Empfindungen beim Anblick der Treppe«. Das zur von Eisenstein selbst kommentierten Entstehungsgeschichte und warum »die ›Odessaer Treppe‹ als eine der entscheidenden Szenen in das Strukturgerüst des Films eingegangen« ist. Erst seit dem 50. Jahrestag der gescheiterten, aber dennoch Reformen in Gang setzenden Revolution von 1905 heißt sie Potemkintreppe, an die Meuterei auf dem Panzerschiff und nur indirekt an den ursprünglich namensgebenden Fürsten erinnernd.

Im Rückblick auf sein bewusst propagandistisches, ihn in jungen Jahren weltweit berühmt machendes Meisterwerk, das »Tendenz und nichts als Tendenz« sein sollte, hat Eisenstein sich gefragt: »Was ist aus diesen Hunderten von Namenlosen geworden, die voller Enthusiasmus am Film mitgewirkt haben, die in der sengenden Hitze unermüdlich die Treppe hoch und hinunter gelaufen sind, die in endlosem Trauerzug die Mole entlang zum offenen Meer gegangen sind? Allzu gern würde ich dem namenlosen Kind begegnen, das in dem Kinderwagen geweint hat, bevor der, von Stufe zu Stufe holpernd, die Treppe hinunterrollte. Es ist jetzt zwanzig Jahre alt. Wo mag es jetzt sein – oder vielleicht auch sie? Ich weiß nicht einmal, ob es ein Junge oder ein Mädchen war! Was mag er tun? Hat er als junger Mann Odessa verteidigt? Oder wurde ein junges Mädchen zur Zwangsarbeit deportiert? Frohlockt es jetzt im befreiten, wiedererstehenden Odessa? Oder liegt es irgendwo in einem Massengrab?«

Obwohl im Film nur ein bestimmter Aspekt des revolutionären Aufruhrs zum Thema wurde, behandle er »eben eine Episode, in der sich die Größe des Ganzen auszudrücken vermag«. In diesem Film »gibt es keine Schauspieler, es gibt nur wirkliche Menschen«. Später sprach er davon, dass ihn bei seiner gesamten filmischen Arbeit »die Verkörperung der Endidee, eine Einheit zu erringen«, durchdrungen habe. Als »ein Aufruf zum menschenwürdigen Dasein« sei Pathetik vollkommen gerechtfertigt. Mit hart geschnittenen Großaufnahmen, dem Betonen bestimmter Einzelheiten, den Maden im Fleisch, dem Kneifer des höhnischen Arztes (nach spontaner Entscheidung gespielt vom »Heizer des zugig kalten Sewastopoler Hotels«), dem Kinderwagen, dem »Schuss vom Panzerkreuzer – durch den das Massaker auf der Odessaer Treppe abbricht«, sollte erreicht werden, dass sich »im Bewusstsein und in den Gefühlen des Zuschauers die Vorstellung vom Ganzen« ergibt. Angesichts des enormen internationalen Erfolges dachte kaum wer noch an den eigentlichen Schauplatz, denn »der letzte Ort auf der Welt, wo der Potjomkin gezeigt wurde, war Odessa!«, weil es diverse Vertriebskonfusionen gegeben hatte.

Abgesehen von dramaturgischen Überhöhungen, wie den unter einer Plane zusammengetriebenen, mit Erschießung bedrohten Matrosen oder dem Massaker auf der Treppe, das in Wahrheit unmittelbar am Hafen stattfand, entspricht die Handlung weitgehend den historischen Ereignissen, von der Hinrichtung des wegen ungenießbaren Fleisches protestierenden Matrosensprechers Grigorij Wakulentschuk (1877–1905), der davon ausgelösten Meuterei, der Ermordung von sieben Offizieren, der Aufbahrung des toten Matrosen am Fuß der Hafentreppe unter großer Anteilnahme der Bevölkerung und seit Wochen streikender Arbeiter, bis zur erbarmungslosen Attacke des Militärs, die – so Orlando Figes – unter den Zivilisten 2 000 Tote und 3 000 Verwundete gefordert hatte.[83] Nur die am Ende des Films angedeutete Unterstützung der übrigen, schließlich Odessa anlaufenden Flotte war ausgeblieben. Da sie weit machtvoller sein sollte als jene, »über die die junge Sowjetmacht im Jahre 1925 verfügte«, wurden, so Eisenstein, »Sequenzen von alten Manöverberichten … der alten amerikanischen Flotte« verwendet (eine Passage, die in der DDR-Ausgabe von 1975 zu »Manöveraufnahmen einer ausländischen Flotte« neutralisiert wurde). Bedenklich fand Eisenstein diese Einbeziehung des Militärpotenzials der USA auch im Nachhinein nicht, denn zum Zeitpunkt der Niederschrift seiner Erinnerungen kämpften die Amerikaner »mit uns für eine gemeinsame Sache, die endgültige Vernichtung und Ausrottung des Faschismus auf der ganzen Welt!« Die Filmmusik stammt vom in Wien geborenen, im Berliner Umfeld von Bertolt Brecht arbeitenden Komponisten Edmund Meisel (1894–1930).[84]

Ein sozialistische Mythen dezidiert skeptisch sehender Historiker wie Robert Weinberg beschreibt *The Revolution of 1905 in Odessa* weniger dramatisch, obwohl auch er als Untertitel *Blood on the Steps* wählte. Er spricht »von hunderten, vielleicht annähernd tausend« Opfern des Massakers und betont die lange zurückhaltende Politik der Behörden gegen den zu Plünderung und Brandstiftung

83 Orlando Figes: *Die Tragödie eines Volkes*, a. a. O., S. 199f.

84 Sergei M. Eisenstein: *YO. Ich selbst. Memoiren.* 2 Bände, Wien 1984, Band 1, S. 181–222, Band 2, S. 963 | *Über mich und meine Filme*, Berlin 1975, S. 62ff., 84.

ausartenden Massenauflauf, »fortified by vodka«, also anarchische Energien eines Mobs, die wenig bewusst Revolutionäres erkennen ließen. Gewürdigt wird das Verhalten der Schiffsbesatzung, die sich weigerte, als Vergeltung die Stadt zu beschießen, um nicht Zivilisten zu gefährden. Nach vier Tagen sei alles vorbei gewesen, ohne großes Zutun der sich später mit dem Aufstand brüstenden linken Parteien. Aber verängstigte Unternehmer machten immerhin Zugeständnisse an die Arbeiter »and promised improved working conditions«, manche boten sogar »wage increases higher than those requested by the workers«.[85] Zum Tod von Iwan Beschow im Jahr 1987, des über 100-jährigen letzten Überlebenden der Potemkin-Meuterei, brachte sogar die *New York Times* einen respektvollen Nachruf. Er war über Konstantinopel nach London entkommen, hatte dort Lenin getroffen und sich mit einem Fish-and-Chips-Laden in Dublin durchgeschlagen. Der größte Teil der Mannschaft war in Rumänien geblieben. Von den vor 1917 nach Russland Zurückgekehrten sind trotz zugesagter Amnestie mehrere hingerichtet worden, darunter Afanasy Matuschenko (1879–1907), einer der Anführer; andere bekamen lange Haftstrafen. Eine Gruppe um Joseph Dymtschenko emigrierte nach Argentinien.

Der Name des durch den Film berühmt gebliebenen Kriegsschiffes ehrte Fürst Grigori Potjomkin (1739–1791), der, wie bereits kommentiert, von den Osmanen ›Neurussland‹ erobert hat, wodurch das Schwarze Meer vom Donaudelta bis über die Krim hinaus zu Russlands Außengrenze wurde. Im vollständigen Wortlaut hieß es *Knjas Potjomkin Tawritscheski* (Fürst Potjomkin von Taurien), als Bezug zur Krim, dem Taurien der Antike. Abgesehen von den unverwüstlichen Geschichten von den Potemkin'schen Dörfern, mit denen er seine Gönnerin und zeitweilige Geliebte, die Zarin Katharina II., getäuscht haben soll, gilt er als signifikante, die kolonialistische Politik in den ›neurussischen‹ Gebieten gestaltende Persönlichkeit. Seine energischen Organisations- und Kultivierungsleistungen in den eroberten Gebieten sind so unbestritten wie seine Habgier und eine tendenziell reformerische

85 Robert Weinberg: *The Revolution of 1905 in Odessa. Blood on the Steps*, Bloomington 1993, S. 132ff.

Machtausübung, ob als Minister, Oberbefehlshaber der Armee, Generalgouverneur der südlichen Provinzen und Großadmiral der von ihm aufgebauten Schwarzmeer-Flotte. Für die Eroberung der Krim 1783, bei der auch Michail Kutusow (1745–1813), später Held des Vaterländischen Krieges gegen Napoleon, eine wichtige Rolle spielte, hatte er Titel und Rang als taurischer Fürst und ein klassizistisches Palais mit grünem Kuppeldach in der Hauptstadt Sankt Petersburg bekommen, umgeben von einer Parklandschaft mit Seen, das zu einem Brennpunkt russischer Geschichte werden sollte. Bei weiteren Kämpfen gegen die Osmanen war Potemkin an der Erstürmung der Hafenstadt Otschakiw beteiligt. Er starb auf einer Reise 1791 an Malaria. Sein Grab in Cherson liegt in einer derzeit von russischen Truppen besetzten Gegend.

War der nach ihm benannte Panzerkreuzer ein Ort für vorerst spontanes, in der Folge eskalierendes revolutionäres Geschehen, wurde sein Schloss in der Hauptstadt zum exemplarischen Raum gewaltfreier Reformversuche. Denn »das Taurische Palais war Geburtsstätte, Zitadelle und Friedhof der russischen Demokratie. Bis Februar 1917 war es Sitz der Duma, in den ersten Wochen der Revolution beherbergte es sowohl die Provisorische Regierung (die am 7. März ins Marienpalais verlegt wurde) als auch den Petrograder Rat (der im Juli ins Smolny-Institut umzog). Dann spielte es einen Tag lang, am 6. Januar 1918, den Gastgeber für das erste wirklich demokratische Parlament in der Geschichte Russlands – die Konstituierende Versammlung –, bis es von den Bolschewiki wieder geschlossen wurde. Kein anderes Gebäude auf russischem Boden«, so Orlando Figes dezidiert, »ist je Bühne für ein so turbulentes politisches Drama gewesen«.[86]

Indem Grigori Potjomkin als Eroberer ›Neurusslands‹ in den Jahren vor 1800 Fürst von Taurien wurde und im Taurischen Palais residierte, bekam die eroberte Krim wieder ihre mythische Aura als das Taurien der Antike. Selbst »das erste wirklich demokratische Parlament in der Geschichte Russlands« verband sich mit diesem Namen – nur dürfte das derzeit kaum ein Thema sein. Parallel dazu expandierte Europas Kolonialismus im unmittelbaren Umfeld

86 Orlando Figes: *Die Tragödie eines Volkes*, a. a. O., Berlin 1998, S. 235.

(Napoleon in Ägypten 1798, Besetzung Algeriens 1830). Aber sogar riesige Gebiete sind damals auch ohne Krieg wieder aufgegeben worden, als die USA 1803 die riesigen Louisiana-Territorien von Frankreich und 1867 Alaska von Russland kauften, als deutliche Veränderung der geopolitischen Geografie.

Im Taurischen Palais hatte Lenin seine ersten großen Auftritte nach der Rückkehr aus dem Schweizer Exil. Es zugunsten des nahen, als Kloster konzipierten Smolny-Instituts aufzugeben, war auch für Leo Trotzki eine signifikante Zäsur. Denn dieses zur ersten russischen höheren Bildungsanstalt für Mädchen gewordene Gebäude wurde damit zum »Mittelpunkt aller Hauptstadt- und Staatsfunktionen«, als Sitz des Zentralkomitees der Bolschewiki und des Rates der Volkskommissare. Dort waren die Oktoberereignisse geplant und war der Lenin an die Macht bringende turbulente Kongress abgehalten worden. Nach dem Umzug der Regierung ins wieder zur Hauptstadt erklärte Moskau wurde das Smolny-Institut Sitz der Leningrader KPdSU, wo später Stalins Konkurrent Sergei Kirow (1886–1934) ermordet worden ist, der Auftakt der großen »Säuberungen«.[87] Das berühmte Taurische Palais sank zur Schulungsanstalt für Funktionäre und zum Veranstaltungszentrum herab.

Warum Trotzki zur Unperson wurde, war dort eine Zeit lang sicher ein zentrales Thema: seine, so die offizielle KP-Geschichte, längst als reaktionär geltende »Theorie der permanenten Revolution, die von Unglauben an die inneren Kräfte der Revolution durchdrungen war und die Ausgebeuteten zu passivem Warten auf die Revolution im Westen verurteilte«.[88]

87 Leo Trotzki: *Geschichte der Russischen Revolution*, Zweiter Teil: Oktoberrevolution, Frankfurt am Main 1973, S. 958, 960.

88 Autorenkollektiv: *Geschichte der Kommunistischen Partei der Sowjetunion*, 6 Bände, Moskau o. J., Band III/1, S. 632.

NABOKOV. BUNIN. Indem er die da und dort fortwirkende Revolutionsbegeisterung in keiner Weise teilte, weil es schlicht ein Putsch war, der nichts Gutes erwarten ließ, blieb Vladimir Nabokov (1899–1977) zeitlebens eine skeptische Stimme. »Meine alte (von 1917 her datierende) Fehde mit der sowjetischen Diktatur«, betont er in *Erinnerung, sprich*, »hat nicht das mindeste mit Besitzfragen zu tun. Für einen Emigranten, der ›die Roten hasst‹, weil sie ihm Geld und Land ›gestohlen‹ haben, empfinde ich nichts als Verachtung. Die Sehnsucht, die ich all diese Jahre lang gehegt habe [im Exil in England, in Berlin, in Frankreich, in den USA, in der Schweiz], ist das hypertrophische Bewusstsein einer verlorenen Kindheit, nicht der Schmerz um verlorene Banknoten.« Familiär davon geprägt, »der großen klassenlosen Intelligenzija Russlands anzugehören«, hat er »die Sympathie, welche liberal gesonnene Engländer und Amerikaner in den zwanziger Jahren dem Leninismus entgegenbrachten« schlicht auf Unwissen und krasse Fehlinformationen zurückgeführt. Denn in solchen Kreisen war es weithin üblich geblieben, den gleich zu Beginn einsetzenden »bestialischen Terror« stereotyp durch die »alliierte Blockade«, durch den Kampf gegen reaktionäre, völlig undifferenziert gesehene »zaristische Elemente« zu relativieren. In einer derartigen, die eigene »Sehnsucht nach einem Glaubenssystem« unbesehen übertragenden Parteinahme sei über Jahrzehnte hinweg völlig verdrängt worden, dass solche »ausländische[n] Idealisten als Russen in Russland ebenso selbstverständlich ausgelöscht worden wären wie Kaninchen von Frettchen und Farmern«. Negiert wurden die ausbaufähigen liberalen Traditionen und »die Entwicklung einer bewunderungswürdigen Kultur« – wie bereits eingangs erwähnt, was aber in Putins Russland in keiner Weise wiederbelebt und sogar zum Feindbild wurde. Denn seit den Reformen der 1860er Jahre sei das Land »im Besitz einer Gesetzgebung gewesen (auch wenn es sich nicht immer daran hielt), auf die jede westliche Demokratie hätte stolz sein können, einer kräftigen öffentlichen Meinung, welche Despoten in Schach hielt, weitverbreiteter Zeitschriften in allen Spielarten des Liberalismus und, besonders auffallend, im Besitz furchtloser und unabhängiger Richter [...]. Wurde ein Revolutionär ertappt, so war die Verbannung nach Tomsk oder Omsk ein erholsamer Urlaub im Vergleich zu den von Lenin eingeführten Konzentrationslagern«, wie er das Gulag-System nennt. Solche auf die Errungenschaften der bürgerlichen Februarrevolution von 1917 und reformerische Kontinuität setzenden »Ansichten exilierter russischer Demokraten«, wie er, Nabokov, sie hatte, waren westlichen Aktivisten, und zwar meist aus »innenpolitischen Erwägungen«, um Gegenkräfte in Schach zu halten, zu wenig radikal. Deshalb geriet man mit kritisch abwägenden Positionen in das Dilemma, von Erzkonservativen Zustimmung zu erhalten – »jedoch aus so unverhohlen reaktionären Gründen, dass mir ihre verächtliche Unterstützung nur peinlich war«.

Nabokov war neunzehn Jahre alt, als seine gesamte Familie im November 1918 vor der zunehmenden Bedrohung aus Petrograd, wie Sankt Petersburg seit 1914 hieß – das Nabokov-Palais in der dortigen Morskaja-Straße 47 ist heute eine Gedenkstätte –, auf die Krim geflohen war, noch unter den gewohnten Umständen, im Erste-Klasse-Schlafwagen des D-Zugs nach Simferopol, mit versteckten Edelsteinen als letzter Reserve. In seinen Bildbeschreibungen wurde das zur Ankunft im Orient. Ihr Wohnort Gaspra beim Dorf Koreis in der Nähe Jaltas, wo sie in der unauffälligen Villa einer Freundin untergekommen waren, »nahm sich völlig fremdartig aus; die Gerüche waren nicht russisch, die Leute waren es nicht, und der Esel, der jeden Abend schrie, wenn gerade der Muezzin vom Dorfminarett herab zu rufen begann (einem schmalen blauen Turm, dessen Silhouette sich von einem pfirsichfarbenen Himmel abhob), erinnerte entschieden an Bagdad« – prägten doch Krimtataren trotz Kolonialherrschaft noch nach Generationen weiterhin den Alltag.

Die Situation war jedoch in höchst unübersichtlicher Weise gefährlich. Die »Unabhängige Republik Krim« von 1917 wurde sofort von den Bolschewiki aufgelöst, ihr Präsident Numan Çelebi Cihan und zahllose Anhänger umgebracht. Täglich sind auf der Mole von Jalta »harmlose Leute« mit an die Füße gebundenen Gewichten »von eigens zu diesem Zweck aus Sewastopol herangeholten bolschewistischen Matrosen erschossen« worden, so Nabokov. Die lokale Tatarenregierung war von einer Sowjetverwaltung abgelöst worden, die ihrerseits verschwand, als im Frühling 1918 nach dem Friedensvertrag von Brest-Litowsk »eine ungemein stille Armee von Deutschen« erschien. Diese sei reserviert, letztlich aber als beruhigende Macht zur Kenntnis genommen worden. Bald gerieten jedoch aus dem Osten kommende Weiße und von Norden vordringende Rote auch auf der Krim in Kampfsituationen. Nabokovs Vater, Mitglied des ersten russischen Parlaments und dann des von den Bolschewiken gestürzten Kabinetts von Kerenski (1881–1970), wurde kurz Justizminister in der Regionalregierung in Simferopol, der Verwaltungshauptstadt der Krim, wo noch die Weiße Armee unter General Anton Denikin (1872–1947) die Oberhoheit hatte. Die Familie übersiedelte auf das Areal des Liwadija-Palastes in Jalta, wo 1945 die Verhandlungen der Alliierten stattfinden sollten. Nach weiterem Vordringen der Roten Armee blieb nur noch der Weg in die Emigration, zuerst nach Griechenland, dann weiter nach London.

»Mit ganz wenigen Ausnahmen«, so Nabokov, »hatten alle liberal gesinnten schöpferischen Kräfte – Lyriker, Romanciers, Kritiker, Historiker, Philosophen und so weiter – Lenins und Stalins Russland verlassen«. Sein Großvater Dimitrij Nabokov war Justizminister gewesen, sein Vater Vladimir Nabokov (1870–1922) ist in Berlin ermordet worden, als er seinen von Attentätern angegriffenen Freund Pawel Miljukow (1859–1943), vormalig Vorsitzender der Konstitutionellen Demokraten und kurze Zeit Außenminister der provisorischen Regierung, schützen wollte. Der Haupttäter wurde unter Hitler bezeichnenderweise »zum Beauftragten für russische Emigrantenangelegenheiten«. Nabokovs Vater hatte sich trotz seiner Etabliertheit früh gegen den Zarismus gestellt, so durch scharfe öffentliche Kritik am Blutbad von Kischinjow im Jahr 1903 (heute Chişinău, Moldawien), dem bis dahin schwersten Pogrom gegen Juden in Russland mit etwa 50 Toten, 700 zerstörten Häusern, 600 geplünderten Geschäften, dem die Polizei tatenlos zusah. Wegen eines als revolutionär angesehenen Manifests kam er sogar in Haft. »Das abstoßende, wutverzerrte Gesicht der Anarchie« hatte ihm den Abschied von Russland leicht gemacht. Verbittert waren sie über »die Leichtigkeit, mit der es Lenin und Trotzki gelang, die letzte Koalitionsregierung Kerenskis zu stürzen«.[89]

Sein Sohn Vladimir Nabokov, dem erst seit dem auf Englisch geschriebenen, von Stanley Kubrick (1928–1999) verfilmten Welterfolg *Lolita* (1955) ein voll auf seine Arbeit konzentriertes Leben möglich war, hat von einem erstklassigen Roman gefordert, dass »der wirkliche Zusammenstoß nicht zwischen den Figuren, sondern zwischen dem Verfasser und der Welt stattfindet«. »Geheimnisse der Mimikry« faszinierten ihn, war er doch auch ein bedeutender Schmetterlingsforscher. Denn »in der Natur«, bemerkte er dazu, »entdeckte ich die zweckfreien Wonnen, die ich in der Kunst suchte« – »eine Form der Magie«, »ein Spiel intrikater Bezauberung und Täuschung«. Angewiesen auf Einfälle, blieben ihm Erinnerungen an »die besten Dinge des Lebens« ein wichtiger Rückhalt. Mit dem aufgrund des Literaturnobelpreises von 1933 prominentesten Schriftsteller des russischen Exils Iwan Bunin (1870–1953) traf sich Nabokov öfter in Paris. Dessen kaum bekannte Gedichte zog er der gefeierten Prosa vor. Engere Kontakte ergaben sich nicht; für ihn war Bunin »ein lebhafter alter Herr mit einem reichen und unzüchtigen Wortschatz«.[90]

Iwan Bunin, der in jungen Jahren aus seiner Geburtsstadt Woronesch nach Odessa übersiedelt war, kehrte nach längeren, von Reisen in die Türkei, nach Indien, nach Ceylon, nach Ägypten unterbrochenen Aufenthalten in Moskau und auf dem Landgut der Familie im Zuge der Revolutionswirren nach Odessa zurück. Sein Tagebuch über diese letzte Zeit in Russland ist im Tonfall weit bitterer als Nabokovs Neubelebung der eigenen Jugend als potenzielle Heimat. In Bunins Erinnerungen *Verfluchte Tage* heißt es gleich zu Anfang, bezogen auf 1917: »Dieses verwünschte Jahr ist zu Ende. Doch was weiter? Vielleicht kommt etwas noch Schrecklicheres? Wahrscheinlich sogar.« Die von Maxim Gorki (1868–1936) vor

89 Wladimir Nabokov: *Petrograd 1917. Der kurze Sommer der Revolution* (Berlin 1922), Berlin 1992, S. 15, 17.

90 Wladimir Nabokov: *Erinnerung, sprich* (1966), Reinbek bei Hamburg 1991, S. 92, 163, 236f., 250, 262, 329f., 332, 355f., 357f., 387, 381, 395f., 389, 405.

dessen späterer Anpassung an die bolschewistischen Machthaber öffentlich geäußerte Meinung wird genüsslich zitiert: »Wir haben eine Horde von Glücksrittern vor uns ...«. Sein Dichterkollege Alexander Blok (1880–1921) sei jedoch »leidenschaftlicher Bolschewik« geworden, Sekretär des Petrograder Stadtkommandanten Anatoli Lunatscharski (1875–1933), welcher, stark von Aufenthalten im Westen geprägt, einflussreicher Volkskommissar für das Bildungswesen wurde. Aber: »Blok ist eben dumm«. Dabei sei überall davon die Rede gewesen, wie sehr die Bolschewiki sich immer noch wunderten, »dass es ihnen gelungen sei, die Macht zu ergreifen und sie bis heute zu behalten«. Sie selbst hätten »überhaupt nicht mit ihrem Sieg im Oktober gerechnet«. Das davon ausgelöste Geschehen nannte Iwan Bunin eine »Orgie des Todes. Und das alles im Namen der ›lichten Zukunft‹«. Das Volk war ihm unkenntlich geworden, verwandelt in eine plündernde »viehische Menge«. »Sobald eine Stadt ›rot‹ wird«, dessen war er sich sicher, »ändert sich die Menge auf den Straßen jäh.« Niemand kümmerte, dass damals gerade »dem Volk gegenüber eine furchtbare Gleichgültigkeit« herrschte. Trotzdem hatte es in Odessa »die Bolschewiki sehnsüchtig erwartet«, in der Hoffnung auf stabilere Zustände, stabilere Preise. Aber »in der Stadt herrscht grausamer Judenhass«, der sich im Pogrom in Bolschoj Fontan bei Odessa (dem Geburtsort von Anna Achmatova), aber genauso in Nikolajew, in Jelisawetgrad, in Ananjew, Schmerinka, Snamenka entladen hat. Verhaftungen, Geiselnahmen, Erschießungen allerorts. Die Räterepublik in Budapest, Rettung durch die Deutschen, die Weißen, die Alliierten, sogar durch Japan vom Osten her, waren die Themen. Anfang 1920 entkam Iwan Bunin mit seiner Frau per Schiff nach Konstantinopel und schließlich nach Paris.

In seinen Aufzeichnungen schrieb er vom »heimlichen Traum«, »dass irgendwann trotz allem der Tag der Rache kommt, an dem die ganze Menschheit diese Tage verwünschen wird« – weil »über Jahrhunderte hinweg gewachsenes Leben abbrach«, nur weil in einer unruhigen Zeit »eine Art Weltbüro zur Gestaltung des menschlichen Glücks« an die Macht gekommen war. Gegenüber der reformerisch-demokratischen Prägung des jüngeren Vladimir Nabokov, blieb Iwan Bunin sichtlich im Ancien Régime verhaftet, sprach vom »Goldenen Zeitalter«, das »für immer untergegangen« sei und war sicher: »Kein anderes Land der Welt hat einen solchen Adel hervorgebracht«, vor allem jenen mit kosmopolitischer, kulturell offener Orientierung. Von »geborenen« Verbrechern, die überall unkontrolliert walten könnten, ist oft die Rede. In Odessa haben ihn die anarchistischen »schwarzen Fahnen an den Wänden, darauf weiße Schädel mit der Aufschrift: ›Tod, Tod den Bourgeois!‹« zutiefst angewidert.[91] Anzunehmen ist, dass weder Bunin noch Nabokov, wären sie geblieben, länger überlebt hätten.

Für die aus den USA ausgewiesene, aus Litauen stammende, in Wien Krankenschwester und Hebamme gewordene Anarchistin Emma Goldman (1869–1940) war Ukraines charismatischer Anarchist Nestor Machno (1888–1934) mit seiner dörflichen Anhängerschaft eine Hoffnung, wie für all jene, die basisdemokratische Räte kleiner Gemeinschaften wollten, was aber die Bolschewiki offensiv bekämpften. Deren Tscheka-Banden zogen in Odessa mit »erbitterte[m] Groll gegen alle gebildeten Menschen« plündernd umher, erpressten für Geiseln Lösegeld. Bis in die höchsten Sowjetkreise herrschte offene Korruption. »Meine Träume zerstört, mein Glaube gebrochen …« schrieb Goldman 1921 dazu.[92]

91 Iwan Bunin: *Verfluchte Tage. Ein Revolutionstagebuch*, Zürich 2005, S. 7, 11f., 29, 49, 51, 53, 60, 63, 71, 81, 91, 93, 97, 108, 129, 132, 170.

92 Emma Goldman: *Gelebtes Leben* (1931), 3 Bände, Berlin 1978–1980, S. 956ff., 963ff., 1062.

Odessa: Hafenanlage

Odessa: Opernhaus von Fellner & Helmer (Wien), 1887

Credits: Christian Reder

ODESSA. Zu dieser für die Ukraine wichtigsten – derzeit von Russlands Marine blockierten und beschossenen – Hafenstadt am Schwarzen Meer wäre es ohne Zehntausende sich ansiedelnde Einwanderer und Flüchtlinge nie gekommen, war sie doch 1794 ausdrücklich für Fremde gegründet worden. Nationalität war sekundär, die Identifikation auf die Stadt konzentriert. Selbst die ersten drei Statthalter und Gouverneure waren Ausländer. Auf General Joseph de Ribas (1749–1800), in der russischen Armee dienender Sohn des spanischen Konsuls im Königreich Neapel, folgte Armand Emmanuel du Plessis, Herzog von Richelieu (1766–1822), ein Gegner Napoleons und Verwandter des legendären Kardinals, der ebenfalls zeitweise russischer Offizier war und Frankreichs Premierminister wurde. Auch dessen Nachfolger Graf Alexandre Andrault de Langeron (1763–1831) trat als Feind der Französischen Revolution in russische Dienste, nahm an der Schlacht von Austerlitz, am Russisch-Türkischen Krieg von 1806–1812 und an der Völkerschlacht von Leipzig teil, bevor er Gouverneur von Odessa und Neurussland wurde. Erst nach dreißig Jahren übernahm 1823 als erster Russe der liberale, in Venedig und England aufgewachsene Fürst Michail Woronzow (1782–1856) dieses Amt, baute sich einen Palast auf der Krim und prägte die weitere Stadtentwicklung. Sie ausgestaltend, realisierte dort der aus Sardinien stammende italienisch-schweizerische Architekt Francesco Boffo (1796–1867) über dreißig Gebäude und Paläste und die berühmte, dann nach der Revolte auf dem Panzerkreuzer *Fürst Grigori Potjomkin* benannten Treppe am Hafen.

Das Faszinierende am alten Odessa hat viel mit dessen geplanter Gründungsphase zu tun, was sich angesichts der Verstädterung der Welt und dem Bedarf an Urbanität aktualisiert, mit Reißbrettsiedlungen und Neugründungen – derzeit vorwiegend in China –, als Ausweg aus weltweiten Slumsituationen. Dazu ist in Erinnerung zu rufen, dass das in der Französischen Revolution kulminierende Aufklärungsjahrhundert in Russland mit der Gründung von Sankt Petersburg im Jahre 1703 begonnen hat, als autoritärer, zahllose Opfer fordernder Schritt zur Westorientierung. Ausgeklungen war es mit Russlands Gebietseroberungen im Süden, welche die zum Osmanischen Reich gehörenden Steppengebiete am Schwarzen Meer zu ›Neurussland‹ machten, mit Cherson (1778), Sewastopol (1783) und dessen Hauptstadt Odessa (1794) als neuen, geplant ausgebauten Hafenstädten. Vom spanisch-neapolitanischen General Joseph de Ribas befehligte russische Truppen eroberten im September 1789 die oft umkämpfte osmanische Festung Yeni Dünya (Jeni-Dunia; Neue Welt). Dort entstand ab 1794 Odessa, dessen Namen zu Ehren von Zarin Katharina II., genannt Katharina die Große, in der weiblichen Form von der antiken griechischen Kolonie Odessus (dem heutigen Warna) abgeleitet wurde.

Dazu war es, wie schon angemerkt, gekommen, als in Paris zur Entmachtung der Aristokratie die Erklärung der Menschen- und Bürgerrechte beschlossen wurde, was in Neurussland wohl kaum anerkennend zur Kenntnis genommen wurde. Die Zarin selbst kam nie bis Odessa. Glücksritter und vor der Revolution geflohene französische Adelige spielten eine wichtige Rolle für die neue Stadt – eine Utopie, an der sie mitwirken konnten, obwohl sie Republikanern und Demokraten als Reaktionäre galten. Auch sprachunkundige Fremde können im Namen der Deribasowskaja-Straße (ukrainisch: Derybasiwska) jenen des ersten Statthalters entdecken: Joseph de Ribas.

Die ersten Jahrzehnte waren somit ein exponiert internationales, von oben angeordnetes reformerisches Projekt. Der sorgsam renovierte kompakte Kern der eindrucksvollen Stadtanlage wirkt mit seinen Alleen, Bäumen, Boulevards, Plätzen, Parks, Innenhöfen, Passagen immer noch wie ein Modell selbstbewusster, vitaler, unaufdringlicher Urbanität, und somit wie ein Vorbild für Versuche von Urbanisten, Stadtleben zu rekonstruieren. An Warschau oder Sankt Petersburg erinnernde Straßenzüge halten präsent, wie einheitlich europäisch sich damals gerade im Osten expandierende, bereits dezidiert bürgerliche Städte entwickelt haben. Kaum ein Palast wollte sich zu sehr abheben. Dass der Blick von der grandiosen Potemkin-Treppe aufs Meer heute von einem wie ein Mafia-Treffpunkt wirkenden, düster verspiegelten Hotelturm verstellt wird, könnte aus einer platten Romantik-Gegenromantik-Inszenierung stammen.

Die weitläufigen, hoch über dem Ufer liegenden, ehemals staatlichen Erholungsanstalten im Süden, manche davon einst Paläste, erinnern an die Wende hin zu Proletarisch-Kollektivem. Abrupte Übergänge zu eher trostlosen Vorstädten führen, wie überall, soziales Gefälle, planerisches Unvermögen und Fortschrittsrealitäten vor Augen. In der Innenstadt halten jedoch sorgfältige Renovierungen, einschließlich couragierter moderner Eingriffe, beachtliche kulturelle Haltungen präsent. Nach den Sozialismus-Jahren weiterhin in einer Reich und Arm krass polarisierenden, vielfach korrupten Transformationsphase, war Odessa ursprünglich ein Modellfall für Weltoffenheit. Seine Entwicklung begünstigte eine vergleichsweise liberale Obrigkeit, zehnjährige Befreiung von Steuern und Wehrdienst, ein lange fast konfliktfreies Nebeneinander von Zuwanderern, die dort neu beginnen wollten. Als weithin ausstrahlender Anziehungspunkt war die Stadt von Anfang an in exemplarischer Weise polyethnisch – eben als eine neue Stadt für Fremde.

Sich zügig entwickelnd und als Zentrum russischer Getreideexporte florierend, hatte sie von weither Kaufleute, Händler und Handwerker oder geflohene, dort nicht weiter verfolgte Leibeigene integriert. Schon 1808 gab es Konsulate von Frankreich, Österreich, Spanien und dem Königreich Neapel. Handelsschiffe aus Österreich waren früh präsent. Um in Odessa und Neurussland – als leichter erreichbare Alternative zu Amerika – neu anzufangen, kamen Tausende zur Sicherung der russischen Herrschaft von einladender Propaganda und Privilegien angelockte Zuwanderer. Viele Deutsche zogen ans Schwarze Meer und bis an die Wolga. Griechen und Armenier waren seit jeher präsent. Am Dnjepr gab es Agrarkolonien von Serben und Bulgaren. Selbst Gruppen von Schweizern, Schweden, Korsen, Italienern und Syrern waren in dieses Hoffnungsgebiet gezogen und machten es zu einer ›Stadt der Levante‹. Russen und Ukrainer waren ebenso Zuwanderer und anfangs eine Minderheit.

Infolge der Aufteilung Polens oder des zeitweiligen Verbots, in

Kiew zu leben, suchten abgewanderte Juden neue Möglichkeiten. Niemand kam auf die Idee, sie in Ghettos abzusondern. Um 1900, als die Stadt auf 400 000 Einwohner angewachsen war, sind – auf die Muttersprache bezogen – nur knapp die Hälfte Russen gewesen (nach damaliger Definition), ein Drittel waren Juden, neun Prozent Ukrainer, vier Prozent Polen, drei Prozent Deutsche, vier Prozent anderer Herkunft, vor allem Griechen, Tataren, Armenier, Franzosen, Weißrussen.

In der jüdischen Folklore wurde »wie Gott in Odessa zu leben« (»lebn vi Got in Odes«) zum geflügelten Wort, so Steven J. Zipperstein in *The Jews of Odessa*. Weil »eine extreme Orthodoxie völlig an den Rand gedrängt wurde«, blieben Juden dort eher »gleichgültig der Religion gegenüber«. »Glamouröse Frauen«, Sängerinnen und viele Gaststätten belebten die Hafenstadt-Szenerie, wie es weiter nördlich kaum denkbar war. Statt Kaftans dominierte westliche Kleidung. Bald galt Odessa als progressivste jüdische Stadt. »Die täglichen Wechselkurse wurden auf Griechisch präsentiert, ›die Gesellschaft‹ sprach französisch, die Straßenbezeichnungen waren auf Italienisch und Russisch verfasst.«[93] Zehntausende muslimische Tataren waren in osmanische Gebiete abgewandert oder vertrieben worden; nur 1 500 gab es noch in der Stadt, als Rest der ihrerseits einst eingewanderten Urbevölkerung, die kaum noch beachtet wurde, analog zur radikalen Verdrängung indigener ›First Nations‹ wie der Indianer. Für größere Sprachgruppen gab es eigene Schulen, seit 1865 eine Universität. Ab 1866 war es an das Eisenbahnnetz angeschlossen, ab 1887 mit dem Opernhaus der österreichischen Architekten Fellner & Helmer, deren Theaterbauten Wien (Volkstheater), Bratislava, Szeged, Zagreb oder Sofia geprägt haben, auch an den westlichen Kulturbetrieb.

Weiter nördlich war es immer wieder zu antijüdischen Pogromen gekommen, oft von Kosaken als treibenden Kräften. In der Stadt selbst hatte die jüdische Solidarität mit dem Osmanischen Reich oppositionellen Griechen Anlässe geboten, sich 1821, in Zeiten des griechischen Freiheitskampfes, durch Überfälle auf

93 Steven J. Zipperstein: *The Jews of Odessa. A Cultural History, 1794–1881*, Stanford 1986, S. 1, 12, 15, 30, 151.

Juden abzureagieren. Aber erst in den offensiven Pogromen von 1871, von 1881, denen von 1903 und 1905 in Kishinew (Chișinău) und jenen danach ließen in der gesamten Region staatliche Instanzen immer mehr Übergriffe zu. Die großen Auswanderungswellen in den Westen Europas und nach Übersee setzten ein, teils auch schon nach Palästina, weil fast überall der Antisemitismus an Aggressivität zunahm. »Die Massenemigration von 2,5 der um 1870 insgesamt 5,6 Millionen zählenden Juden aus Osteuropa und Russland zwischen 1880 und dem Ersten Weltkrieg bildet«, so Saskia Sassen wie schon angemerkt, »in mancher Hinsicht den Beginn der modernen großen Flüchtlingsströme«.[94] Dieser Exodus nach Jahrhunderten durchgehaltenen Zusammenlebens macht evident, wie aussichtslos schließlich die Lage in diesen Gebieten bis zur Ostsee empfunden wurde, wie präsent Bedrohungen gewesen sind und wie sehr Schilderungen eines friedlich multikulturellen Zusammenlebens dazu tendieren können, nie eingelösten idealisierten Wunschvorstellungen Ausdruck zu verleihen.

Nach den Jahren des Booms hatten Wirtschaftskrisen den Optimismus in der Stadt massiv gedämpft. Die anfangs offensiven staatlichen Investitionen für eine auch militärisch wichtige Hafenstadt waren drastisch reduziert worden, der Krimkrieg 1853 bis 1856 hatte den Handel blockiert. Getreide aus Übersee wurde zu einer spürbaren Konkurrenz; das russische Monopol, Großbritannien zu versorgen, ging auf die USA über. Aber auch heute sind Russland und die Ukraine Europas größte, die Weltmärkte bestimmende Getreideproduzenten, was sich bis hin zu Hungeraufständen in südlichen Importländern und neuen Migrationsströmen auswirken kann. »400 der 2000 Gaststätten der Stadt, viele davon mit jüdischen Besitzern, mussten mangels Nachfrage schließen«, so Steven J. Zipperstein. Ihm zufolge hatte die Stadt bis dahin auch für die Lage der Juden Modellcharakter, denn »sich bietende ökonomische Möglichkeiten, die Perspektiven sozialer Mobilität, ein lebendiges, westlich orientiertes Kulturleben, eine während langer Phasen relativ tolerante politische Atmosphäre und das Fehlen der spezifischen, in vielem restriktiven jüdischen Kommunalstrukturen

94 Saskia Sassen: *Migranten, Siedler, Flüchtlinge*, a. a. O., S. 95.

hatten die Juden Odessas für ein Mitgehen mit sich differenzierenden europäischen Entwicklungen empfänglich gemacht«. Orthodoxe Extreme blieben marginal. Im anlaufenden Zionismus erlangte Odessa »nie den Status einer ›Mutterstadt‹ für Israel«, was auf »ihre Defizite an kommunaler Solidarität, ihre Indifferenz jeder Spiritualität gegenüber und ihren ausgeprägten Materialismus« zurückzuführen war.[95] Das unterschied sie markant von religiös geprägten Städten des Nordens, von Wilna, dem Zentrum der aufklärerischen Haskala-Bewegung, dem »jüdischen Oxford« Lublin oder vom traditionellen Brody, das zeitweise 90 Prozent jüdische Bevölkerung hatte.

Zur Geschichte einer weiteren großen Minorität heißt es in *The Greeks of Odessa* von John Athanasios Mazis lapidar, andere Besitzansprüche relativierend, wie schon an anderer Stelle erwähnt: »Seit tausenden Jahren lebten am Schwarzen Meer Griechen und zwar lange bevor Slawen (die frühen Rus) Gebiete des späteren russischen Reiches besiedelten.« Sie seien es auch gewesen, die mit dem orthodoxen Christentum »griechische Kultur« verbreitet hätten, als anhaltende Bindung an Byzanz, obwohl schließlich »the Turks, who were considered non-Christian barbarians« (so die noch 2004 benutzte Abwertung), am Schwarzen Meer für Jahrhunderte zur dominierenden Macht wurden.[96] Griechen bekämpften sie im Zuge ihrer Unabhängigkeitsbestrebungen von Odessa aus, als Bestärkung der Rebellion am Peloponnes. Alexander Ypsilantis (1792–1828) wurde mit dem in Odessa gegründeten Geheimbund *Philiki Eteria* dafür zu einer Gallionsfigur, weil er in einem völlig chancenlosen Wahnsinnsunternehmen von Odesssa in die osmanische Walachei Richtung Bukarest vordrang, wo seine Freischärlertruppe völlig aufgerieben wurde. Sich in mehrjährige österreichische Haft rettend, starb er nach seiner Freilassung in Wien.[97] Für die Unabhängigkeit Griechenlands ausschlaggebend war erst die Seeschlacht von Navarino (Pylos am Peloponnes) im

95 Steven J. Zipperstein: *The Jews of Odessa*, a. a. O., S. 1, 30, 32, 139, 151, 153.
96 John Athanasios Mazis: *The Greeks of Odessa*, a. a. O., S. 1, 3, 48.
97 David Brewer: *Greece, the hidden Centuries. Turkish Rule from the Fall of Constantinople to Greek Independence*, London 2012, S. 238ff.

Herbst 1827, in der ein englisch-französisch-russischer Verband die türkisch-ägyptische Flotte besiegte. Der aus lokalen Aufständen eskalierende nationale ›Freiheitskrieg‹ der Griechen – in dem es nie um ein Wiederbeleben von Demokratie ging – dauerte noch Jahre, da die Osmanen keineswegs die erstmalige Abspaltung tendenziell christlicher Provinzen dulden wollten. Mit viel mentaler Unterstützung aus Europa bis hin zu Lord Byron (1788–1824) konsolidierte sich das neue, ethnisch stark vermischte Griechenland schließlich mit einem König aus Bayern, um zu dessen Dynastien zu passen.

All das tangierte in der Stadt niemanden in besonderem Maße. Um 1850 waren »sieben der zehn reichsten Kaufleute Odessas Griechen«. Zum »Ende dieser Ära« kam es im Zuge der Russischen Revolution, denn obwohl »eine Anzahl russischer Griechen mit den Kommunisten sympathisierte«, entstand insgesamt der Eindruck »einer Feindseligkeit gegen das neue Regime«, noch dazu, wo »von den Griechen Odessas enthusiastisch begrüßte« griechische Truppen an der alliierten Intervention gegen »die Roten« teilgenommen hatten. Die Wohlhabenden verließen das Land, aber »eine große Zahl russisch sprechender Griechen blieb, weil sie nicht fortwollten oder nicht mehr fortkonnten«.[98]

Zur Oktoberrevolution heißt es in Tanja Penters Stadtgeschichte zum Jahr 1917: »Die Bolschewiki hatten in Odessa bis zum Oktober kaum eine Bedeutung.« Es war erst »der Putschversuch von General Kornilow [1870–1918], der Ende August in ganz Russland einen unerwarteten Ruck nach links auslöste und die Provisorische Regierung [von Alexander Kerenski (1881–1978)] bei den Massen in Ungnade fallen ließ«.[99] Anfang 1918, als die das kriegsmüde Russland vertretende Sowjetregierung die Bedingungen des Friedens von Brest-Litowsk akzeptieren musste, wurde der bisherige Gegner gespalten, da »der ukrainischen Zentralrada im Rahmen eines Separatfriedens militärische Unterstützung gegen die Bolschewiki im Austausch gegen Lebensmittellieferungen« zugesichert worden

98 John Athanasios Mazis: *The Greeks of Odessa*, a. a. O., S. 43, 123, 124.
99 Tanja Penter: *Odessa 1917. Revolution an der Peripherie*, Wien 2000, S. 79, 80, 96.

war. Kurzfristig schien es, Deutschland und Österreich-Ungarn hätten im Osten den Krieg gewonnen. 500 000 deutsch-österreichische Truppen besetzten für einige Monate die Ukraine, die für drei Jahre als Ukrainische Volksrepublik (mit Odessa und der Krim) anerkannt blieb – eine für die Bevölkerung im Vergleich zu 1941 relativ zivilisierte Erfahrung mit westlichen Mächten. Wie die Ukraine erklärten Finnland, Estland, Litauen, und die Provinz Bessarabien ihre Unabhängigkeit, kurzfristig auch Weißrussland. In der Ukraine hatte jedoch keine der Kräfte die Macht, stabilisierend zu wirken, bildete sich doch auch eine Westukrainische Volksrepublik und in Charkow eine Ukrainische Sozialistische Sowjetrepublik, bis die Rote Armee im ganzen Land die Oberhand gewann. Bis dahin hatte Russland dadurch ein Viertel seiner Bevölkerung verloren, fast ein Drittel seiner Agrarflächen und die wichtigsten Industrieregionen, was sichtlich noch in Putins Politik nachwirken dürfte. Auch deutsche Expansionspläne gab es schon, hatte doch General Erich Ludendorff (1865–1937), Exponent der antirepublikanischen Rechten und Aktivist des Hitler-Putsches 1923, schon die Krim, wie Stevenson hervorhebt, »(im Vorgriff auf Hitler) als deutsches Siedlungsgebiet ausersehen«.[100] Gelandete französische Interventionstruppen gegen ›die Roten‹ dürften erstaunt gewesen sein, oberhalb der Potemkin-Treppe ein Denkmal für den Gouverneur Neurusslands Armand de Richelieu als in eine Toga gekleideten Griechen vorzufinden.

Aber: »Die Geschichte dieser Zone ist noch lange nicht erzählt«, betont der Osteuropa-Experte Karl Schlögel völlig zu Recht, obwohl es längst möglich sein müsste, »europäische Erscheinungen als europäische zu behandeln und nicht beschränkt auf den nationalen oder sonst einen Gruppenrahmen«. Neben dem Entsetzlichen der gemeinsamen Geschichte gehe es um ein Beachten noch so verborgener sozial-kultureller Qualitäten, denn »wie kann man vom Reichtum Europas sprechen, ohne an Odessa zu denken?«[101]

100 David Stevenson: *1914–1918. Der Erste Weltkrieg*, Düsseldorf 2006, S. 470, 471, 513.

101 Karl Schlögel: *Im Raume lesen wir die Zeit. Über Zivilisationsgeschichte und Geopolitik*, München 2003, S. 473, 474, 475.

… gerade wenn nun latent Angriffe auf diese wunderbare Stadt drohen, offenbar um den gesamten Süden bis Transnistrien einzunehmen, als Verbindung zum umkämpften Donbass.

Natalia Ginzburg: *Anton Čechov. Ein Leben*, Berlin 1990 | Credit: Christian Reder

TSCHECHOW/ČECHOV. WOLOSCHIN. AJWASOWSKIJ Nach dem Krimkrieg 1853 bis 1856 wurde die dünn besiedelte Küste der Krim zur Riviera des orientalischen Südens am Schwarzen Meer, hatte doch bereits Zarin Katharina II. bei ihrem Besuch 1787 Würdenträgern große Ländereien für dann entstehende Sommerschlösser geschenkt. Andere zogen nach, Künstler wie Puschkin waren früh fasziniert. Über weite Abhänge verlaufende, sorgsam gepflegte botanische Gärten machen noch erlebbar, wie kultiviert und nachhaltig investiert worden war.

Anton Tschechow (1860–1904), aus Taganrog am – derzeit heftig umkämpften – Asowschen Meer stammend und sich als Ukrainer fühlend, zog wegen seiner TBC-Erkrankung 1899 auf die Krim. Natalia Ginzburg (1916–1991) rekonstruierte, wie es dazu kam. Er sah »ein Grundstück in Autka, zwanzig Minuten von Jalta entfernt: einen Weinberg, der steil zum Meer hinabfiel; hier hätte er sein Haus bauen lassen können, mit so vielen Zimmern, wie er brauchte. Das erschien ihm sehr schön und er kaufte es. Er hatte Suworin [seinen Verleger] um einen Vorschuss von fünftausend Rubel auf die Autorenrechte gebeten; und eine Bank am Ort gab ihm einen Kredit. Die Bauarbeiten für das Haus begannen sofort. Marija [Marija Pawlowna Tschechowa, die Schwester] wurde herbeigerufen, um das Grundstück anzusehen. Sie war enttäuscht: Es war ein brachliegendes Stück Land, von Unkraut überwuchert, mit Blick auf einen wenige Meter entfernten Tatarenfriedhof – diese Nähe würde der Mutter gewiss nicht gefallen – und mit einem sehr unbequemen Pfad zum Meer hinunter.« Dann kam er auf die Idee, direkt am Meer »auch noch die kleine Villa in Kučuikoi zu kaufen. Sie kostete bloß zweitausend Rubel.« Er spendete »fünftausend Rubel für den Bau einer Schule« und sammelte »Gelder für den Bau einer Lungenheilanstalt in Jalta«.[102] Ihm

102 Natalia Ginzburg: *Anton Čechov. Ein Leben*, Berlin 1990, S. 62ff.

selbst blieben nur noch fünf Jahre. In einem Glasschrank hängt der Ledermantel, mit dem er 1890 von den Zuständen auf der Häftlingsinsel Sachalin berichtet hat.[103] Sein Garten in Jalta war für ihn ein eigenes Werk, sein »utopischer Ort«, eine Art Testament, wie in Gesprächen im dortigen Tschechow-Museums deutlich wurde.

Weiter im Osten wurde das jahrzehntelang allein in der Meeresbucht von Koktebel stehende Haus des Dichters und Malers Maximilian Woloschin (1877–1932) früh zum vielfach erwähnten Treffpunkt von Künstlern und Künstlerinnen. In der Umgebung gab es damals nur ein kleines tatarisch-bulgarisches Dorf. Feodosija, die nächste Stadt, liegt zwanzig Kilometer entfernt. Nach Woloschins Tod vom Schriftstellerverband übernommen, durfte seine Witwe das Haus weiter bewohnen. Trotz aller Wirrnisse blieb es als Museum erhalten. In Kiew geboren, der bald verstorbene Vater Jurist und der Herkunft nach Kosake, die Mutter Wolgadeutsche, war Woloschin wegen der Teilnahme an Studentenprotesten vom Studium ausgeschlossen und nach Taschkent verbannt worden und hatte sich nach längeren Aufenthalten in Paris und ausgedehnten Europareisen an diesem einsamen Ort niedergelassen, wo er schon früher mit seiner wegen des billigeren Lebens dorthin gezogenen Mutter gelebt hatte. Gerade für in Sowjetzeiten verfemte Dichter wie Nikolai Gumiljow (1886–1921), dem von der Tscheka hingerichteten ersten Ehemann Anna Achmatowas, oder den im Gulag umgekommenen Ossip Mandelstam (1891–1938) ist das Woloschin-Haus ein wichtiges Arbeitsrefugium gewesen. Andrej Belyi (1880–1934) und Alexei Tolstoi (1882–1945) gehörten zu den Stammgästen, so wie Maria Kudaschewa, die spätere Frau von Romain Rolland (1866–1944), der wie viele westliche Intellektuelle bis zum Hitler-Stalin-Pakt mit dem Kommunismus sympathisierte. Die von Woloschin bewunderte und früh geförderte Dichterin Marina Zwetajewa (1892–1941) – ihr Vater war Gründer des Puschkin-Museums – lebte bis zur Revolution immer wieder dort. Unter Exilrussen als zu unabhängig angefeindet, war sie nach Jahren in Berlin, Prag, Paris, nach Russland zurückgekehrt, aber sofort in die Verfolgungsmaschinerie geraten und erhängte sich in

103 Anton Čechov: *Die Insel Sachalin*, Zürich 1971.

der Verbannung. Eine Tochter war schon während des Bürgerkriegs verhungert, die andere für Jahre in Haft gekommen, ihr Ehemann – zuerst Weißgardist dann Sowjetagent – im Jahr ihres Todes hingerichtet worden. Außer den Freunden aus Koktebel war sie mit Boris Pasternak (1890–1960), Wladimir Majakowski (1893–1930) oder Rainer Maria Rilke (1875–1926), dem Bewunderer russischer Kultur und Pasternaks, in Kontakt. Erst 1980 erschien in Moskau eine erste umfassende Publikation ihrer Werke. In einem Text von ihr heißt es: »Was ist die größte Kunst? Strittig. | Aber es gibt Dinge, größer als die Kunst. | Schrecklicher als die Kunst.«[104] Ilja Ehrenburg beschrieb Woloschin, seinen Freund aus Pariser Tagen, mit großem Respekt: »Er begrüßte die extremsten Strömungen – die Futuristen, Radiantisten, Kubisten, Suprematisten – und war zugleich mit Archäologen befreundet.« Immer sei er damit beschäftigt gewesen, »jemand in den literarischen Sattel zu verhelfen, Ausstellungen zu arrangieren«. Den eigenen, monatelangen Aufenthalt in Koktebel während des Bürgerkriegs rekapitulierend – die Umgebung »von der bedrückenden Schönheit Aragoniens oder Alt-Kastiliens – lila und braunrot leuchtende Berghänge, kein Haus, kein Baum, das Modell einer grausamen Welt« – notierte er zu dessen damaliger Haltung: »Weder pries noch verdammte er die Revolution. Er bemühte sich um Verständnis.« Alle hungerten. Verfolgten wurde geholfen. Mit Woloschins Hilfe konnten Ehrenburg, der kurzzeitig verhaftete Ossip Mandelstam und dessen spätere Frau Nadeschda aus der noch von Weißgardisten besetzten Krim fliehen, auf einer gefährlichen Fahrt mit einem Salzkahn ins bereits zum Gebiet der Roten gehörende Suchumi.

Was mit »Akmeismus«, der von Nikolai Gumiljow, Anna Achmatowa, Ossip Mandelstam vertretenen literarischen Position gemeint sei, beantwortete Mandelstam einmal lakonisch: »Sehnsucht nach einer Weltliteratur«, also auch nach einer »Weltkultur«, ein, so Joseph Brodsky (1940–1996), Begriff der »entschieden russisch« sei, »weder Osten noch Westen«.[105] Ilja Ehrenburg arrangierte

104 Marina Zwetajewa: *Das Haus am Alten Pimen*, Leipzig 1989, S. 89.

105 Nadeschda Mandelstam: *Das Jahrhundert der Wölfe. Eine Autobiographie*, Frankfurt am Main 1971/1991, S. 285 | Joseph Brodsky: *Flucht aus Byzanz*, a. a. O., S. 105.

sich mit den Behörden, konnte bereits 1921 »als einer der ersten Sowjetbürger ins Ausland« und setzte sich als geduldeter prominenter »Kosmopolit« immer wieder für ideologisch nicht akzeptierte Kunstschaffende ein. Die gerade heute in Erinnerung zu rufenden Reminiszenzen an seine von »Leichtigkeit, Umgänglichkeit und Lebhaftigkeit der Menschen« geprägte Geburtsstadt Kiew und »die ukrainische Phantasie und der ukrainische Humor haben schon immer das harte Gesicht des alten Russland gemildert«. »Nach der Revolution strömte der Süden in die russische Literatur – scharf ausgeprägt, unbeherrscht, spöttisch und romantisch.«[106]

Marina Zwetajewa beschrieb die gerade in unübersichtlichen Zeiten mehrfach bewiesene Haltung ihres väterlichen Freundes Woloschin als »universelle Zeugenschaft«: Er rettete »den Roten vor den Weißen und den Weißen vor den Roten, das heißt den Einzelnen vor der Bande, den Einzelnen vor allen, den Besiegten vor den Siegern«. Auf politische Überzeugungen wollte er sich nie fixieren lassen. »Feindschaft hielt er für einen Bund. So auch beurteilte er den Krieg mit Deutschland, den Bürgerkrieg und meine ewigen Streitigkeiten – mit allen.« Denn Feindschaft bedürfe, »wie die Freundschaft, des Einverständnisses (der Gegenseitigkeit)«. Blindheit hielt Woloschin für ein Hauptübel. »In dieser Hinsicht war er ein echter Aufklärer, ein genialer Augenarzt.« Obwohl für Bolschewiki »ein eindeutiger Konterrevolutionär«, so Zwetajewa, »zahlten sie ihm monatlich 240 Rubel Rente und, ich bin überzeugt, ohne dass er darum angesucht hat«.[107]

In der Generation davor war es Iwan Ajwasowskij (1817–1900) von seiner damals äußerst peripher gelegenen Heimatstadt Feodosija auf der Krim aus gelungen, zum international hochgeschätzten Maler zu werden, der gerade unter Künstlern, von Turner bis Delacroix, frühe Anerkennung erfahren hat. Der Abstammung nach war er Armenier. Ausgebildet auf der Kunstakademie in Sankt Petersburg, konnte er aufgrund rascher Erfolge und im Auftrag der Akademie eine mehrjährige Reise nach Italien, Frankreich, Spanien,

106 Ilja Ehrenburg: *Menschen Jahre Leben*, a. a. O., Band 1, S. 123, 127f., 296f., 323.

107 Marina Zwetajewa: *Begegnungen mit Maximilian Woloschin, Andrej Belyi und Rudolf Steiner*, Dornach 2000, S. 56, 102f.

Deutschland, den Niederlanden unternehmen und in mehreren Ländern die entstandenen, vielbeachteten Arbeiten präsentieren, die fast durchwegs Meer, Himmel, Licht und Schiffe zum Thema haben. Zum offiziellen Marinemaler ernannt, nahm er an Fahrten in der Ägäis, nach Ägypten und Amerika teil. Während langer Aufenthalte in Konstantinopel avancierte er zum Hofmaler, viele seiner 6 000 hinterlassenen Bilder sind im Besitz türkischer Museen. Vor allem in Großbritannien sehr geschätzt, wurde er in letzter Zeit auch am Kontinent wiederentdeckt. Vermögend geworden, hat er für Feodosija viel getan und die von ihm errichtete Kunstgalerie – mit einer exemplarischen Bühne, auf der jeweils nur ein Bild präsentiert worden ist – der Stadt als Museum hinterlassen.

Ajwasowskijs jüngerem Zeitgenossen Anton Tschechow (1860–1904) brachte seine Erzählung *Die Steppe* von 1888 erste Anerkennung als Autor. Darin heißt es, sie wirke »wie der Anblick eines vernachlässigten tatarischen Friedhofs«. »Die unermessliche Tiefe und Grenzenlosigkeit des Himmels kann man nur auf dem Meer und in der Steppe beurteilen, wenn nachts der Mond scheint.« Unterwegs passiert kaum etwas. Wie das aber die Beteiligten weiterspinnen, vermittelt Nuancen der Landschaft so präzise, dass Beschreibungen sehr reduziert bleiben können, ist sie doch eine »weite, unendliche Ebene« mit einem Himmel, der »erschreckend tief und durchsichtig scheint«, aber trotz Julihitze »immer noch schön und voller Leben«. »Die Steppe atmet«. Manchmal macht sie »einen traurigen, verzagten und versonnenen Eindruck«. Durch »die Steppenmusik« der Zirpen wird hörbar, wie belebt sie ist. Tag und Nacht erzeugen zwei Welten. Eine ist von der Sonne bestimmt. »Wenn aber der Mond aufgeht, wird die Nacht bleich und dunkel, als sei die Dämmerung nie gewesen. Die Luft ist durchsichtig, frisch und warm, alles ist gut zu sehen, und man kann sogar am Weg einzelne Halme des Steppengrases unterscheiden. Auf weite Entfernung hin sind Schädel und Steine zu erkennen.« Das blendende Licht am Tag mache jeden Schatten zur Kostbarkeit, lässt »die Sonnenglut und die Eintönigkeit der Steppenlandschaft« und »die violette Ferne« zu Eigenschaften unabgrenzbarer Dimensionen werden. Sind solche Eindrücke tagsüber auf Boden und Horizont fixiert, öffnet sich ihnen nachts der Raum. Die angebliche Leere wird zur Fiktion. Immerhin treten auf den hundert Seiten dieser Erzählung über dreißig Personen auf, die meisten sind Ukrainer, einige Russen, Polen, Juden, Armenier. Farbschattierungen werden sorgsam kommentiert: Steppengras, Riedgras, Kollerdisteln, Sonnenblumen, Schilf, Wasserpflanzen, Weiden, eine einsame Pappel, Getreide, Unkraut. Leben wird als Vielfalt der Tiere bemerkbar: Pferde, Steppenschäferhunde, ein schwarzer Hund, Schafherden, Bremsen, Fliegen, Heuschrecken, Bienen, gelbe Schmetterlinge, Libellen, Steppenlerchen, Schnepfen, Kiebitze, Rebhühner, Heimchen, Saatkrähen, Geier, Blaukrähen, Trappen, Zwergtrappen, Wachteln, Wiesenrallen, Nachtigallen, Habichte, Rotfußfalken, Krähen, Tauben, ein Fuchs, Zieselmäuse, Hasen, eine Ringelnatter, Krebse und Fischarten in einem Bach. Manchmal ist eine der Personen »glücklich bis zur Schwermut«.[108]

In einem Brief aus dieser Zeit schlugen Selbstzweifel in Verteidigung um: »Ist etwa auch in meiner letzten Erzählung keine ›Richtung‹ zu erkennen? Sie sagten mir einmal, in meinen Erzählungen fehle das Element des Protests, es gebe darin keine Sympathien und Antipathien … Aber protestiere ich denn in der Erzählung nicht von Anfang bis Ende gegen die Lüge? Ist das denn keine Richtung?«[109]

108 Anton Čechov: *Die Steppe. Erzählungen 1887–1888*, Zürich 1976, S. 7, 295f., 303, 328, 330, 350.

109 Brief vom 10./11. Oktober 1888 an A. N. Plesceev. In: Peter Urban (Hg.): *Anton Čechov. Sein Leben in Bildern*, Zürich 1987, S. 76.

JALTA. Die Roosevelt-Churchill-Stalin-Konferenz im Februar 1945 machte diesen Kurort auf der Krim zum Inbegriff der dort eingeleiteten Neuordnung der Welt bis zum Ende des Kalten Kriegs 1989/1991. Sie in Erinnerung zu rufen, erhellt immer noch manches der eingangs von Wolfgang Petritsch kommentierten neuerlich drastisch sich verändernden Weltlage.

Getagt wurde damals im Liwadija-Palast, wo auch die US-amerikanische Delegation untergebracht war. Die Briten residierten im Palais von Fürst Woronzow, Stalin und sein Stab im Palais Jusupow. Ringsum waren überall noch Kriegsschäden zu bemerken. In der Woche davor, am 27. Jänner – nun der internationale Holocaust-Gedenktag –, war Auschwitz von der Roten Armee befreit worden, ohne dass das zum Thema wurde. Die Kämpfe im eingeschlossenen Budapest gingen zu Ende. Insgesamt gab es acht formelle Sitzungen, »in der herzlichsten Atmosphäre«, wie Winston Churchill in seinen Memoiren betont hat, auf die im Folgenden zurückgegriffen wird.[110] Entscheidender als diese Konferenzen und die veröffentlichten Erklärungen sind die informellen Gespräche gewesen. Die latent kursierende Auffassung, »in Jalta wurde die Welt geteilt« und die Außengrenze von westlicher und östlicher Welt festgelegt, sei nach heutigem Kenntnisstand »nur halb richtig«, so der Historiker Jost Dülffer in *Jalta, 4. Februar 1945. Der Zweite Weltkrieg und die Entstehung der bipolaren Welt.*[111] Ihm zufolge dürfte Stalin entgegen der im Kalten Krieg dominierenden Annahme einer bedrohlichen Sowjetpolitik, »sich selbst als sehr konzessionsbereit angesehen haben«, vertrat er doch das damals einzige, sich als sozialistisch verstehende Land der Welt, das unter

110 Winston S. Churchill: *Der Zweite Weltkrieg. Memoiren*, 6 Bände, Bern 1953, Band 5/2, S. 95f., 102; Band 6/2, S. 7ff., 11, 17, 31, 39, 68.

111 Jost Dülffer: *Jalta, 4. Februar 1945. Der Zweite Weltkrieg und die Entstehung der bipolaren Welt*, München 1999, S. 9, 19, 23, 29, 33.

Konferenz von Jalta, 4. bis 11. Februar 1945 | Credits: Christian Reder

dem Krieg anerkanntermaßen am meisten gelitten hatte und auf die Unterstützung der Alliierten angewiesen war. Von den anderen Weltmächten eingekreist, wollte er im Zuge der angestrebten Neuordnung vor allem nicht in »eine hoffnungslose Minderheitsposition« geraten, so diese Interpretation, die das bald die Weltpolitik bestimmende Feindbild relativiert.

»Der dringlichste Grund für die Abhaltung der Jalta-Konferenz«, so Winston Churchill, sei die akute Lage im bereits sowjetisch besetzten Polen gewesen, dessentwegen Großbritannien und Frankreich in den Krieg eintraten. Ob es gelingen würde, dort eine tatsächlich repräsentative Regierung durchzusetzen, musste perspektivischen Charakter haben. Über Polens Westverschiebung und Korrekturen der Curzon-Linie von 1919, welche fast »der zwischen der Sowjetunion und NS-Deutschland im September 1939 vereinbarten Linie« entsprochen habe, gab es schon in der Konferenz von Teheran tendenziellen Konsens. Offen geblieben waren denkbare Varianten einer Deutschland schwächenden Teilung in fünf Länder oder in Preußen und Bayern-Österreich, wobei nach Darstellung Churchills Stalin für ein selbstständiges Österreich war, wie es bereits die Moskauer Deklaration von 1943 vorsah, er selbst »die Aufteilung Deutschlands nicht wünschte« und ihm »eine modernisierte Auflage des alten Österreich-Ungarn« oder ein »Donaubund« als Vorstufe für »ein Vereintes Europa« vorschwebte. Eine solche Rekonstruktion hielt Stalin nicht für lebensfähig. Zu Polens Westgrenze – Oder bzw. Oder-Neiße, westliche Neiße – ergab sich keine Einigkeit. Das sollte eine spätere Friedenskonferenz entscheiden. Wie bedenkenlos an Homogenität orientiertes Nationalstaatsdenken mit enormen Bevölkerungsverschiebungen dominierte, also vor allem »von sechs Millionen Menschen ins restliche Deutschland« (eine Zahl, die schließlich doppelt so hoch lag) und vermutlich weiteren zehn Millionen Displaced Persons, macht Churchills Negieren der grauenhaften Erfahrungen nach dem Ersten Weltkrieg deutlich. Denn ihm galt die enorm verlustreiche »Entwirrung von Griechen und Türken« als erfolgreiches Beispiel, würden doch beide Länder »seither die besten Beziehungen unterhalten«. Nur Entmischung würde die Eskalation interner Konflikte verhindern, so die damals vorherrschende Auffassung, was sich bei der Trennung des muslimischen Pakistan von Indien bald wegen enormer Opferzahlen als katastrophal erwies.

Dass Hitler im letzten Moment ein Überleben des Reiches mit panischen Rückgriffen auf Mitteleuropa- und Donauraum-Visionen verknüpft hat, bezeugte General Glaise-Horstenau (1882–1946). Denn im Jänner 1945 erfuhr er in Wien vom Chef des Reichssicherheitshauptamtes Ernst Kaltenbrunner (1903–1946) – einem der dann hingerichteten, wie er aus Österreich stammenden Hauptkriegsverbrecher – von Hitlers Illusion, unter generösem Verzicht auf die »Erwerbungen im Osten« noch »alle im ehemaligen österreichischen Raume entstandenen Staatsgebilde unter unmittelbarer reichsdeutscher Herrschaft zu vereinen«, als »eine Zusammenschmelzung der beiden einstigen Kaiserreiche«, mit Kroatien und der Slowakei als Bundesländern, mit Ungarn unter deutscher Führung, mit Serbien und Rumänien in einem »Abhängigkeitsverhältnis«.[112]

Dabei hatte Churchill Europas Ost-West-Teilung bereits bei einer Vorbesprechung in Moskau forciert und durch seine spätere Rede vom »Eisernen Vorhang« als Beginn des Kalten Krieges bestärkt. »Ohne von Selbstbestimmungsrecht oder Demokratie zu reden«, resümiert Jost Dülffer, »schlug er Stalin auf einem formlosen Zettel die Aufteilung der Balkanländer in Interessensphären vor. Mit einigen Nachverhandlungen akzeptierte der sowjetische Diktator und meinte, Churchill solle doch die Notiz aufbewahren: 90 Prozent sowjetischen Einfluss in Rumänien, 75 Prozent in Bulgarien; der Rest war westlichem Einfluss vorbehalten. Umgekehrt in Griechenland: 90 Prozent westlicher Einfluss; in Jugoslawien akzeptierte man ein Verhältnis von 50 zu 50. Für Ungarn änderten die Außenminister die ursprünglich anvisierte Parität auf 75 Prozent sowjetischen Einfluss.« Zur Zukunft Polens strebte Churchill offenbar ebenfalls einen 50-zu-50-Handel an; doch dazu kam es nicht – »beide Seiten wirkten stattdessen auf die herbeizitierten polnischen Vertreter ein«, die Londoner Exilregierung und das Lubliner Komitee. Solche »nach Art imperialer Machtpolitik« angepeilten Abmachungen, die Churchill nicht kommentiert, blieben zwar »formal unverbindlich«, sollten aber ein Verständnis Stalins

112 Peter Broucek: *Ein General im Zwielicht*, a. a. O., Band 3, S. 514ff.

für britische Großmachtinteressen erreichen, um »eine dominierende Position im Mittelmeer« zu retten – eine Perspektive, die mit der Suezkrise von 1956 obsolet wurde, seit der die USA dezidierter als davor die westliche Außenpolitik bestimmten.

Mit welch beidseitiger Automatik die Siegermächte von Freundschaftsbezeugungen zur – wie eine Sprache eingesetzten – Systematik der Drohgebärden des Kalten Krieges überwechselten, obwohl »auf mindestens fünfzig Jahre« der Frieden gesichert werden sollte, konnte kaum absehbar sein. Denn erst der erfolgreiche Atombombentest mit dem sakralen Codewort »Trinity« (Dreifaltigkeit) zu Beginn der Potsdamer Konferenz im Juli 1945, Hiroshima und Nagasaki, machten die massive Kräfteverschiebung evident. Dass der Franklin D. Roosevelt (1882–1945) nachgefolgte Präsident Harry S. Truman (1884–1972) ausgerechnet von Berlin aus, der Schaltzentrale des Feindes und Symbol des Sieges über die NS-Diktatur, das mit der Luftbrücke von 1948/49 zum Außenposten westlicher Freiheitsbehauptung werden sollte, den Befehl zum Abwurf der Atombombe gegeben hat, ergibt beklemmende Korrelationen. Der Ort dafür: die für die US-amerikanische Delegation geräumte Villa des Verlegers Carl Müller-Grote am Griebnitzsee in Berlin-Babelsberg. Die Konferenz selbst tagte im nahen Schloss Cecilienhof in Potsdam. »Entgegen der vorherrschenden Meinung«, so der Historiker Gar Alperovitz zur frühen *Atomic Diplomacy*, »ist es vollkommen klar, dass die Atombombe die Art, wie amerikanische *policy makers* nun politische Probleme angingen, grundlegend beeinflusst hat.« Belegbar sei, »dass die Bombe nicht wegen militärischer Überlegungen eingesetzt worden ist«, sondern als Demonstration von Stärke. »Ungeachtet Trumans nachträglicher Behauptung, die neue Waffe habe ›Millionen Menschenleben gerettet‹«, ist davon auszugehen, dass Eisenhowers Beurteilung, »sie sei ›completely unnecessary‹ gewesen, höchstwahrscheinlich zutrifft«. Jedenfalls war der Generalstab längst überzeugt, Japan werde »ohne die Bombe und ohne Invasion« bedingungslos kapitulieren. Aber auch Churchill beeindruckten die nun verfügbaren »powers which were irresistible« enorm. Deren Einsatz im Koreakrieg, wie von General Douglas MacArthur (1880–1964) gefordert, lehnte Präsident Truman jedoch zu starker Bedenken wegen ab, dafür erlitt Nordkorea das tödlichste Flächenbombardement der Kriegsgeschichte. Dass selbst Dwight D. Eisenhower (1890–1969) in seiner berühmten Abschiedsrede als Präsident 1961 schließlich eindringlich vor der sich ausweitenden, die Politik manipulierenden Macht des ›militärisch-industriellen Komplexes‹ gewarnt hat, blieb von uneingeschränkter Aktualität, entfiel doch seither oft fast die Hälfte aller Militärausgaben auf die USA.[113]

Im vom britischen Unterhaus zu billigenden Text über die in Jalta getroffenen, die »Atlantik-Charta« von 1941 präzisierenden Vereinbarungen hatte es noch geheißen: »Die Alliierten sind aus der Krim-Konferenz nicht nur in militärischer, sondern auch in politischer Hinsicht enger verbunden hervorgegangen als je zuvor; Deutschland muss mehr denn je einsehen, dass jegliche Hoffnung auf eine Entzweiung unter den Alliierten vergeblich und die vollständige Niederlage unabwendbar ist.« Bekräftigt wurde der Entschluss – worauf nun Putin fast wortgleich in perfidem Bezug auf die Ukraine anspielt – »Deutschland völlig zu entwaffnen, den Nazismus und Militarismus in Deutschland auszurotten, Kriegsverbrecher schnell und gerecht zu bestrafen, die auf Rüstungszwecke umstellbare Industrie auszumerzen oder zu kontrollieren und Deutschland als Entschädigung für die den alliierten Nationen zugefügten Schäden Sachlieferungen bis zur Grenze seiner Leistungsfähigkeit aufzuerlegen«. Das entsprach dem Morgenthau-Plan, der aus Deutschland, wie lange kolportiert, ein dreifach geteiltes Agrarland machen wollte, ohne Chance, in der industrialisierten Welt noch eine Rolle zu spielen. Aus Sicht jener, die zu keiner Schuldeinsicht fähig waren, bekam das Böse somit einen neuen, von Gestrigem befreienden Namen: Henry Morgenthau (1891–1967), von 1934 bis 1945 US-Finanzminister, ›wie könnte es anders sein‹, ›jüdischer Herkunft‹, so die häufige Betonung. In *Die Morgenthau-Legende* hat der Historiker Bernd Greiner analysiert, was im Weiteren einseitig verfälscht worden ist und wie Vertreter einer harten Bestrafungslinie aus Roosevelts Umfeld von Versöhnungsstrategen ausgebootet wurden, denen

113 Gar Alperovitz: *Atomic Diplomacy: Hiroshima and Potsdam*, New York 1985, S. 275, 280, 285.

Deutschland als Verbündeter gegen den Kommunismus wichtiger war.[114] Angesichts aller Verbrechen war die Intention von Präsident Roosevelt überdeutlich: »Das deutsche Volk als Ganzes muss begreifen, dass die gesamte Nation in eine gesetzlose Verschwörung gegen den Anstand der modernen Zivilisation verwickelt war.« Hinsichtlich »einer ›industriellen Entwaffnung‹ Deutschlands« stimmten USA und UdSSR noch in Jalta überein, allerdings »gegen den erbitterten Widerstand Churchills«. Falls die Deutschen »sich anschickten, vernünftiger zu werden«, so die sowjetische Argumentation, »könnte man größere Freiheiten und einen höheren Lebensstandard zulassen. Allein die alltägliche Erfahrung könnte auf diese Fragen eine Antwort geben«. Der neuen Regierung war jedoch rasch klar: »Nicht Deutschland ist unser Problem, sondern Russland.« Deshalb sei nach der »Truman-Doktrin« von 1947 allen ›freien Völkern‹, selbst bösartigen Despoten und Islamisten, gegen den Kommunismus beizustehen, als Muster für Stellvertreterkriege, ohne dass es primär um Demokratie ging, konträr zu Roosevelts Vermächtnis, denn »ein Kalter Krieg gegen die UdSSR würde in einem atomaren Rüstungswettlauf enden und die Fundamente amerikanischer Demokratie unterspülen«.

Wichtiges Thema in Jalta war die von Präsident Roosevelt forcierte Gründung der Vereinten Nationen als Basis für »Nie wieder Krieg«- und »Nie wieder Faschismus«-Visionen, einschließlich langwieriger Debatten über den Sicherheitsrat, dessen ständige und wechselnde Mitglieder, das Vetorecht, einen Internationalen Gerichtshof (den die Großmächte und zahllose Staaten weiter nicht anerkennen). Zur Stärkung einer westlichen Balance wurde Frankreich gegen Stalins Widerstand zur vierten Besatzungsmacht im Kreis der Sieger. Dafür bekamen die Ukraine und Weißrussland in der UNO Stimmrecht. Das noch nicht kommunistische China schlugen die USA als ständiges Sicherheitsratsmitglied vor. Ausdrücklich als friedenstiftende Institution jener Staaten gegründet, die NS-Deutschland und dessen Verbündeten den Krieg erklärt hatten, wurde dieser Antifaschismus bekanntlich

114 Bernd Greiner: *Die Morgenthau-Legende. Zur Geschichte eines umstrittenen Plans*, Hamburg 1995, S. 170, 198, 205, 302.

bald von den neuen, friedliche Entwicklungen blockierenden Frontstellungen überlagert. In der in Jalta verfassten »Erklärung über das befreite Europa« war noch »das Recht aller Völker, ihre eigene Regierungsform zu wählen« ein Hauptpunkt, ohne auf andere Kontinente und Kolonialreiche einzugehen. Die Hälfte der 20 Milliarden Dollar Reparationen sollte an die UdSSR gehen. Obwohl Churchills Haltung so viel zur Rettung Europas beitrug, unterstellten Nachkriegspolemiken, dass es wegen dessen Jalta-Strategie »schnurgerade in die Botmäßigkeit des Bolschewismus hineintaumelte«, was jedoch von Goebbels stammt (Tagebuch, 2. März 1945).[115] »Aus den ungelösten und verschobenen Streitfragen von ›Jalta‹ entwickelten sich«, heißt es rückblickend, »tatsächlich Konflikte, die zu einer bipolaren Welt beitrugen. Sie waren aber auch zuvor latent vorhanden, und hätten auf einer Konferenz während des Krieges auch bei einer anderen Verhandlungstaktik kaum aus der Welt geschafft werden können.«[116]

Stalin wollte die erstmals an einem Kriegsschauplatz veranstaltete Konferenz der Alliierten – allein die westlichen Delegationen zählten fast 700 Mitglieder – noch um einige Tage verlängern. Seine Partner hatten jedoch bereits andere Pläne und reisten direkt nach Kairo, wo wegen des Mittleren Ostens und der Ölversorgung Treffen mit drei Königen, mit Ibn Saud, Faruq und Haile Selassie, vereinbart waren. Dabei kam es zur letzten Begegnung von Churchill und Roosevelt. Längst von schwerer Krankheit gezeichnet, starb der US-Präsident am 12. April 1945, als die Kämpfe um Wien zu Ende gingen und der Stephansdom in Flammen stand. Den damals eingeleiteten, weltpolitisch wichtigen Pakt der USA mit Saudi-Arabien über Ölgeschäfte auf Dollarbasis kommentiert Churchill nicht, obwohl Standard Oil, Texas Oil und Arabian-American Aramco 1945 die saudische Raffinerie Ras Tanura starteten. Die orientalische Aura Ibn Sauds beeindruckte ihn: über »vierzig lebende Söhne, siebzig Haremsdamen und drei offizielle Frauen«. Das Wichtigste: »Seine Treue zu England war unerschütterlich«.[117]

115 Joseph Goebbels: *Tagebücher 1945. Die letzten Aufzeichnungen*, Hamburg 1977, S. 74.
116 Jost Dülffer: *Jalta, 4. Februar 1945*, a. a. O., S. 33.
117 Winston Churchill: *Der Zweite Weltkrieg*, Band 6/2, Bern 1953, S. 65ff.

Ein abtrünniger konservativer US-Insider wie Gore Vidal (1925–2012) blieb überzeugt, es sei den USA damals zuallererst um die angefachte wirtschaftliche Motorik gegangen. Daher beschlossen der »Zufallspräsident« nach Roosevelt, Harry S. Truman, und seine Berater, »es sei eine gute Idee, die Vereinigten Staaten im Kriegszustand zu halten, auch wenn es keinen Feind auf Erden gab, der es militärisch oder wirtschaftlich mit uns hätte aufnehmen können. Deshalb musste man einen Feind erfinden. Und Stalin, der Diktator, passte gut ins Konzept. Ebenso der atheistische und gottlose Kommunismus als konkurrierende Religion.« Kriege ließen »sich leicht von einigen wenigen kontrollieren« und ermöglichten, »seinen Freunden Geld zuzuschanzen«. Krieg und Kriegsgefahr wurden »die wichtigsten Triebkräfte unserer Gesellschaft«[118] – über das auf der KSZE-Konferenz von Paris 1990 erklärte Ende des Kalten Krieges hinaus. Im Wiener Kreisky-Forum auf beidseitige Provokationen angesprochen, reagierte der Gorbatschow-Berater und »Vater der Perestrojka« Alexander Jakowlew (1923–2005) abwehrend, hätten doch unrealistische westliche Linke latent Russlands imperiale Aggressivität unterschätzt. Für seine Militärausgaben nahm es bedenkenlos Verarmung in Kauf: »Der Bolschewismus kann sich der Verantwortung für die totale Militarisierung des Landes nicht entziehen, die das Volk verelenden ließ und die Gesellschaftsentwicklung drastisch bremste.«[119]

Im Liwadija-Palast strömen die Touristen durchwegs direkt in die obere Etage mit den Gedächtnisräumen für die Zarenfamilie. Deren Ermordung hatte ein Exekutionskommando aus »sechs Ungarn, in der Literatur meist als ›Letten‹ bezeichnet, und fünf Russen« vollzogen.[120] Der rekonstruierte Schauplatz der Jalta-Konferenz mit vielen Stalin-, Roosevelt-Churchill-Fotos interessiert kaum.

118 Gore Vidal: *Die vergessliche Nation. Wie die Amerikaner ihr politisches Gedächtnis verkaufen*, Hamburg 2004, S. 60f. | Gore Vidal: *Bocksgesang. Antworten auf Fragen vor und nach dem 11. September*, Hamburg 2003, S. 66.

119 Alexander N. Jakowlew: *Ein Jahrhundert der Gewalt in Sowjetrussland*, Berlin 2004, S. 338.

120 Orlando Figes: *Die Tragödie eines Volkes*, a. a. O., S. 676.

Paris: Boulevard de Sébastopol vom Zentrum zum Gare de l'Est, eröffnet während des Krimkrieges 1854

Straßenbild von Paris: Der Krimkrieg 1853–1856

Credits: Christian Reder

KRIMKRIEG. Viel nachhaltiger als Russlands Annexion der Krim 2014 hatte der einzige gesamteuropäische Krieg zwischen Waterloo und dem Ersten Weltkrieg, eben der Krimkrieg 1853–1856, Europas Öffentlichkeit beschäftigt. Erst Russlands militärische Expansion ans Schwarze Meer hatte den Süden der Ukraine, wo derzeit russische Truppen um Cherson, Nikolajew, Mariupol und Odessa kämpfen, dem Osmanischen Reich abgerungen, nachdem 1783 das Khanat der Krim erobert wurde. Wie bei anderen Grenzziehungen dieser Zeit kann somit von russischem ›Stammland‹ keine Rede sein. Als Russland dann auch in die osmanischen Fürstentümer Moldau und Walachei vordrang, war »die offenkundige Entschlossenheit Russlands« evident, schrieb Winston Churchill zu den Kriegsursachen, »die Donauländer, Konstantinopel und das Schwarze Meer an sich zu reißen«. Um dem bedrängten Osmanischen Reich dagegen offensiv beizustehen, traten Großbritannien und Frankreich sogar als Alliierte auf dessen Seite. Vorerst wurden 56 000 Mann gesandt, um Druck auszuüben und »die gewaltige Seefestung Sewastopol« und die Krim zu erobern. Das seine Interessen am Balkan bedroht sehende Österreich hielt sich zur Irritation beider Seiten heraus, marschierte in Bukarest und Gebieten an der unteren Donau ein, bildete letztlich jedoch bloß durch Truppenkonzentrationen ein Gegengewicht. »Die Notwendigkeit dieses Unternehmens«, so Churchill, »war fragwürdig: Die Türken hatten die Russen bereits aus dem Donautal vertrieben, die Gefahr eines Angriffs auf Konstantinopel war gering, und es war töricht, sich angesichts der ungeheuren Hilfsquellen Russlands von der Eroberung Sewastopols viel zu versprechen.« Aber ein britisches Expeditionsheer hatte bereits auf osmanischem Gebiet [im heute bulgarischen Warna] sein Lager aufgeschlagen »und musste nun in irgendeiner Weise verwendet werden«.[121] Transportiert von fast vierhundert Schif-

121 Winston S. Churchill: *Geschichte. Von Napoleon bis Königin Viktoria*, Augsburg 1990, Band 4, S. 70ff.

fen, gingen die Truppen der Alliierten im Krimhafen Jewpatorija problemlos an Land. Frankreich begeisterte sich an einem ersten, allerdings über zehntausend Tote fordernden Sieg im Tal der Alma, an den in Paris die Place de l'Alma und die Seinebrücke Pont de l'Alma erinnern. Die Briten griffen von der tiefen Bucht von Balaklawa südöstlich von Sewastopol aus an. Die felsige Umgebung sicherten befestigte Vorposten. Wie so oft war mit einem schnellen Sieg noch vor dem Winter gerechnet worden, ohne für eine längere Dauer Vorsorge zu treffen. Der Oberbefehlshaber der alliierten Truppen Armand de Saint-Arnaud (1796–1854) starb kurz nach dem Sieg an der Alma an einer der grassierenden Krankheiten. Ihn ersetzte als weiterer General mit algerischen Erfahrungen François Canrobert (1809–1895), der mehrfach verwundet wurde. Die britischen Truppen unterstanden dem in der hohen Militärbürokratie verankerten, bald der Cholera erliegenden Lord Raglan (1788–1855), der auf der Krim begraben ist. In Waterloo hatte er einen Arm verloren. Wegen seiner Inkompetenz gilt er als ein Hauptschuldiger der diversen Niederlagen. Die russische Armee kommandierte Aleksander Menschikow (1787–1869), davor Botschaftsattaché in Wien, Generalstabschef, Generalgouverneur von Finnland und Botschafter in Konstantinopel. Weil erfolglos, wurde er von Michail Gortschakow (1793–1861) abgelöst, davor Kommandant der Donauarmee. Auf russischer Seite waren Krim-Griechen, auf alliierter Seite Berber aus Algerien und die Fremdenlegion, deutsche Freiwillige, eine polnische Legion und 15 000 Mann eines Kontingents aus Sardinien-Piemont beteiligt. Artillerie, die Kavallerie mit Lanzen und Säbeln, die Infanterie mit Vorderladern und Bajonetten bestimmten das oft zu Nahkämpfen eskalierende Geschehen.

Der oberhalb des Hafens von Balaklawa im »Tal des Todes« (so die später geläufige Bezeichnung) unternommene Angriff der ›Leichten Brigade‹, blieb in zwiespältigem Sinn legendär. Churchill zufolge waren dort »673 Reiter, geführt von Lord Cardigan [1797–1868], unter heftigem Feuer kaltblütig, als handle es sich um eine Truppenparade«, das Tal hinaufgesprengt, »um die russischen Batterien anzugreifen. Sie eroberten die Geschütze, aber nur mehr ein Drittel der Brigade meldete sich beim ersten Appell nach diesem Angriff zur Stelle. Lord Cardigan kehrte gelassen auf die Jacht zurück, auf der er wohnte, nahm ein Bad, speiste zu Abend, leerte eine Flasche Champagner und ging zu Bett.« Wegen missverstandener Befehle brachte das nur zwanzig Minuten dauernde Massaker keinerlei Vorteile, denn »die Leichte Brigade hatte die falschen Geschütze angegriffen«. »The Charge of the Light Brigade«, ein Gedicht von Alfred Tennyson (1809–1892), machte diese Aktion in ambivalenter Weise poulär: »Theirs not to reason why, / Theirs but to do & die. / Into the valley of the Death / Rode the six hundred …«. Eine Woche danach sanken in einem Orkan über dreißig vor der Küste verankerte Schiffe, darunter das neue Dampfschiff »Prince«. Auch die Schlacht von Inkerman bei Sewastopol ergab keine Entscheidung, trotz überlegener britischer Enfield-Gewehre. Im hereinbrechenden Winter starben Tausende an Krankheiten, Kälte und Hunger, »ohne Zelte, Unterkünfte, Nahrungsmittel, warme Kleidung, oder auch nur die primitivste ärztliche Betreuung«.[122]

In der kargen Felslandschaft ergibt sich wie bei Verdun und anderswo weiter der Eindruck, als hätte sich die Natur nie vom erbitterten, erstmals in der Kriegsgeschichte nötigen Graben- und Stellungskrieg erholt, zu dem es rund um die Befestigungen und Artilleriestellungen gekommen war. Immer noch sind Reste solcher Anlagen, Gräber, Monumente in den Hügeln zwischen Balaklawa und Sewastopol erkennbar. Die Hafeneinfahrt der Stadt blockierten versenkte Schiffe. Der schwer befestigte Malakoffhügel war (wie auch 1941/42 und 1944) besonders umkämpft; der Nordteil Sewastopols konnte bis zuletzt verteidigt werden. Wegen dessen Eroberung wurde Frankreichs General Aimable Pélissier (1794–1864) zum Duc de Malakoff; er starb als Generalgouverneur Algeriens in Algier, an dessen Invasion er, wie viele beteiligte Offiziere, so General Patrice de Mac-Mahon (1808–1893), beteiligt gewesen ist. Nun aber »offenbarte sich die ganze Sinnlosigkeit dieses Feldzuges«, so Churchill, war es doch »unmöglich, Russland von der Krim her zu erobern«. Im Frieden von Paris musste Russland das südliche Bessarabien und die Gebiete bis zur Donaumündung ab-

122 Winston S. Churchill: *Geschichte*, a. a. O., Band 4, S. 70ff., 80.

treten. Die Europäische Donaukommission wurde eingerichtet, um den Fluss zum leistungsfähigen Transportweg auszubauen, das Schwarze Meer vorübergehend entmilitarisiert.

Die beanspruchte russische Schirmherrschaft über im Osmanischen Reich lebende Christen – nominell ein Hauptanlass für dessen Bekämpfung – »wurde ad acta gelegt«. Aus den Fürstentümern Moldawien und Walachei entstand Rumänien (König Carol I. von Hohenzollern-Sigmaringen, ab 1866), dann das unabhängige Bulgarien (Ferdinand von Sachsen-Coburg und Gotha 1887), mit zu Europas Aristokratie passenden Herrschern. Wie Churchill hatten Karl Marx (1818–1883) und Friedrich Engels (182–1895) die chaotische Planung des Krimkriegs hämisch kommentiert: Zehntausende starben an Krankheiten, »ehe sie den Feind auch nur sahen«, die »Misswirtschaft in allen Truppengattungen« brachte das britische Heer fast in einen »Zustand der Auflösung«, gegenüber dem Frankreichs wurde »die lächerliche Unterlegenheit der gesamten britischen Organisation und die erbarmungswürdige Hilflosigkeit aller britischen Behörden« offenkundig. Überdies war es schwer zu begreifen, so Marx, dass »die Aussicht auf Vertreibung der Moslems aus Europa« früher oft die Kräfte der Großmächte bündelte, nun aber waren England und Frankreich darauf aus, »die Vertreibung der Türken aus Europa zu verhindern«.[123]

Wichtig blieb dieser erste ›moderne‹, wegen dubioser Ziele und enormer Verluste höchst unpopuläre Krieg zur Erprobung von Waffen, des neuartigen Stellungskriegs, der neuen Kommunikationstechniken, durch militärische Reformen. Medienberichte bezogen erstmals die Öffentlichkeit durchwegs ein. Der *Times*-Korrespondent William Howard Russell (1821–1907) nutzte das von Balaklawa nach Warna verlegte Telegraphenkabel, um aktuell und durchaus kritisch zu berichten, sehr zum Missfallen der Militärs. Die Regierung musste zurücktreten, ein Untersuchungsausschuss wurde eingesetzt. Die realistisch wirkenden Fotos von Roger Fenton (1819–1869), James Robertson (1813–1888) und Felice

123 Karl Marx, Friedrich Engels: *Russlands Drang nach Westen. Der Krimkrieg und die europäische Geheimdiplomatie im 19. Jahrhundert* (London 1897), Zürich 1991, S. 451, 455, 475, 479.

Beato (1833/34–1907/08) änderten die Wahrnehmung von Kriegen. Wegen der langen Belichtungszeiten entstanden zwar nur gestellte Aufnahmen und Landschaftsszenen, dennoch radikalisierte das den üblichen idealisierenden Blick auf Kriegshandlungen. Bilder von Leichen durfte es keine geben, ging es den Autoritäten – wie auch später oft – doch um Krieg als unbedenkliche Normalität.[124]

Zum Inbegriff des ›Guten Engels‹ war Florence Nightingale (1820–1910) geworden, die sich, aus einer etablierten Familie kommend, der selbständige Frauenberufe unbegreiflich waren, mit freiwilligen Helferinnen gegen viele Widerstände der katastrophalen Zustände in den Krankenstationen auf der Krim und im Lazarett von Skutari (Uskudar) in Konstantinopel angenommen hatte und zur Gründerin eines professionellen Krankenschwesternberufes wurde. Tausende Verwundete und Kranke kamen dort nach acht Tagen Seereise an, wo es jedoch nur ungelernte Helfer gab. Selbst für Ernährung war kaum gesorgt, da sich für nicht mehr einsatzfähige, also ›unbrauchbar‹ gewordene Soldaten kaum wer zuständig fühlte. Die öffentliche Aufmerksamkeit für ihre Aktivitäten sowie die Berichte und Fotos von Russell und Fenton bewirkten in der Öffentlichkeit, dass die Vorstellungen von Heldentum und von den anonymen, oft auf fürchterliche Weise umkommenden Opfern etwas realistischer wurden, weil allmählich »einfache Soldaten nicht mehr bloß als ständig betrunkene Untiere, sondern als tapfere Leute, die Respekt verdienten« wahrgenommen wurden, wie es zu Nightingales Aktivitäten heißt.[125] Selbst unter Minimalbedingungen konnte sie die Überlebensrate Verwundeter und Kranker drastisch steigern. Als Augenzeugin fühlte sie sich verpflichtet, zu berichten, »of what nobody in England will believe or can even imagine«. Lange »no hope of reform« sehend, reorganisierte sie noch vieles am Spitalswesen.

In diesem »most paradoxical and bloody war«, so Vladimir Shavshin in einer aktuellen ukrainischen Darstellung des Krieges,

124 William Howard Russell: *Meine sieben Kriege. Die ersten Reportagen von den Schlachtfeldern des 19. Jahrhunderts*, Frankfurt am Main 2000.

125 Martha Vicinius, Bea Nergaard (Hg.): *Ever yours, Florence Nightingale. Selected Letters*, London 1989, S. 109, 151, 159.

starben auf russischer und französischer Seite jeweils etwa 100 000 Soldaten. Von der schließlich fast 100 000 Mann starken britischen Armee hat ein Viertel nicht überlebt; 80 Prozent davon erlagen Krankheiten. Für die osmanische Armee werden 45 000 und für Sardinien-Piemont 2 000 Tote genannt.[126] Im Militärdenken von Ernst Jünger (1895–1998) wurden damals einsetzende Vernichtungskräfte wegweisend: »Der Krimkrieg und der russisch-japanische Krieg nehmen alle Schrecken der späteren Materialschlachten vorweg, und unsere Augen sahen dann so unerhörte Höllen wie die von Stalingrad und des zweiten Sewastopol.«[127]

Omer Pascha (1806–1871), der osmanische Oberbefehlshaber auf der Krim, war der Herkunft nach Kroate und hieß davor Michail Latas. General Iskender Beg (1810–1861) war ein gebürtiger Pole namens Antoni Aleksander Iliński. Auf russischer Seite blieben vor allem General Pawel Nachimow (1802–1855), Admiral Wladimir Kornilow (1806–1855) und der Offizier Wladimir Istomin (1809–1855), die alle in den letzten Kämpfen umkamen, weiterhin verehrten Helden, sowie General Eduard Totleben (1818–1884), wegen dessen innovativer Befestigungen Sewastopol so lange zu verteidigen war. Wie schon angemerkt, war auch Leo Tolstoi dort eingesetzt. Das in einem eigens errichteten runden Gebäude untergebrachte, vom aus Odessa stammenden, französisch-stämmigen Maler Franz Roubaud (1856–1928) ausgeführte Rundumsicht-Panorama stellt den Sturm auf den Malakoffhügel am 6. Juni 1855 dar; es wurde nach der Zerstörung im Zweiten Weltkrieg wiederhergestellt.

Markant vertreten ist der Krimkrieg im Straßenbild von Paris, vor allem durch den 1854 während der Kämpfe eröffneten Boulevard de Sébastopol, der vom historischen Zentrum direkt zum Ost- und Nordbahnhof führt, einst Abfahrts- und Ankunftsorte von Orient-Express und Transsibirischer Eisenbahn. Viele Straßennamen erinnern an die Kämpfe, so die Avenue Malakoff, die Place de l'Alma, die Rue de Crimée, sichtlich ohne dass an

126 Vladimir Shavshin: *The Valley of Death*, Sewastopol-Kiew 2005, S. 9.

127 Ernst Jünger: *Sämtliche Werke*, 18 Bände, Stuttgart 1979, Tagebücher III, 1. April 1945, S. 392.

die Bedeutung der Namen noch gedacht würde. In London bekam das große *Guards Crimean War Memorial* einen zentralen Platz an der Kreuzung Regent Street und Pall Mall. Im bitterelegischen Film von Tony Richardson (1928–1991) *The Charge of the Light Brigade* (1968) wurde das bereits 1936 von Michael Curtiz (1886–1962) verfilmte, zum Symbol sinnloser Angriffe gewordene Thema aufgegriffen. Den 150. Jahrestag im Herbst 2004 feierte eine aufwendige Schlachtinszenierung, bei der selbst Prinz Philip, Duke of Edinburgh (1921–2021), anwesend war. Während der Jalta-Konferenz besuchte auch Churchill das völlig zerstörte Sewastopol und Schauplätze des Krimkriegs. Die »von der Leichten Brigade eingenommene Linie« beschäftigte ihn neuerlich und »die von den Hochländern so lange und wacker verteidigte Höhe«.[128] Von sowjetischen Begleitern erfuhr er, dass in beinahe gleicher Richtung die deutschen Panzer auf sie zugekommen waren.

Selbst in Alltäglichem lassen sich sonst kaum mehr präsente Erinnerungen an den Krimkrieg aufspüren. Denn merkwürdigerweise blieb der Cardigan als Strickjacke ein Begriff, nach dem modebewussten Kommandeur der Leichten Brigade Lord Cardigan. Der Raglan-Ärmelschnitt bezieht sich auf den Oberbefehlshaber Lord Raglan. Die im Englischen *balaclavas* genannten Wollmützen, die zu Gesichtsmasken mit Sehschlitz werden können, sind zum Schifahren, für Banküberfälle, Terrorismus und Terrorismusbekämpfung gebräuchlich geworden. Ursprünglich hatten sie frierende Krimsoldaten entwickelt.

Der internationalisierte Krimkrieg endete 1856 nach enormen Opfern in einer Pattsituation, stabilisierte aber das Osmanische Reich und begrenzte die weitere Ausbreitung Russlands am Schwarzen Meer. Im Bürgerkrieg nach 1917 wurde die Krim zur letzten Bastion regimetreuer Weißer gegen die revolutionären Roten und zur Fluchtchance nach Konstantinopel. In der Erinnerungskultur zum Großen Vaterländischen Krieg bekam sie wegen der mörderischen Schlachten beim Vormarsch und Rückzug der Deutschen Wehrmacht einen hochrangigen Stellenwert. Denn Sewastopol

128 Winston S. Churchill: *Der Zweite Weltkrieg, Memoiren*, 6 Bände, Bern 1953, Band 6/2, S. 63.

konnte sich 1941/42 gegen massivste Angriffe 250 Tage lang halten, was bis in die höchste deutsche Führung irritierte, weil es bislang unterschätze militärische Stärken unter offensiver Beteiligung mitkämpfender Frauen erahnen ließ. Selbst die Rückeroberung der nur mehr als deutsche Enklave verteidigten Stadt am 9. Mai 1944 dauerte über einen Monat. Kertsch im Osten war ebenfalls heftig umkämpft. Mit der Jalta-Konferenz im Februar 1945 war die Krim kurz Zentrum des Weltgeschehens. Im bald einsetzenden Kalten Krieg wurde ihre Küste mit dem NATO-Land Türkei als Gegenüber zur streng bewachten, nur mit Sonderbewilligung betretbaren Außengrenze der Sowjetunion, Sewastopol zum zentralen, administrativ verselbständigten Kriegshafen. In der tiefen Balaklawa-Buch, Stützpunkt der Briten im Krimkrieg, entstand ein tief in den Berg getriebener Atom-U-Boot-Bunker.

Aber auch das Ende der Sowjetunion kulminierte auf der Krim, war doch der in Europa so beliebte Reformer Michail Gorbatschow (1931–2022) auf der abgeschirmten Regierungsdatscha Foros von den Putschisten des August 1991 festgehalten worden und als Generalsekretär der KPdSU und Staatspräsident bald darauf ohne jede Machtbasis. Denn der im Gegensatz zu ihm aufseiten der Demonstranten agierenden Putschistengegner Boris Jelzin (1931–2007) löste bekanntlich als Präsident der russischen Teilrepublik die Sowjetunion und die Kommunistische Partei auf, zwar ohne Bürgerkrieg, aber unter »Privatisierung« enormer Volksvermögen durch Oligarchen-Mafias. Als Nachfolger setzte er den unbekannten Geheimdienstmann Wladimir Putin durch, für den jedoch das Ende der Sowjetunion die »größte geopolitische Katastrophe des 20. Jahrhunderts« blieb; ohne jedes Verständnis für durch den Bankrott des Kommunismus als Herrschafts- und Glaubenssystem nicht nur in Osteuropa ermöglichte Freiheiten. Wie davon paralysiert, empfindet sich sein Regime weiter im Kalten Krieg gegen Europa, die USA und die NATO. Mit enormen Rohstoffexporten als Rückhalt, aber geringer Produktivität wurden die Strukturen totalitär eingefroren, ohne die personellen und materiellen Ressourcen des größten Landes der Welt auf breiter Basis zu aktivieren, was hinreichend demokratische Bedingungen und Rechtssicherheit voraussetzen würde.

Die Krim blieb noch ein Vierteljahrhundert nach der weltpolitischen Wende von 1989/91 Teil der Ukraine. Dann waren die Pläne so weit gereift, um sie als ersten imperialen Annexionsschritt im Westen wieder Russland anzuschließen.

Palastanlage der Krim-Khane in Bachtschisaraj | Credit: Christian Reder

Im Gespräch mit Mustafa Djamiljow, gewählter Repräsentant der Krimtataren, 2007. Zu den Wahlen der Krimtataren von 1917 waren erstmals in der muslimischen Welt und vor vielen westlichen Ländern Frauen zugelassen. | Credit: Christian Reder

KRIMTATAREN. Die zur selbständigen Ukraine gehörende, 2014 von Russland annektierte Halbinsel Krim – etwas größer als Sizilien (übrigens Roms erste Kolonie in der Antike) – war bis zur Besetzung als Neurussland 1783 jahrhundertelang als Khanat der Krimtataren lose mit dem Osmanischen Reich verbunden. International interessierte das von Flucht und Deportationen gezeichnete Schicksal der Krimtataren auch zuletzt kaum, obwohl sie tendenziell loyal zur liberaleren Ukraine stehen und für kurze Zeit nominell zur Ukrainischen Volksrepublik 1917 bis 1920 gehörten. Auch der Unabhängigkeit der Ukraine hatte die Krim mit ihren zwei Millionen Einwohnern 1991 mehrheitlich zugestimmt, trotz traditionell russischen Marinehafens Sewastopol.[129]

In Gesprächen mit ihrem gewählten Repräsentanten Mustafa Djamiljow (engl. Dzhemilev), der als Vorsitzender der *medschlis* oder *kurultay* genannten tatarischen Selbstverwaltungsräte diese im ukrainischen Parlament vertrat, war er 2007 noch durchaus guter Dinge. Weil er die lange verbotene, anfangs infiltrierende Rückwanderung Zehntausender unter Stalin nach Asien deportierter Krimtataren förderte, einst mehrfach inhaftiert, bekam er für diese gewaltfreien Initiativen 1998 die Nansen-Medaille der UNO für Menschenrechte. Nach der politischen Wende wurde er eine Hauptkraft nationaler Selbstfindung. Aber schon im Juli 1987 hatten sich Hunderte Krimtataren deswegen »zur ersten offenen Demonstration in der Geschichte der Sowjetunion auf dem Roten Platz in Moskau versammelt«. Für sein langjähriges Engagement erreichte er einen Mandela-ähnlichen Status, so Brian Glyn Williams in dessen hier zugrunde gelegter Studie *The Crimean Tatars. The Diaspora Experience and the Forging of a Nation.*[130] Aus der Ukraine

129 Wikipedia: Ukrainische Volksrepublik: Landkarte | Ukraine-Referendum 1991.

130 Brian Glyn Williams: *The Crimean Tatars. The Diaspora Experience and the Forging of a Nation*, Leiden 2001 | Mustafa Djamiljow: *A History of the Cri-*

einreisen darf er seit deren Annexion nicht mehr, weil die Krim russisch zu sein hat, ohne regionale Autonomie für Minderheiten, wie sie nun die Separatistengebiete beanspruchen.

Als Muslim ist er durchaus stolz darauf, »ungefähr in siebenter Generation ein Abkömmling der Genueser« zu sein, »jener Italiener, die auf der Krim Handelskolonien errichtet hatten. Diese Leute nahmen den Islam und die türkische Sprache an und wurden zu Krimtataren.«[131] Das deckt sich mit ethnografischen Erkenntnissen, denn anders als gewöhnlich bei ethnischem Nationalismus wird die Abstammung von allen früheren Bewohnern der Krim wichtig genommen, also neben Italienern »von Goten, pontischen Griechen, Armeniern, Tataren der ›Goldenen Horde‹ und anderen osteuropäischen Gruppen«, verbunden durch gemeinsame Geschichte. Die tatarische Sprache, ein moderater, historisch als angenommen geltender, somit nicht ›ursprünglicher‹ Islam, Ansprüche auf neuerliche Integration auf der Krim und eine spezifische Bauweise sind die erkennbarsten Identifikationsmerkmale. Verteilt auf Usbekistan, Kirgisien, Tadschikistan, Kasachstan, Russland, Ukraine, Türkei, Bulgarien, Rumänien und die USA, zählen Tataren zu den großen, weltweit verstreut lebenden Diasporagruppen.

Wie am Balkan »das türkische Joch« blieb »das Tataren-Joch« in Russland und der Ukraine eine dominierende Vorstellung, denn erst mit der Eroberung der tatarischen Khanate von Kasan und Astrachan (1552–1556) durch den Moskauer Staat endeten dreihundert Jahre tributpflichtiger Abhängigkeit. Im erstarkten russischen Reich wurden dann »sämtliche nichtchristlichen Stämme«, so Orlando Figes »pauschal als ›Tartaren‹ abgestempelt, ungeachtet ihres Ursprungs oder ihres muslimischen, schamanischen oder buddhistischen Glaubens. Um diese Spaltung in ›Gut und Böse‹ zu vertiefen, buchstabierte man das Wort ›Tatar‹ absichtlich falsch als ›Tartar‹ und verknüpfte es mit dem griechischen Wort für

mean Tatar National Liberation Movement: A Sociopolitical Perspective (in Tatarisch, Russisch, Englisch), Simferopol 2005, S. 50ff. | Wikipedia: Mustafa Dzhemilev.

131 Christian und Ingrid Reder sowie Erich Klein im Gespräch mit Mustafa Djamiljow (s. Foto), in: Christian Reder, Erich Klein (Hg.): *Graue Donau, Schwarzes Meer*, Wien–New York 2008, S. 415ff.

›Hölle‹ (*tartaros*).«[132] Erst als diese Untertanen keine kollektive Gefahr mehr waren, wurden gemeinsame mongolisch-tatarische Wurzeln beachtet. »Es gab vier Hauptgruppen mongolischer Abkömmlinge: erstens die Nachkommen der turksprachigen Nomaden, die im 13. Jahrhundert mit den Heeren Dschingis Khans gekommen waren und sich nach der Auflösung der ›Goldenen Horde‹ – so nannten die Russen das Mongolenreich mit seinen schimmernden Zeltlagern an der unteren Wolga – im 15. Jahrhundert in Russland niedergelassen hatten. Darunter waren einige der berühmtesten Namen der russischen Geschichte: Schriftsteller wie Karamsin, Turgenjew, Bulgakow und Achmatowa; Philosophen wie Tschaadajew, Kirejewski und Berdjajew; Staatsmänner wie Godunow, Bucharin und Tuchatschewski; außerdem Komponisten wie Rimski-Korsakow. Die zweite Gruppe bildeten Turkfamilien, die aus dem Westen nach Russland gekommen waren: etwa die Tjutschews und Tschitscherins, die aus Italien stammten; oder die Rachmaninows, die sich im 18. Jahrhundert aus Polen eingefunden hatten. Sogar die Kutusows waren tatarischer Herkunft (*qutuz*: das Turkwort für ›wütend‹, ›zornig‹) – was nicht einer gewissen Ironie entbehrt angesichts der Tatsache, dass der Napoleon vertreibende General Michail Kutusow [1745–1813] als durch und durch russischer Held gilt. Familien gemischt slawischer und tatarischer Herkunft bildeten eine dritte Kategorie. Dazu gehören einige der bedeutendsten Dynastien Russlands – die Scheremetjews, Stroganows und Rostoptschins –, allerdings auch viele Familien von niedrigerem Status. Gogols Familie zum Beispiel war gemischt polnischer und ukrainischer Abstammung, hatte aber auch gemeinsame Ahnen mit den türkischen Gogels, die ihren Namen vom tschuwaschischen *gögül* – ein Steppenvogel – ableiten.« Die vierte Gruppe waren »Russen, die ihren Namen geändert hatten, damit er turksprachiger klang: entweder weil sie in eine Tatarenfamilie eingeheiratet oder weil sie Land im Osten gekauft hatten und sich unkomplizierte Beziehungen zu den einheimischen Stämmen wünschten«.[133]

132 Orlando Figes: *Nataschas Tanz*, a. a. O., S. 398f.
133 Orlando Figes: *Nataschas Tanz*, a. a. O., S. 382ff., 398f.

Speziell während der zweihundert Jahre, als an der Küste die von mächtigen Hafenfestungen aus agierenden Venezianer (Soldaia/Sudak) und Genueser (Kaffa/Feodosija, Alupka/Lupico, Balaklawa/Cembalo) die dominierende Macht gewesen sind, mit der »Goldenen Horde« als Handelspartner und gelegentlichem Kriegsgegner im Norden, war die Krim zur exemplarischen Region des Austausches geworden, als Verbindung der nördlichen Seidenstraße und der Ostsee-Flussrouten mit dem Mittelmeer. Das sich im 15. Jahrhundert bildende Khanat der Krim beendete die offizielle italienische Präsenz, aber Nachkommen der Grimaldis, Dorias, Spinolas, die oft zum Islam übergetreten waren, behielten vielfach ihre Privilegien. Die sich auf ihre Abstammung von Dschingis Khan berufende Dynastie von Haci I. Giray Khan regierte – ab 1475 als Vasallen des Osmanischen Reiches –, bis Russland 1783 die Krim eroberte. Wie kalkuliert der Wechsel zwischen Koalitionen und Gegnerschaft schon in Gründungsphasen ablief, hat der aus Wien stammende Orientalist Joseph von Hammer-Purgstall (1774–1856) in der als Anhang seiner *Geschichte des Osmanischen Reiches* herausgebrachten *Geschichte der Chane der Krim unter osmanischer Herrschaft* beschrieben. Skizziert wird, wie sich das Krim-Khanat zuerst in Allianz mit dem König von Polen und Beutezüge nach Russland gegen die Genueser in deren dann von Osmanen eroberter Festung Kaffa durchsetzte (obwohl der künftige Khan »bei den Genuesern erzogen« wurde), zuletzt aber die Oberherrschaft des Sultans anerkennen musste.[134] Hammer-Purgstall liegt übrigens mit seiner Frau auf dem Friedhof Klosterneuburg-Weidling neben Nikolaus Lenau (1802–1850) in einer islamisch gestalteten Gruft begraben.

Die hier eingangs abgebildete Palastanlage der Krim-Khane in Bachtschisaraj geht auf das frühe 16. Jahrhundert zurück – nach Hammer-Purgstall sogar auf Dschingis Khans Enkel Batu Khan – und wurde nach der Zerstörung durch russische Truppen im 18. Jahrhundert neu errichtet. Als gefürchtete Reitertruppe waren Krimtataren an den Belagerungen Wiens von 1529 und 1683

134 Joseph von Hammer-Purgstall: *Geschichte der Chane der Krim unter osmanischer Herrschaft vom 15. Jahrhundert bis zum Ende des 18. Jahrhundert* (Wien 1856), Reprint, Amsterdam 1970, S. 23, 32f.

(beim Entsatz auf beiden Seiten) beteiligt. 1571 wurde Moskau geplündert. Bis ins heutige Polen und in den Norden Russlands reichten die Raubzüge; oft genannte Anlässe für aufrecht gebliebene Aversionen gegen Tataren. Neben materieller Beute galt das Interesse vor allem vielen Gefangenen, die als Geiseln zum Rückkauf angeboten oder als Sklaven verkauft wurden. Genuas Stadtkolonie Kaffa/Feodosija wurde zum größten Sklavenmarkt Osteuropas. Auf ziviler Ebene war ihre Produktivität sehr geschätzt. Kelims und Messer aus Bachtschisaraj oder Tabak und Honig waren gefragte Exportprodukte. »Hundert Sorten von Äpfeln und Birnen, Pfirsiche, Quitten, Mandeln, Feigen, eine unübertroffene Melonenzucht, Tabakpflanzungen und Schafzucht« sowie Bewässerungsanlagen begründeten ihren Ruf als Meister der Agrikultur. Der Weinbau der muslimischen Krim war früh renommiert. Sozial unterschieden sich die Krimtataren in Viehzüchter der Steppengebiete, die Nogais, in die Ackerbauern des Berglandes, die Tats, und die Yaliboyu der Küstenregion. Die Hafenstadt Jewpatorija an der Westküste blieb ein Zentrum der Karäer, einer tatarisch-türkischen Gruppe, deren Glauben stark jüdisch geprägt ist und die eine Parallele oder ein Rest zum jüdischen Glauben übergetretener Chasaren sein könnte.[135] Selbst nach NS-Kriterien galten sie nicht als Juden. Die dortige Moschee von Mimar Sinan (1489–1588), dem Baumeister der osmanischen Glanzzeit, ist das wichtigste auf der Krim erhaltene Beispiel aus dieser Zeit.

Die von der russischen Eroberung, dem Krimkrieg und Enteignungen kommunalen Gemeinschaftsbesitzes zugunsten russischer Grundherren ausgelöste Emigration in Richtung Dobrudscha, Rumänien, Bulgarien und Kleinasien reduzierte die tatarische Bevölkerung drastisch. Da Religion allseits die primäre Identifikation blieb, wurde es weithin als natürlicher Vorgang angesehen, war aber eine Frühform ›ethnischer Säuberung‹. Mehr als ein Drittel der zumindest 300 000 Krimtataren zog weg; manche Quellen sprechen von ursprünglich zwei Millionen und um 1900 nur noch von knapp 200 000.

135 Arthur Koestler: *Der dreizehnte Stamm. Das Reich der Khasaren und sein Erbe*, Wien 1977.

Die russischen Magnaten stellten die Produktion auf Exportgüter wie Wolle, Talg, Weizen und Wein um. Deutsche, Schweizer, bulgarische Siedler kamen. Latent als Sympathisanten der Osmanen verdächtigt, wurde Tataren schon aus diesem Grund mit Misstrauen begegnet, dabei stellten sie, etwa gegen Napoleon, fortwährend durchaus loyale Truppen. Im Krimkrieg hatten sich 20 000 von ihnen unter den Schutz der Alliierten gestellt und waren schließlich evakuiert worden. Schon länger auf der Krim ansässige Russen, so Brian Glyn Williams, »unterhielten durchaus gute Beziehungen mit den Tataren (so wie es vor der ›Ankunft‹ des Nationalismus in Osteuropa zwischen Christen und Muslimen durchaus die Regel war) und beklagten nun den Verlust ihrer hart arbeitenden muslimischen Nachbarn«. Verdrängungen noch viel brutaleren Ausmaßes fanden bei der russischen Eroberung des Kaukasus statt, als Zehntausende Tscherkessen und Tschetschenen ins Osmanische Reich fliehen mussten. Eine wesentliche Erfahrung mit ›Europäischem‹ blieb, wie die sich vom Osmanischen Reich lösenden neuen Staatsnationen auf dem Balkan mit ihrer muslimischen Bevölkerung umgingen, was in Europa kaum jemanden interessierte. »Zehntausende Muslime wurden getötet oder aus den Gebieten vertrieben, die seit Jahrhunderten ihre Heimat gewesen sind«, so das Resümee von Williams, »um aus ethnisch gemischten osmanischen Provinzen exklusive Nationalstaaten zu schaffen«. Unter solchem Druck orientierten sich auch die Tataren neu und waren um 1914 »sicher eine der in nationaler Hinsicht am besten entwickelten muslimischen Gruppen des Russischen Reiches«.

Nach der Februarrevolution von 1917 schien sich für die Krimtataren vorerst alles positiv zu entwickeln. Als Teil der entstandenen Ukrainische Volksrepublik waren zu den Wahlen für ihr Repräsentativorgan in der Unabhängigen Republik Krim von 1917 erstmals in der muslimischen Welt und vor vielen westlichen Ländern auch Frauen zugelassen. Als eigenmächtige, sich ihrer Kontrolle entziehende demokratische Initiative von den Bolschewiki sofort bekämpft, hatte dieses Parlament und die neue Regierung gegen deren 3 000 im Jänner 1918 anrückende bewaffnete Matrosen Sewastopols keine Chance. Präsident Numan Çelebi Cihan (1885–1918) und zahllose Anhänger wurden erschossen. Er blieb deren Symbolfigur, so wie Ismail Bey Gasprinsky (auch: Gaspirali, 1851–1914), der markanteste frühe Reformer, der bis zur Verbannung der Tataren sogar als sozialistischer Held und Vater der tatarischen Nation gefeiert worden war. Er hatte in Paris mit Iwan Turgenjew als Übersetzer zusammengearbeitet und als Bürgermeister von Bachtschisaraj begonnen, ein wirksames Schulsystem zu entwickeln, sich für die Befreiung der Frauen, umfassende Modernisierung und eine vereinheitlichte Sprache, das Turki, einzusetzen. Als Zeitungsherausgeber und Mitorganisator des ersten Kongresses der russischen Muslime im Revolutionsjahr 1905 in Nischni Nowgorod war er der wichtigste Erneuerer eines moderaten tatarischen Nationalismus, loyal zu Russland, daher aber bald als russischer Agent diskriminiert.

Eine Nähe zu pantürkischen Vereinigungsideen aller Turkvölker war eher die Folge späterer Radikalisierung durch einen expansiven ›Turanismus‹ – nach der persischen Bezeichnung des zentralasiatisch-türkischen Gebietes von Turan rund um Buchara, symbolisiert durch als rechtsradikale Nationalisten berüchtigte ›Graue Wölfe‹. Das war vielen vorübergehend als Option erschienen, aber zersplittert zwischen Progressiven und Traditionalisten, zwischen säkularer und muslimischer Orientierung. Schwankende Beziehungen zwischen Türken, Tataren, Turkmenen, Aserbeidschanern, Kasachen, Usbeken und ein offensiver türkischer Nationalismus knüpfen daran an. In der neuen säkularen Türkei von 1923, die, so Williams, »zu einem der effektivsten *melting pots* des 20. Jahrhunderts wurde«, sollten nationale Zugehörigkeiten »von Muslimen unterschiedlichen ethnischen Hintergrunds vom Balkan oder aus Russland (oder die nationale Identität indigener Muslime, wie der Kurden, die als ›Bergtürken‹ bezeichnet wurden)« keine Rolle spielen. Aber gerade Kurden wehren sich latent dagegen. Um das Verhältnis zur Sowjetunion nicht zu belasten, »erlaubte Ankara keine pan-türkischen Bewegungen«. Inzwischen gelten die meisten Tataren in der Türkei »als unerschütterliche türkische Nationalisten«. Die Türkei und Tataren der Emigration unterstützen die Rückkehr von Krimtataren aus ihren Deportationsgebieten, mit Mustafa Djamiljow als Repräsentanten, den das türkische Parlament schon 1992 wie einen Staatsgast empfing. Mit Landbesetzungen und provisorischen Siedlungen wird in ziviler, gewaltfreier Weise um die Reintegration gerungen, obwohl es teils aggressiven Widerstand dagegen gibt.

Als die Krim 1918 einige Monate durch deutsch-österreichische Truppen besetzt war, kam es zu Kooperationen mit tatarischen Einheiten. Die anschließende Präsenz der Weißen machte sie zur letzten antikommunistischen Bastion. Versprechungen gab es auf allen Seiten. Dem Terrorregime von Béla Kun (1886–1938), Anführer von Budapests kurzlebiger Räterepublik, der über Wien entkommen war und in Simferopol Tscheka-Chef wurde, dürften 60 000 »Klassenfeinde«, der Hungersnot über 100 000 Tataren zum Opfer gefallen sein. Mit der »Sozialistischen Sowjetrepublik Krim« sollte dann die angekündigte kulturelle Autonomie ethnischer Gruppen eine Basis bekommen, obwohl nur noch ein Viertel Tataren waren. Der Tatare Veli Ibrahimov, Vorsitzender des ZK und Ministerpräsident der Krim-ASSR, setzte sich für tatarische Schulen und Medien ein; 1928 fiel er dem Kampf gegen angebliche nationale Abweichler zum Opfer. Hunderte Moscheen wurden geschlossen, Zehntausende Tataren bereits damals deportiert. Statt des arabischen, dann lateinischen wurde das kyrillische Alphabet vorgeschrieben. Parallel zur ab 1934 im Fernen Osten installierten jüdischen Provinz Birobidshan[136] gab es sogar Pläne, »in der Krim-ASSR ein nationales Gebiet für Juden zu schaffen«. Es begann also, so Williams, »mit einer in der Geschichte einmaligen, höchst extravaganten staatlichen Anerkennung territorialer, ethnischer, nationaler Ansprüche«, als Gegenkraft zum von Lenin gefürchteten »großen russischen Chauvinismus«. Daher begannen viele Krimtataren, »sich mit dem sowjetischen Staat zu identifizieren«. Das hätte zum Vorzeigeprojekt für turksprachige Völker und Muslime werden sollen. Eine bald konträr gepolte Innenpolitik und der strikte Antikommunismus von Kemal Atatürk (1881–1938) machten es obsolet.

Für Krimtataren, die bei Kriegsausbruch noch ein Viertel der Bevölkerung ausmachten, ist der 18. Mai 1944 der *Kara Gün*, ihr

136 Robert Weinberg: *Birobidshan. Stalins vergessenes Zion. Illustrierte Geschichte 1928–1996*, Frankfurt am Main 2003.

»Schwarzer Tag«, an den jährlich Demonstrationen erinnern. In einer minutiös geplanten Aktion hatten NKWD-Einheiten Stadtviertel und Dörfer der Tataren umstellt und, begleitet von Exekutionen, alle Bewohner unter der Anschuldigung, mit den Deutschen kollaboriert zu haben, in Züge nach Kasachstan und Tadschikistan verfrachtet, was annähernd 10 000 der 200 000 Deportierten nicht überlebten. Viele erlagen den brutalen Lebensbedingungen in den Lagern, die erst nach Jahren aufgelöst wurden, wobei das Verbot der Rückkehr aufrecht blieb. Stalins in Wien verfasste Definition von nationaler Gemeinschaft mutierte zum die Opfer stigmatisierenden Terrorbegriff: »Eine Nation ist eine historisch entstandene stabile Gemeinschaft von Menschen, entstanden auf der Grundlage der Gemeinschaft der Sprache, des Territoriums, des Wirtschaftslebens und der sich in der Gemeinschaft der Kultur offenbarenden psychischen Wesensart.«[137] Die Krimtataren jedoch »wurden einfach ›de-nationalisiert‹ und existierten in der ›Gemeinschaft brüderlicher Nationen‹ nicht mehr«, resümiert Williams, »die Nachkommen der ältesten Bewohner der Schwarzmeer-Küste wurden zum Tode oder zur Assimilation verurteilt«.[138]

Bei der überschaubaren Zahl von Krimtataren war es leicht, sie pauschal der Kollaboration zu verdächtigen, dabei kämpften etwa 20 000 von ihnen in der Roten Armee, wo viele Krimtataren umkamen, und Tausende auf der Krim als Sowjetpartisanen. Dass von den Millionen Gefangenen und hungernden Zivilisten viele Ukrainer, Russen, Tataren oder Kosaken mit den Deutschen kooperierten, war vielfach auf positive Erfahrungen im Ersten Weltkrieg und national orientierte, antisowjetische Haltungen zurückzuführen oder bloßer Überlebenswille. Da auch ansässige Deutsche, Griechen, Kalmücken oder Tschetschenen in die Deportationsmaschinerie gerieten, handelte es sich im Kern um Gulag-Terror und Zwangsarbeit. Markierte Pässe machten ethnische Zugehörigkeit überprüfbar.

137 Josef W. Stalin: *Marxismus und nationale Frage*, Werke, Band 2, Dortmund 1976, S. 272.

138 Brian Glyn Williams: *The Crimean Tatars*, a. a. O., S. 2, 7, 11, 23, 48f., 64, 148, 179, 225, 254, 255, 332, 353, 354, 356, 365, 372, 376ff.

Erst nach Stalins Tod formierte sich im Untergrund eine Konsolidierungsbewegung, mit Mustafa Djamiljow als wichtigem Aktivisten. Sie setzte sich für eine Solidarisierung und die neuerliche Anerkennung als Volk ein, betrieb die verbotene, anfangs infiltrierende Rückwanderung und wurde nach der politischen Wende zur Hauptkraft nationaler Konsolidierung, die Vertreter der »Autonomen Republik Krim« in das ukrainische Parlament entsandten – was nach der russischen Annexion sofort illusorisch wurde. Dissidenten wie der ukrainische General Pjotr Grigorenko (1907–1987) oder der Schriftsteller Aleksej Kosterin (1896–1968) zählten – so Djamiljow – zu den frühen Unterstützern. Inzwischen ist die Hälfte der nunmehr 500 000 aus der Krim stammenden Tataren aus Asien zurückgekehrt, Schritt für Schritt um ihr früheres Land kämpfend und eine Zivilgesellschaft aufbauend, die, was etwa am selbstbewussten Auftreten der Frauen deutlich wird, keine Dominanz religiöser Traditionalisten zulässt. Im Vergleich zu oft von beengenden, strikt patriarchalischen Traditionen eingeholten zentralasiatischen Gesellschaften »zählen die Krimtataren zu den am stärksten europäisierten und in ihrem Nationalbewusstsein entwickelten Muslimgruppen der ehemaligen Sowjetunion«. Auch wegen ihrer eingespielten Kontakte zur ›feindlichen‹ Ukraine wie zur Türkei dürften sie in der international nicht anerkannten russischen Krim neuerlich als wenig erwünschte Minderheit gelten.

Alfred Eduard Frauenfeld (1898–1977), in Wien geborener NS-Generalkommissar der Krim und früherer Wiener Gauleiter, habe – parallel zu den Mordexzessen an den 65 000 Juden der Krim und der Ausbeutung der Bevölkerung – als oberster Zivilbeamter auf seinen, von Hitler »für außerordentlich gut« gehaltenen, Vorschlag hin die Übersiedlung von Volksdeutschen auf die zur ›deutschen Riviera‹ auszugestaltende Krim vorbereiten sollen. Ethnisch »vollständig gesäubert«, wäre sie als »Taurien« oder »Gotenland« unmittelbares Reichsgebiet und ein »großer deutscher Kurort« geworden, durch eine Autobahn mit Berlin verbunden, Simferopol zu »Gotenburg«, Sewastopol zu »Theoderichhafen«. Außerhalb der Reichsgrenzen lebende Volksdeutsche und Südtiroler sollten kommen; »sie brauchten ja nur einen deutschen Strom, die Donau, hinunterzufahren«, so Hitlers Vorgabe. »Seine echte, altmodische deutsche Begeisterung für Volkskultur«, so Neal Ascherson, zu solchen bizarr-kontroversen Formen, was alles unter ›Sonderbehandlung‹ verstanden werden konnte, ließen Frauenfeld vorerst anderes wichtiger erscheinen. Er »verliebte sich in die Vorstellung, die Tataren zu einem ›Kulturvolk‹ zu machen. Zum ersten Mal nach vielen Jahren eröffneten er wieder tatarische Schulen und stellte Geld für die Förderung der tatarischen Sprache zur Verfügung. Ein tatarisches Theater wurde eröffnet, tatarische Zeitungen wieder zum Leben erweckt, und es gab sogar Pläne für eine tatarische Universität.« Mehr als weitere Planungen verleugnende Facetten eines ›aufgeklärten Kolonialismus‹ kamen dabei nie auf.[139] Denn längst war im »Gotenlandprojekt« vorgesehen, »die Tataren auf den Status von Sklaven der arischen Siedler herunterzubringen, bevor über ihr endgültiges Schicksal – Tod oder Vertreibung – entschieden wurde«. Frauenfeld, nach dem Krieg nur kurz interniert, nannte seine Erinnerungen bezeichnender Weise *Und trage keine Reu'*.

Mit den Krimtataren hatte auch der einflussreiche deutsche Mythen-Künstler Joseph Beuys (1921–1986) ein zentrales Erlebnis, als am 16. März 1944 sein Sturzkampfbomber JU 87 in der Krimsteppe beim Dorf Snamenka (damals Freifeld genannt) abstürzte. Der Pilot starb, nur er, der Bordfunker und Bordschütze überlebte schwerverletzt. Nomadisierende Tataren hätten den Bewusstlosen tagelang gesund gepflegt, heißt es in biografischen Darstellungen durchgehend dazu. Die Verwendung von Fett, Filz, Wachs, Honig, Milch in seiner Kunst, als existentielle Materialien, sei darauf zurückzuführen. Fett steht für Wärme, für Energie, Filz als Isolationsmaterial für Kälteschutz. Auch vom Angebot der Tataren, bei ihnen zu bleiben, war oft die Rede. Recherchen haben allerdinge ergeben, dass er höchstens 24 Stunden bei Tataren gewesen sein kann und dann in einem nahen Feldlazarett versorgt wurde. Somit spricht vieles für eine drastisch dramatisierte private Mythologie, was als Narrativ wohl zulässig ist, um auf ideell begründete Weise seine Materialien Filz und Fett, Hasen und Schakale als Steppenmythos, das Thema Eurasien, Schamanen und den Naturbezug

139 Neal Ascherson: *Schwarzes Meer*, a. a. O., S. 55.

von Tataren in sein Werk als Modell elementarer Lebensweisen einfließen zu lassen.[140]

Auch Heinrich Böll (1917–1985) war als Wehrmachtssoldat auf der Krim verwundet worden, mit Lazarettaufenthalten in Odessa und Iwano-Frankiwsk/Stanislau. Wie Beuys exponierte er sich nach dem Krieg auf seine Weise für eine offensiv-aufklärende Diskussionskultur in Deutschland. Ähnlich wichtig dafür wurde Siegfried Unseld (1924–2002) als langjähriger Leiter des Suhrkamp Verlages. 1944 gehörte er als Marinefunker zu den 21 000 zuletzt auf der Krim Eingekesselten. Nur durch stundenlanges Wegschwimmen vom Ufer hatte er sich auf ein deutsches Schnellboot retten können.

140 Frank Gieseke, Albert Markert: *Flieger, Filz und Vaterland. Eine erweiterte Beuys-Biografie*, Berlin 1996, S. 48f., 76ff. | Armin Zweite (Hg.): *Joseph Beuys. Natur – Materie – Form*, München 1991.

BARBAREN. SKLAVEN. PEST. Die anhaltende Idealisierung des antiken Griechenland als ›Mutter Europas‹ und als demokratisches Modell für die Welt blendet aus, dass gerade dessen frühe Kolonien am Schwarzen Meer als »The Birthplace of Civilisation and Barbarism« anzusehen sind, so der schottische Autor Neal Ascherson in seinen Recherchen dazu. Denn dort »begann die Idee von ›Europa‹ mit all ihrer Arroganz, all ihren Implikationen von Überlegenheit, all ihren Annahmen über Priorität und edlere Herkunft, all ihren Ambitionen auf ein natürliches Recht der Vorherrschaft«. Das hatte sich, von Aristoteles (384–322 v. u. Z.) bestärkt, im Zuge der Perserkriege intensiviert, um die generelle griechische Besonderheit im Gegensatz zum ›Orient‹ herauszustreichen. »Intellektuelle im fernen Athen« propagierten dafür die gedanklichen Grundlagen.[141] Mit den Bedürfnissen und Einstellungen der griechischen Stadtkolonien hatte das vorerst nichts zu tun, da diese keinen ausgedehnten Landbesitz beanspruchten und auf eingespielte Kooperationen mit den Nachbarn angewiesen waren. Galt anfangs nur jemand, der nicht oder nicht gut genug Griechisch konnte, als Barbar (von *bárbaros*, Stammler), ist das zunehmend kulturell abwertend und diskriminierend gebraucht worden. Den patriarchalischen mediterranen Sklavenhaltergesellschaften lieferte das philosophisch-ideologische Grundlagen. Auch nach der noch im 20. Jahrhundert keineswegs nur von Deutschland und der Sowjetunion betriebenen Versklavungspolitik bleibt das virulent, durch eine vielfach auf rechtloser Billigarbeit basierende Konsumwelt. Deshalb ist daran zu erinnern, wie sehr Europa über Jahrhunderte am Sklavenhandel vom Schwarzen Meer aus profitierte. Allein die 15 bis 20 Millionen aus Afrika nach Amerika verschifften Sklaven im Blick, hält bloß die Fiktion aufrecht, Europa habe nur peripher über die Transferhäfen Nantes oder Liverpool damit zu tun gehabt.

141 Neal Ascherson: *Schwarzes Meer*, a. a. O., S. 83, 429.

Sogar die offenkundige etymologische Verwandtschaft von »Sklave« und »Slawe« (auch im Englischen: *slave* und *slav*, im Französischen: *l'esclave* und *slave*) verweist deutlich darauf, dass Slawen die innereuropäischen Hauptopfer gewesen sind. In Toynbees *Der Gang der Weltgeschichte* heißt es dazu lapidar: »Die Franken belieferten den Sklavenmarkt von Cordoba, indem sie an der entgegengesetzten Grenze der fränkischen Herrschaftsbereiche auf Sklavenfang gingen. Die so gefangenen Barbaren waren zufällig Slawen; und dies ist der Ursprung des deutschen Wortes ›Sklave‹.«[142] Offiziell war der Sklavenmarkt Konstantinopels seit 1847 geschlossen. Doch als Sir Samuel White Baker (1821–1893) Bahnbauten in der Dobrudscha leitete, kaufte er 1859 im osmanischen, bald bulgarischen Vidin die Sklavin Florence aus dem habsburgischen Transsylvanien, machte sie zur Geliebten und als Florence Baker (Barbara Szász) zur Ehefrau.[143] Mark Twain berichtete 1867 aus Konstantinopel, dass es »unter der Hand« wie gewohnt weiterging, und »hungernde Eltern ihre jungen Töchter« erbarmungslos »für zwanzig oder dreißig Dollar« verkauften.[144] Noch um 1900 wurden »aus Galizien pro Jahr ungefähr zehntausend Mädchen als Prostituierte allein nach Südamerika gebracht« und sehr viele ins Osmanische Reich und bis Indien.[145] Auch die Aufklärungs-Encyclopédie hatte »in Polen, in Ungarn, in Böhmen & in eigenen Gegenden Süddeutschlands« Sklaverei konstatiert. Wurzel dessen sei die »hochmütige Anmaßung der alten Griechen, sich einzubilden, dass die Barbaren von Natur aus Sklaven wären«.[146] Der Orientalist Bernard Lewis (1916–2018) erwähnt sogar »an important ›manufactory of eunuchs‹ at Verdun«; habe doch Europa dem reichen Orient als Exportgüter lange nur »Slavonic slaves, Frankish weapons, and English wool« zu bieten gehabt.[147] Durch Leibeigenschaft und in die Armeen gezwungene

142 Arnold J. Toynbee: *Der Gang der Weltgeschichte*, Zürich 1970, Band 1, S. 245.

143 Charles W. S. Hartley: *A Biography of Sir Charles Hartley, Civil Engineer (1825–1915). The Father of the Danube*, 2 Bände, Lewiston 1989, Band 1, S. 181.

144 Mark Twain: *Reisen ums Mittelmeer*, Frankfurt am Main 1996, S. 133, 134.

145 Martin Pollack: *Kaiser von Amerika*, a. a. O., S. 48, 57.

146 *Die Welt der Encyclopédie*, a. a. O., S. 364ff.

147 Bernard Lewis: *The Muslim Discovery of Europe*, London 1982/2000, S. 187, 188.

Soldaten waren die Grenzen zum Sklavendasein fließend. Maxim Gorki (1868–1936) hat berichtet, wie noch 1918 auf der Krim alles beim Alten geblieben war: »In Feodosija handelten die Soldaten sogar mit Menschen: Sie haben Türkinnen, Armenierinnen und Kurdinnen aus dem Kaukasus gebracht und verkauften sie, ›das Stück‹ für 25 Rubel.«[148] Beim derzeitigen Frauenhandel gehen die Zahlen weltweit in die Millionen; die Dimensionen von Sklavenarbeit machen jeden humanen Arbeitsbegriff ohnedies zum elitären Minoritätenprogramm.

Für den Sklavenhandel des Ostens war die Krim lange die Drehscheibe, weil Raub- und Kriegszüge permanent für Nachschub sorgten. Neben Pelzen, Kaviar und Gewürzen war er das Hauptgeschäft der italienischen Stadtkolonien. Venezianer übernahmen bis zu ihrer Entmachtung durch die Osmanen, so Neal Ascherson, »russische, tscherkessische und tatarische Sklaven, die entweder in Konstantinopel an örtliche oder levantinische Interessenten verkauft oder in Venedig selbst versteigert wurden. Venezianische Sklavenhändler reisten von Tana [am Don] bis nach Astrachan am Kaspischen Meer oder nach Taschkent in Mittelasien, um das Angebot zu inspizieren.« Von Kaffa aus, dem heutigen Feodosija, exportierten die konkurrierenden Genueser »im vierzehnten Jahrhundert im Durchschnitt 1500 Sklaven pro Jahr, fast allesamt Männer und fast alle für die mameluckischen Sultane Ägyptens bestimmt«. Es sind von den damaligen Gesellschaften völlig akzeptierte Unternehmungen gewesen. Die Signoria (der regierende Senat) Venedigs beaufsichtigte den Handel und legte maximale Kosten fest, »die für Transport und Verpflegung der Sklaven auf der dreimonatigen Seereise zwischen dem Asowschen Meer und der Adria aufgewendet werden durften«. Aus den stattlichen Profiten »wurde am Rialto ein Palast nach dem anderen hochgezogen«.[149]

Angesichts trister Lebensbedingungen galt in orientalischen Gesellschaften ein Dasein als Sklave, als Sklavin oft als akzeptable Alternative. Immerhin kannten die Osmanen, so Charles King in *The Black Sea*, »keine Vorstellungen von einer ›Sklavenrasse‹«.

148 Maxim Gorki in: Orlando Figes: *Die Tragödie eines Volkes*, a. a. O., S. 557.
149 Neal Ascherson: *Schwarzes Meer*, a. a. O., S. 151ff.

Der Status als Sklave »hatte nichts mit der Annahme biologischer Unterlegenheit zu tun, nur selten dauerte er ein Leben lang und fast nie übertrug er sich von Eltern auf Kinder«. Es wurden zwar Unterschiede gemacht, so durften Muslime nicht an Christen oder Juden verkauft werden. Im weiteren Sinn »weiße« Sklaven waren begehrter als »schwarze«. »Als Dienerschaft aufgefasst, ging es jedoch nie um eine spezielle kulturelle Gruppe, ein grundlegender Unterschied zur rassisch begründeten Versklavung aus Schwarzafrika stammender Menschen für den Export nach Nord- und Südamerika.«[150] Wovon Kaufleute aus Venedig und Genua als Zwischenhändler profitierten, ist im Rahmen der ›Goldenen Horde‹ und nachfolgender Tataren-Khanate inhärenter Teil der Beutezüge gewesen. Allein in der ersten Hälfte des 17. Jahrhunderts dürften weiterhin etwa zweihunderttausend verschleppte Slawen zum Objekt solcher Geschäfte geworden sein, polnische Quellen sprechen von bis zu einer Million zwischen 1550 und 1700. Auch wenn solche Zahlen übertrieben sein dürften, »war der Umfang des Sklavenhandels in dieser Periode zweifellos eklatant«.[151] Die dünn besiedelten Gebiete der Ukraine sollen damals dadurch zumindest hunderttausend Menschen verloren haben. Auch Kosaken partizipierten. Meist gerieten »Untertanen des Habsburgerreiches sowie Russen und Ukrainer in diese Lage«. Stigmatisierungen ergab das keine. So wurde die von Krimtataren in der Ukraine geraubte, in Konstantinopel als Sklavin verkaufte Roxelane (neuer Name: Hürrem Sultan, geborene Lisowska, 1506–1558) zur Frau von Sultan Suleiman dem Prächtigen. Abraham Hannibal (ca. 1696–1781), der Urgroßvater mütterlicherseits von Puschkin (1799–1837), war über den Sklavenmarkt Konstantinopels aus Äthiopien nach Sankt Petersburg geraten, wo ihn, ein legendärer Einzelfall, Peter der Große als »Mohr des Zaren« protegierte. Bisweilen gab es also beachtliche Aufstiege aus dem Sklavenstatus, als Ehefrauen, Feldherrn, Minister. Wenn es um Hautfarbe oder ethnische Herkunft geht, kann in westlichen Gesellschaften immer noch nicht mit egalisierender Akzeptanz gerechnet werden.

150 Charles King: *The Black Sea. A History*, Oxford-New York 2004, S. 118.
151 Brian Glyn Williams: *The Crimean Tatars*, a. a. O., S. 51.

Fast zu vordergründig führt das zu einem weiteren Zusammenhang mit dem Schwarzen Meer: zum Auftreten der Pest. Sie hatte für Europa katastrophalere Auswirkungen als alle anderen realen oder hochstilisierten ›Gefahren aus dem Osten‹. Über die Seidenstraße eingeschleppt, verbreitete sie sich von Kaffa (Feodosija) auf der Krim aus, damals Stützpunkt Genuas und wichtiger Sklavenmarkt, wo sie 1347 erstmals massiv aufgetreten war, über Konstantinopel, Messina, Ragusa (Dubrovnik), Venedig, Genua und Marseille in kürzester Zeit über den östlichen Mittelmeerraum und Südeuropa. In drei Jahren war praktisch der gesamte Kontinent bis in den hohen Norden erfasst. Nur wenige Regionen blieben verschont. Über ein Drittel – oft auch die Hälfte – der Bevölkerung starb. Die Schätzungen sprechen von 25 Millionen Toten. Über Auswirkungen in anderen Weltgegenden wurde wenig bekannt. Der aus Tanger stammende Weltreisende Ibn Battuta (1304–1368/1377), der 1332 auf dem Weg nach Astrachan und Indien auf die Krim gekommen war, in Kertsch, Feodosija und Sudak gewesen ist und das friedliche Zusammenleben von Genuesern und Tataren beschrieb, war Jahre später Zeuge, wie sich die Pest von Damaskus nach Arabien ausdehnte.[152] Vermutet wird, dass das Mongolenreich durch den »Schwarzen Tod« auseinanderbrach. Warum die Seuche gegenüber früheren Pestepidemien und solchen in anderen Regionen so exzessive Wirkung hatte, ist nicht abschließend geklärt. Neben mangelnder Hygiene war Unterernährung ein wichtiger Grund. Trotz aller Quarantänemaßnahmen – mit denen Venedig begann, bis hin zur berüchtigten Todesinsel Lazzaretto Vecchio – und strenger Grenzkontrollen kam es auch in Europa bis ins 18. Jahrhundert zu begrenzten Pestepidemien, in Paris bis 1668, in Amsterdam, Genua, London 1664 (von Daniel Defoe beschrieben), in Wien 1679, Moskau 1770, Cherson 1783, Odessa 1814. Den Erreger entdeckte erst 1894 der französische Bakteriologe Alexandre Yersin (1863–1943). Unmittelbarste Folge waren drastischer Arbeitskräftemangel und eine krasse Vermögensumverteilung. An der Donmündung und auf der Krim waren zwar die

152 H. A. R. Gibb (Hg.): *The Travels of Ibn Battuta A. D. 1325–1354*, New Delhi 1993, 3 Bände, Band 2, S. 470ff.

meisten Sklaven und Sklavenhändler zugrunde gegangen, Überlebende aber profitierten von einem nie gekannten Nachfrageboom mit eklatant steigenden Preisen. »Um 1408 stammten nicht weniger als 78 Prozent von Tanas Einkünften aus Sklavenexporten.«[153]

Offensiver im 12. Jahrhundert im Osten begonnen, hatte sich die Sklaverei »dann nach Westen« verbreitet.[154] An der unversehens auftretenden Pest wurde wegen kirchlich geprägter Bewusstseinslagen oft ›den Juden‹ die Schuld gegeben, was zu zahllosen Pogromen führte. Auf die Moderne bezogen, sind Beobachtungen von Barbara Tuchman (1912–1989) bedenkenswert: »Der Schwarze Tod erzeugte eine ähnliche existenzielle Hoffnungslosigkeit wie der Erste Weltkrieg« – »die mittelalterliche Blüte des europäischen Judentums war vorüber«, »das soziale Verhalten wurde rücksichtsloser und gefühlloser«. Die massenhafte Beschäftigung mit dem täglich ringsum erlebbaren Tod könnte als Schritt »zum individuellen Bewusstsein« tatsächlich »der unerkannte Geburtshelfer des modernen Menschen gewesen sein«. Reflexionen dazu stießen auch in Wien auf anhaltendes Interesse. Egon Friedell (1878–1938) ließ die Moderne mit der Pest beginnen, nicht »weil die Pest die Ursache der Neuzeit war; sondern es verhielt sich gerade umgekehrt: erst war ›die Neuzeit‹ da, und durch sie entstand die Pest«.[155]

153 Neal Ascherson: *Schwarzes Meer*, a. a. O., S. 153.

154 Immanuel Wallerstein: *Das moderne Weltsystem. Die Anfänge kapitalistischer Landwirtschaft und die europäischen Weltökonomie im 16. Jahrhundert*, Frankfurt am Main 1986, S. 51.

155 Barbara Tuchman: *Der ferne Spiegel. Das dramatische 14. Jahrhundert*, München 1985, S. 118, 119, 124 | Egon Friedell: *Kulturgeschichte der Neuzeit. Die Krisis der europäischen Seele von der schwarzen Pest bis zum Weltkrieg* (1927–31), München 1969, S. 96.

ECHO DER ANTIKE. So entlegen die Krim und das Schwarze Meer in Europa auch erscheinen, für Denkwelten ergeben sich von dort aus endlose Bezugsfelder und differenzierte Sichtweisen auf früh in diesen Regionen lebende Griechen, Skythen, Goten oder die sagenumwobenen Amazonen. Krim und Kaukasus waren jedenfalls in für Europa essenzielle griechische Mythen einbezogen, als Vorrat an Menschheitswissen, mit Prometheus, Pandora, Goldenem Vlies, den Argonauten, Herakles, Theseus, Medea, Orpheus und Eurydike, zahllosen eingreifenden Göttern und Göttinnen, parallel zu mediterranen Legenden um Troja, Mykene, Ariadne, Ödipus, Achill oder Odysseus. Denn »warum man eigentlich den Erdteilen, die doch ein zusammenhängendes Land sind, drei Namen gibt, und zwar Frauennamen«, war noch Herodot unverständlich.[156]

Die in der griechischen Mythologie Taurien genannte Krim am Ende der bekannten Welt galt in der Antike als jener schaurige Ort, an dem, ohne Ausnahme, alle Fremden der dort verehrten Gottheit geopfert wurden. Euripides (ca. 480–406 v. u. Z.), Zeitgenosse von Herodot (490/480–430/420 v. u. Z.), hat das literarisch verarbeitet. Ihn aufgreifend, konnten sich Racine, Goethe, Hauptmann, Fassbinder oder Michael Cacoyannis (Film *Iphigenie*, 1977) dem Thema nicht entziehen. *Ulysses* wurde für Joyce ein zentrales Thema, für Camus *Der Mythos von Sisyphos*. Herodot zufolge waren von diesem erbarmungslosen Brauch hauptsächlich seine Landsleute betroffen. »Sie opfern«, so hat er vor 2500 Jahren berichtet, »die Schiffbrüchigen und die seefahrenden Hellenen, die sie auf hohem Meere abfangen, der Jungfrau. Bei der Opferhandlung wird nach Verrichtung der Weihegebräuche das Opfer durch einen Keulenschlag getötet. Dann wird, wie der eine Bericht sagt, der Leib vom Felsen ins Meer hinabgestoßen – das Heiligtum liegt auf einem steilen Felsen – und der Kopf auf einen Pfahl gesteckt. Der andere Bericht lautet den Kopf betreffend übereinstimmend, aber

156 Herodot: *Historien*, Hg. H.W. Haussig, Stuttgart 1971, S. 269.

Amazonensarkophag | Credit: Kunsthistorisches Museum Wien

Antike Relikte, Archäologisches Museum Odessa | Credit: Christian Reder

Skythengold, Eremitage Sankt Petersburg | Credit: Staatliche Antikensammlung am Königsplatz in München

der Leib wird danach nicht vom Felsen gestoßen, sondern in der Erde bestattet. Die Göttin, der sie diese Menschenopfer bringen, ist, wie die Taurier behaupten, Iphigenie, Agamemnons Tochter. Mit getöteten Feinden verfahren sie ähnlich.«[157] Ob nun die Griechin Iphigenie dieses Töten verlangte, oder, so die üblichere Version, sie ›bei den Barbaren‹ gegen ihren Willen als Priesterin des Tötungskultes fungieren musste, bis sie mit ihrem Bruder Orestes fliehen konnte, lässt Spielraum für ergreifende Auslegungen. Nach einer sollte sie ihr Vater Agamemnon zur Sühne für einen Frevel an der Göttin Artemis opfern, wie Abraham seinen Sohn Isaak, damit er von Mykene in den Krieg gegen Troja ziehen konnte. Ein Ort, an dem alle Fremden getötet werden, bewegte seit jeher – wie ein vielleicht doch mögliches Entkommen. Obwohl das Christentum deren religiöse Verehrung komplett verdrängte, dürften vielen Menschen neben den Genannten noch Zeus, Venus, Aphrodite oder Hermes geläufig sein – wie die Apollo-Mondlandung –, behielten doch sogar die Planeten unseres Sonnensystems ihre alten göttlichen Namen.

Die feinsinnige Kultur der Skythen wiederum wird wegen langer Geringschätzung erst seit überraschenden archäologischen Funden gebührend beachtet, begeisterte aber gleich in Sankt Petersburg, weil das frühe Steppenvölker als Vorfahren aufwertet.[158] Es konterkariert auch über Hunnen, Mongolen oder Tataren kursierende Schreckensbilder, ohne deren legendäre Kulturleistungen bis nach China, Indien, Persien und den großräumigen Frieden, die *Pax Mongolica*, einzubeziehen. Wie hier nachfolgend (S. 186) abgebildet, lag sogar die über Sprachforschungen rekonstruierbare »Indoeuropäische Urheimat« in dieser Region im Norden der Krim, was bei Reflexionen über weit zurückreichende Beziehungen der Menschheit zu denken geben könnte.[159]

Herodot, der sich oft auf Homer bezieht, waren die engen Handelsbeziehungen zwischen den Skythen der Steppe und den

157 Ebd., S. 290.

158 Staatliche Antikensammlung am Königsplatz in München (Hg.): *Gold der Skythen aus der Leningrader Eremitage*, München 1984.

159 Harald Haarmann: *Die Indoeuropäer. Herkunft, Sprache, Kulturen*, München 2010, S. 21.

frühen griechischen Kolonien durchaus geläufig. Deren Kultiviertheit belegen die als Steinfestung rekonstruierte Königsresidenz Neapolis auf einem Hügel in Simferopol oder reich ausgestattete Begräbnisstätten mit wunderbar gearbeitetem Schmuck. Herodot betonte sogar, wie eng die Verwandtschaft gewesen sei, denn von »Skythes, Sohn des Herakles, stammen sämtliche Könige der Skythen ab«, mit einem vom griechischen Helden geschwängerten Mensch-Schlange-Geschöpf als Ur-Mutter. Mit Jason, dem Goldenen Vlies und den Argonauten wurden das östliche Schwarze Meer und der Kaukasus in frühe Legenden einbezogen. Vieles an Herodots zwischen Staunen, Respekt und Ablehnung schwankender Beschreibung der Skythen wirkt wie ein Grundmuster für weltoffene Annäherungen an Fremdes. Vor allem ihre Beweglichkeit faszinierte: »Die Skythen übertreffen in einer Kunst alle anderen Völker, die wir kennen«; die darin besteht, »dass keiner, den sie verfolgen, ihnen entkommt und keiner sie einholen kann, wenn sie sich nicht einholen lassen wollen«. Ihre Pferde wären abgerichtet, »sich auf den Bauch zu legen, um weniger gesehen zu werden«. Ihre Ackerbauern lebten jenseits des Istros (der Donau), der »im Lande der Kelten« entspringt, »der größte unter allen Strömen, die wir kennen«, abgesehen vom Wasserreichtum des Nils. Die Nomaden unter ihnen ziehen in Taurien, an Dnjepr und Don und weiter im Osten umher. Als der Perserkönig Dareios I. (549–486 v. u. Z.) über die Donau gegen die Skythen vordrang, entschieden diese, »keine offene Schlacht zu liefern, sondern zurückzuweichen, alle Brunnen und Quellen auf dem Wege zu verschütten und das Gras am Boden zu vernichten«. Damit gelang es, die mächtigen Perser »durch Mangel und Not zugrunde zu richten«. Daher fragte sich Herodot: »Muss nicht ein Volk unüberwindlich und unnahbar sein, das weder Städte noch Burgen baut, seine Häuser mit sich führt, Pfeile vom Pferde herabschießt, nicht vom Ackerbau, sondern von der Viehzucht lebt und auf Wagen wohnt?« Wahrsager wären ihnen wichtig. Ihre Grabhügel versuchten sie »so gewaltig wie möglich zu machen«. Wenn sie Hanf rauchen, werden sie so froh dabei, »dass sie laut heulen«.[160]

160 Herodot: *Historien*, a. a. O., S. 254, 256, 261, 269–271, 275, 278f., 296, 299, 686.

Georg Wilhelm Friedrich Hegel (1770–1831) jedoch tat sich mit Nomaden der Steppen schwer, weil ihre Gebiete »außerhalb der Geschichte« lägen. »Es geht uns hier«, so zur *Philosophie der Geschichte,* »überhaupt nichts an«. Seine oft kolportierte, für globale Sichtweisen fragwürdige Devise lautete: »Die Weltgeschichte geht von Osten nach Westen, denn Europa ist schlechthin des Ende der Weltgeschichte. Asien der Anfang.« »In dem von den Mongolen (das Wort im allgemeinen Sinne genommen) bewohnten Mittelasien«, hielt er »die Extreme von Gastfreundschaft und Räuberei« für bezeichnend. Wenn auch »früher friedlich gestimmt, fallen sie alsdann wie ein verwüstender Strom über Kulturländer, und die Revolution, die jetzt hereinbricht, hat kein anderes Resultat als Zerstörung und Einöde«. Erst in geordneten Staaten würden sie »auf den geschichtlichen Boden heraustreten« und Kulturleistungen schaffen.[161]

Zu seit der Antike dominierenden Männerwelten und üblichen Lebensweisen, ob mediterran, ›orientalisch‹ oder kirchlich geprägt, gelten Amazonen bezeichnender Weise seit jeher als selbstbewusst weibliche – also feindliche – Gegenwelt. Dabei sei eine Amazone, so die Aufklärungs-Encyclopédie lakonisch, »eine furchtlose & kühne Frau, die großer Taten fähig ist«. Dieses geheimnisvolle Volk »streitbarer Frauen« hatte Herodot zufolge anfangs ein eigenes Reich an der Schwarzmeerküste Kleinasiens. »Es gab keine Männer unter ihnen; zu ihrer Fortpflanzung holten sie sich Fremde. Sie töteten alle männlichen Kinder, die ihnen geboren wurden, & schnitten den Mädchen die rechte Brust ab, damit sie besser mit dem Bogen schießen konnten.« Manchen Buben würden nur die Beine ausgerenkt, »um zu verhindern, dass sie eines Tages danach trachten, die Herrschaft an sich zu reißen«.[162] Als es Hellenen gelungen war, so Herodot, die Amazonen gefangen auf ihre Schiffe zu bringen, gelang diesen jedoch rasch, alle Männer niederzumachen. »Nun verstanden aber die Amazonen nichts von der Schifffahrt und wussten weder mit dem Steuer, noch mit dem Segel und den Rudern umzugehen. So wurden sie denn von Wind

161 Georg Friedrich Wilhelm Hegel: *Vorlesungen über die Philosophie der Geschichte (1821–1831),* Stuttgart 1961, S. 149f., 168.

162 *Die Welt der Encyclopédie,* a. a. O., S. 10f.

und Wellen umhergetrieben und kamen endlich nach Kremnoi am Maiotissee«, in Gebiete an der Mündung des Don ins Asowsche Meer im Norden der Krim (mit dem späteren Taganrog, dessen bedeutendster Bürger der sanfte, sich als Ukrainer empfindende Anton Tschechow blieb).[163]

Die nun dort, am Rand der bekannten Welt lebenden kampferprobten Frauen wurden ein beliebtes Motiv auf Tausenden Vasenbildern und Reliefs. In *A History of Women in the West* steht dazu knapp, dass sie nicht eine erlebte Realität, sondern »the ultimate paradox« einer patriarchalischen Kriegergesellschaft darstellen. Denn Sexualität wurde als eine auf Gewalt und Antagonismen beruhende Form der Kriegsführung begriffen. Die Amazonenbilder auf Trinkgefäßen für Männerrunden waren »for the pleasure of the male viewer« gemacht.[164] Eine Amazone tritt daher nie »sittsam oder anmutig gekleidet auf, wie es zum Idealbild einer Frau in der griechischen Gesellschaft gehören würde«; sie »verkörperte zunächst die wild kämpfende, sich wehrende und somit ›unerzogene‹ Frau. Aber man bezwang sie, ›zähmte‹ sie und unterwarf sie damit letztlich den bestehenden Normen.« Begehrenswertes zu erobern hatte in ehelich-häuslicher Befriedung zu enden. Das Feindliche daran zu besiegen wurde »vor allem zur Dokumentation der eigenen Stärke benötigt«, so die Interpretation des Archäologen Jochen Fornasier.[165] »Zur Vita jedes bedeutenden griechischen Helden« gehörte deshalb »als fester Bestandteil ein Kampf gegen die Amazonen«. Erlebnisse am Schwarzen Meer galten »ohne einen Verweis auf die Amazonen« nicht als vollständig. In weiterem Sinn »fungieren die Amazonenkämpfe in sakralem Kontext als Paradigma für eine nicht durch den Menschen kontrollierbare Welt«, für Vorgänge jenseits von Bekanntem, wie auch »als Erinnerungen an matriarchalische Gesellschaften der Frühzeit«. Mit der Benennung des Amazonas, wo angeblich auch »furchtlose, schöne Frauen« die Spanier bekämpften, wurde ihr Name auf neue Wildnisse übertragen.

163 Herodot: *Historien*, a. a. O., S. 292ff.

164 Georges Duby, Michelle Perrot (Hg.): *A History of Women in the West*, Hg. der engl. Ausg.: Pauline Schmitt Pantel, Cambridge/Mass. 1994, Band I, S. 226ff.

165 Jochen Fornasier: *Amazonen. Frauen, Kämpferinnen und Städtegründerinnen*, Mainz 2007, S. 21, 26, 28, 32, 43, 51, 76, 105, 109.

Amazonen galten als Gefährtinnen der Göttin Artemis, Tochter des Zeus und der Leto und Zwillingsschwester von Apollo, die, wie erwähnt, für Agamemnon und Iphigenie so wichtig war. Ein Amazonenkult war auf Delos, in Ephesos, auf der Akropolis in Athen einflussreich. Die nur in Kopien erhaltene, für Ephesos in Bronze gegossene »Verwundete Amazone« des berühmten Bildhauers Kresilas (um 450–420 v. u. Z.) oder der hier (S. 176) abgebildete Amazonensarkophag aus Zypern im Kunsthistorischen Museum Wien sind dazu eindrucksvolle Beispiele. Artemis, die mit Pfeil und Bogen auftretende Göttin der Jagd, Herrin der Tiere, des Waldes, des Mondes, aber auch Hüterin der Frauen und Kinder, wurde als »Göttin des Übergangs in den essenziellen Lebensabschnitten Geburt – Heranwachsen – Tod verehrt«. Asyl war eine wichtige Funktion ihrer Heiligtümer.

Dass »die vielen Geschichten über weibliche Krieger, über ›Amazonen‹« aus der Zeit der Steppenreiche nicht auf Fiktionen beruhen, belegen laufend archäologische Funde, so der Historiker David Christian, denn »vom Altai-Gebirge bis zum Schwarzen Meer enthalten die Gräber von Frauen meistens fast so viele Waffen wie jene von Männern«. »Auch bei den Skythen gibt es viele Grabstätten von Frauen, denen eine komplette Bewaffnung mitgegeben wurde.« Die eindrucksvollste aus dem späten 4. Jahrhundert u. Z. liegt zwischen Don und Donez im Grenzgebiet der Ukraine. »Die dort begrabene Frau trug ihre komplette Kriegsausstattung mit einer eisernen Lanze, einer zweiten, einen halben Meter langen eisernen Klinge, einem eisernen langen Schwert mit Bronzegriff und einem Köcher mit Pfeilspitzen aus Eisen und Bronze.«[166] Auch für Frauen war »Krieg der Schlüssel für Prestige und Ehre«. Keine verlässliche Evidenz gibt es bisher für exklusive Amazonengesellschaften und »zur Existenz von Armeen, die ausschließlich aus Frauen bestanden«. Aber die vielen »archäologischen Belege dafür, dass in antiken und mittelalterlichen Gräbern Frauen mitsamt Waffen bestattet wurden«, belegen im Schwarzmeergebiet gravierende Unterschiede zu Kolonisten aus dem Westen.

166 David Christian: *A History of Russia, Central Asia and Mongolia*, Volume I: Inner Asia from Prehistory to the Mongol Empire, Oxford 1998, S. 143f.

Griechischem Denken jedoch waren gleichrangig neben Männern kämpfende Frauen oder sogar Mütter völlig fremd, denn, so der Historiker Patrick J. Geary zu Ursprungsmythen, »von allen abendländischen Gesellschaften kam das perikleische Athen dem männlichen Ideal, Frauen am Anfang völlig zu eliminieren, am nächsten, was Jean-Pierre Vernant [der französische Altphilologe, 1914–2007], als den ›Traum von einer rein väterlichen Abstammung‹ bezeichnet. Die Athener sind autochton: Im athenischen Ursprungsmythos entstammt der erste Mann der Erde.« Frauen werden »künstlich geschaffen: Pandora, die erste Frau, wurde gemacht und nicht geboren«, wie die für ewige Zeiten ›schuldige‹ Versucherin Eva aus Adams Rippe. Auch mit der Zeitrechnung »als Generationenfolge von Männern«, der Bevorzugung von erstgeborenen Söhnen und »den Beschreibungen von Frauen als Heilige oder Ungeheuer, als Hellseherinnen oder Kriegerinnen« wird die Beobachtungsweise evident – als frühe Abfolge stereotyper Männerphantasien.[167]

Dass die tapferen Frauen der Goten auf der Krim »in Wirklichkeit die Amazonen waren«, erschien noch Jordanes, einem Historiker des 6. Jahrhunderts u. Z., absolut glaubhaft. Europäische Reisende des Mittelalters haben von den Mongolen berichtet, »dass ihre Frauen kriegerisch sind wie sie selbst, Pfeile schießen und auf Pferden und Vieh sitzen wie Männer, und in der Schlacht noch ungestümer sind als die Männer«.[168]

An die vom Schwarzen Meer großteils nach Italien, nach Spanien und Nordafrika abgewanderten, schließlich in Assimilation aufgegangenen Goten erinnert die von Giorgio Vasari (1511–1574) geprägte, ursprünglich abfällige Bezeichnung »Gotik« für die Kunst des Mittelalters (vom italienischen *gotico*, fremdartig, barbarisch). Dass auf der Krim gebliebene Goten der Völkerwanderung »ihre Sprache und ihre Religion bis ins 16. Jahrhundert bewahren« konnten, so der Historiker Hans Wilhelm Haussig (1916–1994), erhellt, welches Nebeneinander auch auf begrenztem Raum jahrhun-

167 Patrick J. Geary: *Am Anfang waren die Frauen. Ursprungsmythen von den Amazonen bis zur Jungfrau Maria*, München 2006, S. 18, 19, 20, 24f., 40, 57.
168 Ebd., S. 40ff.

dertelang möglich blieb.[169] Noch die Khane der Goldenen Horde verwehrten ihnen nie »die Pflege ihres christlichen Kultes«, wie Sarkophage »mit arabischen Schriftbändern und dem christlichen Kreuz« belegen. Wäre die Krim nach NS-Planungen allerdings erneut zu »Gotenland« geworden, dann als Außenposten eigener, sich auf ›germanische‹ Herkunftsmythen berufender Barbarei.

›Seidenstrasse‹ wird die derzeit vor allem auf Initiative Chinas massiv ausgebaute uralte Landroute zwischen Asien und Europa erst seit dem 19. Jahrhundert genannt, vorerst auf die Südstrecken bezogen. Wegen der Dominanz der Hochseeschifffahrt bedeutungslos geworden, wird nun zur weiteren Steigerung von Transportkapazitäten und zur Erschließung von Märkten und Rohstoffen wieder enorm in sie investiert. Belegt ist, so Hans Wilhelm Haussig in *Die Geschichte Zentralasiens und der Seidenstraße in vorislamischer Zeit*, »dass es zwischen dem Ural und China in vorgeschichtlicher Zeit eine Handelsverbindung gegeben hat«. Dann intensivierte »die Westwanderung der Skythen [im 7./8. Jahrhundert v. u. Z.] mit ihren Stationen in Mittelasien, Nordwestpersien und Südrussland« den Handel mit China weiter. Nach Konsolidierung der Skythen im Umland der Krim gelangte Seide aus China vereinzelt »bis zu den Kelten« Zentraleuropas. Für Genua ist die Ankunft chinesischer Seide erst 1257 belegt. Sklaven machten dort damals vier bis fünf Prozent der Bevölkerung aus, dürften doch, so eine andere Schätzung, etwa zwei Millionen Sklaven zwischen 650 und 1500 aus den italienischen Kolonien am Schwarzen Meer in die Levante und nach Alexandria gebracht worden sein.[170]

Die Skythen der Steppe blieben lange gesuchte Söldner in China, Mittelasien, im Westen, in Babylonien, Ägypten und Griechenland und damit exemplarische Vermittler zwischen den Kulturen. Selbst »die Polizei in Athen« wurde zeitweilig von ihnen gestellt. Lapislazuli aus dem afghanischen Wachan-Tal war bis Persien und Ägypten gefragt. Wie sehr sich die Skythen mit ihrem neuen Kernland identifizierten, erwies sich, so Herodot, weil sie,

169 Hans Wilhelm Haussig: *Die Geschichte Zentralasiens und der Seidenstraße in vorislamischer Zeit*, Darmstadt 1992, S. 12, 29.

170 Manfred Pittioni: *Genua – die versteckte Weltmacht*, Wien 2011, S. 69, 72.

für ihn »das jüngste von allen Völkern«, als weitere Version ihrer Abstammung auch daran glaubten, ihr Stammvater habe vielleicht sogar Zeus »und eine Tochter des Flusses Borysthenes« (des Dnjepr) als Eltern.[171] Ihre traditionelle Viehzucht zügig auf Ackerbau ausdehnend, wurde Getreideexport zur »Ursache des Reichtums der Skythen an Goldschmiedearbeiten und Erzeugnissen des griechischen Kunsthandwerks«. Dieses »skythische Großreich scheint sich schon in der zweiten Hälfte des fünften Jahrhunderts in kleinere Reiche aufgelöst zu haben«, so Heissig. Vor Ankunft der Krimtataren war »das bosporanische Königreich« bis ins 5. Jahrhundert u. Z. für die Seidenstraße am wichtigsten, weil es die Krimhalbinseln Kertsch und Taman umfasste »und damit nicht nur den Ausgang des Asowschen Meeres, den Kimmerischen Bosporus, sondern auch den unmittelbaren Zugang zu den griechischen Kolonien an der Südküste der Krim beherrschte«.

Trotz aller Unterbrechungen hatte jede der Seidenstraßen »ein eigenes Gesicht entwickelt«: »Während die beiden Routen im Süden vor allem als Vermittler der großen Religionen in der Geschichte weiterleben, behauptet die Nordroute ihre Bedeutung für die Wanderungsbewegungen der Nomaden. Sie hat für eine gewisse Gleichartigkeit der Kultur gesorgt, lebten sie nun in China, in Mittelasien oder in Südrussland. Durch die ständige Verbindung über diese Route und als Folge der Wanderungen entstand jene breite Zone Türkisch und zum Teil auch Mongolisch sprechender Völker, die noch heute die Mitte des asiatischen Kontinents beherrschen. Die Grundlage dieser Entwicklung war die Westwanderung der Hunnen.« Bei solchen Betrachtungen sollte bewusst bleiben, »dass ›Hunnen‹ nicht ein bestimmtes Volk bezeichnete, sondern ähnlich wie der Name ›Awaren‹ von verschiedenen Völkern angenommen oder ihnen gegeben wurde«, als ursprünglich geografische Zuordnung, die durch auf einem Territorium entwickelte und gelebte Traditionen Gestalt annahmen, worauf sich dann oft fiktive ›nationale‹ Vorstellungen der Moderne wieder beriefen. »Hunnen« waren für die Skythen Völker, »die nach ihrer Vorstellung vom Rand der Welt gekommen waren«. Im Jahr 374

171 Herodot: *Historien*, a. a. O., S. 256, 272.

auftauchend, haben sie »mehr von den Goten als von den Skythen übernommen«. »Das Erbe der Skythen wurde nicht nur in der Gestalt von Mythen an die Goten, Slawen und Hunnen vermittelt, auch in der materiellen Kultur lassen sich Spuren des skythischen Einflusses finden. Das gilt in erster Linie für die Goten«, die von ihnen »wesentliche Bestandteile der skythischen Tracht«, »Formen des Schmucks« oder »Helm und Panzer« übernahmen.

Das in Yangzhou am Jangtsekiang gefundene »Grab einer Italienerin aus der bekannten, auch in Kaffa auf der Krim ansässigen Familie Villioni, die im Jahre 1347 in dieser chinesischen Stadt gestorben ist«, belegt die längst geläufige Nutzung der Seidenstraße.[172] Ein Onkel von Marco Polo (ca. 1254–1324) betrieb ein Kontor in Soldaia/Sudak auf der Krim, von wo aus zwei der Brüder weite Asienreisen unternahmen. Auch Wilhelm von Rubruk (ca. 1215/1220–1270) war offenbar von dort aufgebrochen, trotz anderslautender Berichte vielleicht auch Marco Polo selbst.

Dennoch: Vorstellungen vom Rand der Welt blieben eng mit dem Schwarzen Meer verbunden. So galt die kleine Schlangeninsel vor dem Donaudelta, griechisch *Leuke*, ›die Weiße‹, genannt – die, zur Ukraine gehörend, im Februar 2022 von Russlands Marine eingenommen, aber wieder zurückerobert wurde –, als ›Insel der Seligen‹ und Alternative zum Hades, weil auf ihr »eine Art der Unsterblichkeit«, wenn auch nicht die der Götter, möglich war, so der Mythenforscher Karl Kerenyi (1897–1973).[173] Ihre Günstlinge sollen nach ihrem Tod dorthin gelangt sein – wie Achill, der in sehr moderner Weise, niemandem sonst verpflichtet, keinem Vaterland und keiner Idee, nur »seinem eigenen Ideal der heldenhaften Vollendung folgte«, so der bulgarisch-französische Autor Tzvetan Todorov (1939–2017).[174]

An der entlegenen Küste des Asowschen Meeres im Norden der Krim, wo die endlosen Steppen des Ostens ins Nirgendwo zu führen scheinen, soll eine tiefe Kluft – so die Version in Homers

172 Hans Wilhelm Haussig: *Die Geschichte Zentralasiens* ..., a. a. O., S. 106, 107, 142, 160, 229.

173 Karl Kerenyi: *Die Mythologie der Griechen*, 2 Bände, München 1994, Band 2, S. 275.

174 Tzvetan Todorov: *Angesichts des Äußersten*, München 1993, S. 53.

Odyssee – in die düstere Unterwelt der Toten hinabführen, als Übergang ins Unbekannte am Ende der Welt.[175]

So stimmt es nachdenklich und ist bemerkenswert, dass gerade diese Region das Stammland der Amazonen als Gegenwelt zu Männergesellschaften gewesen sein soll und sie der Sprachforschung als weithin ausstrahlende ›Indoeuropäische Urheimat‹ gilt …

… was wie so vieles Unerkannte auf unterschwellig verbindende Weise im Menschheitswissen fortwirkt.

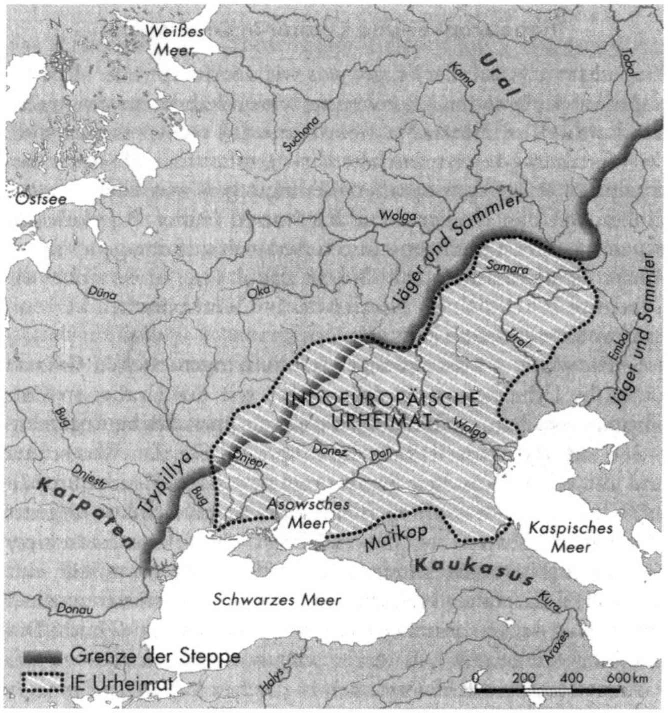

Indoeuropäische Urheimat nördlich der Krim und des Schwarzen Meers | Credit: Harald Haarmann: *Die Indoeuropäer*, München 2010

175 Homer: *Odyssee*, übertragen von Johann Heinrich Voss, Köln 2015, S. 143.

EUROPA? Müssen in Wolfgang Petritschs Politikanalyse zur Weltlage viele Fragen offen bleiben, gilt das im Juni 2022 auch für ein unabsehbares Ende dieses Angriffskrieg auf die Ukraine, ein Land, so groß wie Frankreich. Atomschläge – als Fanal der Klimakrise? Langjährige Kämpfe? Waffenstillstand? Nebuloser Kompromissfrieden? Abzug besiegter russischer Truppen? Gebietsabtretung völlig devastierter Gebiete – als Belohnung wofür? Militärisch erzwungene Spaltung des Landes? Wiederaufbaumilliarden? Würden krasse Völkerrechtsverletzungen und Kriegsverbrechen endlich generell (!) von international zuständigen Gerichten geahndet? Abwehr der Erpressbarkeit am Gas-, Öl- oder Weizenmarkt? Einwanderungsbedarf und Migrationspolitik? Neue Friedens- und Sicherheitsordnung? (Atomare) Abrüstung? EU- und UNO-Reform?

Um einen abzuwehrenden NATO-Beitritt geht es längst nicht mehr. Mit dem in Aussicht gestellten EU-Beitritt soll die Ukraine offensiver zu Europa gehören, flohen doch über 90 Prozent der dem Krieg Entkommenen in die Freiheit der EU. Das machte deutlicher als Querelen der Vergangenheit, dass Asyl, Menschenrechte und Menschenwürde »zum äußersten Testfall der Identität der EU geworden« sind, was ihre mentalen und politischen Fundamente stärken müsste. Denn »der europäische Traum ist damit eine Antwort auf den Alptraum von Krieg, Zerstörung und Menschheitsverbrechen und beruht auf der Überzeugung, dass die europäischen Staaten gemeinsam in der Lage sind, diese Vergangenheit zu überwinden und die wachsenden Herausforderungen der Gegenwart und Zukunft zu bestehen«, so die Kulturwissenschaftlerin Aleida Assmann.[176]

Was wie selbstverständlich klingt, hat zwar durchaus in der öffentlichen Meinung einen gewissen Rückhalt, dieser Konsens

176 Aleida Assmann: *Der europäische Traum. Vier Lehren aus der Geschichte*, München 2018. S. 77f., 187.

Europa-Denkmal in Odessa | Credit: Christian Reder

bleibt aber wegen desperater nationaler Kontroversen weiterhin brüchig, gerade zu kategorischen Feststellungen, wie sie etwa der Soziologe Ulrich Beck (1944–2015) vehement vertrat. Denn das »kosmopolitische Europa« müsse als Fortsetzung »der europäischen Aufklärung ein Projekt des Widerstandes« bleiben, da es »nach dem Zweiten Weltkrieg politisch bewusst als Antithese zum nationalistischen Europa und seiner moralischen und physischen Verwüstung« begründet wurde.[177]

Der philosophischen Überzeugung von Jacques Derrida (1930–2004) wiederum, der aus Algerien stammte und dort ständiger antijüdischer Repression ausgesetzt war, könne jeder Mensch von sich aus Europäerin, Europäer, also »in Europa« sein, »ohne auf dem Territorium eines europäischen Nationalstaates leben zu müssen«.[178] Für Navid Kermani, der mit iranischen Eltern in Deutschland zum einflussreichen Autor wurde, ist unabdingbar: »Ein Europa, das sich verschließt, ist kein Europa mehr.«[179] Für den Mittelmeer-Konstellationen erforschenden britischen Historiker David Abulafia bleibt es »ein utopischer Traum«, dass die EU sogar einmal »eine Europäisch-Mediterrane Union wird, zu der alle Mittelmeeranrainer Zutritt erhalten«,[180] auch jene am Schwarzen Meer, ist doch Europa entscheidend von diesen Stadtkulturen geprägt worden.

Initiativen zu einer »fairen Globalen Ordnung«, zu einer innen- und außenpolitisch gestärkten EU und »Hoffnung auf ein anderes Russland« müssten Halt bieten, so Wolfgang Petritsch. Aber: »Europa kann auch wieder zerfallen. Es wäre nicht das erste Mal«, warnt etwa der Historiker Karl Schlögel. Selbst die Geschichte von Europas Ostregionen »ist noch lange nicht erzählt«, obwohl es längst möglich sei, »europäische Erscheinungen als

177 Ulrich Beck: *Der kosmopolitische Blick oder: Krieg ist Frieden*, Frankfurt am Main 2004, S. 252f.

178 Jacques Derrida, in: Jürgen Habermas, Jacques Derrida: *Philosophie in Zeiten des Terrors*, Hg.: Giovanna Borradori, Berlin 2004, S. 155.

179 Navid Kermani: *Nach Europa. Rede zum 50. Jahrestag der Wiedereröffnung des Burgtheaters in Wien*, Zürich 2005, S. 46.

180 David Abulafia: *Das Mittelmeer. Eine Biographie*, Frankfurt am Main 2013, S. 808.

europäische zu behandeln und nicht beschränkt auf den nationalen oder sonst einen Gruppenrahmen«. Seit der keineswegs von einem Volkswillen forcierten Krim-Annexion zeige jeder weitere Schritt, dass die sogenannte Ukraine-Krise »in Wahrheit eine fundamentale Krise Russland« ist, konstatiert er in *Entscheidung in Kiew*, denn »das große Russland ist nicht Opfer« – sondern blockiert sich durch politische Erstarrung. Vom Wahrnehmen und Bestärken noch so verborgener Qualitäten dürfe all das nicht abhalten, denn »wie kann man vom Reichtum Europas sprechen, ohne an Odessa zu denken?«[181]

Um diesen singulären Reichtum Europas – politisch, sozial, kulturell, materiell, ökologisch – in sich ständig transformierender Weise zu stabilisieren, als ausstrahlende zivilisatorische Errungenschaft, müsste die EU weiter Energien bündeln, damit das Frieden und Freiheit sichernde ›Modell Europa‹ angesichts aller von Gegenkräften betriebenen Spaltungen der Welt erstrebenswert bleibt. Denn Varianten des globalen Kapitalismus bestärken auch autoritäre Systeme – gegen die sich liberale Demokratien mit ihren Freiheiten und Regeln, sozialem Ausgleich und dem Einsatz für Menschenrechte fortwährend behaupten müssen.

181 Karl Schlögel: *Im Raume lesen wir die Zeit*, a.a.O. S. 463, 474, 475 | *Entscheidung in Kiew*, a.a.O., S. 36, 37f., 78.

Die Krim, das Taurien der Antike | Credit: Christan Reder

Erste nominelle großflächige Unabhängigkeit: Ukrainische Volksrepublik 1917–1920 in den auf der Pariser Friedenskonferenz 1919/20 festgelegten Grenzen, inklusive Krim | Credit: Wikipedia, Witalii

Literatur

Abulafia, David: *Das Mittelmeer. Eine Biographie*, Frankfurt am Main 2013.

Alexijewitsch, Swetlana: *Die letzten Zeugen. Kinder im Zweiten Weltkrieg*, Berlin 2005 | *Der Krieg hat kein weibliches Gesicht*, Berlin 2004 | *Tschernobyl. Eine Chronik der Zukunft*, Berlin 1997 | Frankfurter Rundschau, 13. Februar 2022.

Allen, William Edward David, Paul Muratoff: *Caucasian Battlefields. A History of the Wars on the Turco-Caucasian Border 1828–1921*, Cambridge University Press 2010.

Alperovitz, Gar: *Atomic Diplomacy: Hiroshima and Potsdam*, New York 1985.

Andruchowytsch, Juri: | *Mein Europa. Essays über das sogenannte Mitteleuropa*, Frankfurt am Main 2004 | *Das letzte Territorium*, Essays, Frankfurt am Main 2004 | Alles, was wir sehen, ist böse. Zu den russischen »Aktivitäten« und westlichen Reaktionen darauf, Frankfurter Allgemeine Zeitung, 8. April 2022, faz.net.

Applebaum, Anne: *GULAG. A History*, New York 2004.

Asad, Muhammad: *Der Weg nach Mekka* (1954), Düsseldorf 2009 | *Die Botschaft des Koran*, Übersetzung und Kommentar, Düsseldorf 2009.

Ascherson, Neal: *Schwarzes Meer*, Berlin 1996.

Assmann, Aleida: *Der europäische Traum. Vier Lehren aus der Geschichte*, München 2018.

Autorenkollektiv: *Geschichte der Kommunistischen Partei der Sowjetunion*, 6 Bände, Moskau o. J.

Babel, Isaak: *Die Reiterarmee*. Erste vollständige Ausgabe. Mit einem Tagebuch des Autors und dokumentarischem Anhang (Moskau 1926), Darmstadt 1980 | *Geschichten aus Odessa und autobiographische Erzählungen*, München 1972.

Beck, Ulrich: *Der kosmopolitische Blick oder: Krieg ist Frieden*, Frankfurt am Main 2004.

Belton, Catherine: *Putins Netz – Wie sich der KGB Russland zurückholte und dann den Westen ins Auge fasste*, New York 2022.

Besters-Dilger, Juliane (Hg.): *Die Ukraine in Europa*, Wien 2003.

Boos, Susan: *Beherrschtes Entsetzen. Das Leben in der Ukraine zehn Jahre nach Tschernobyl*, Zürich 1996.

Brewer, David: *Greece, the hidden Centuries. Turkish Rule from the Fall of Constantinople to Greek Independence*, London 2012.

Brodsky, Joseph: *Flucht aus Byzanz*. Essays, München 1988.

Bronsen, David: *Joseph Roth. Eine Biographie*, Köln 1974.

Broucek, Peter: *Ein General im Zwielicht. Die Erinnerungen Edmund Glaises von Horstenau*, 3 Bände, Wien 1980–2005.

Bulgakow, Michail: *Der Meister und Margarita*, Roman, München 1978.

Bunin, Iwan: *Verfluchte Tage. Ein Revolutionstagebuch*, Zürich 2005.

Camus, Albert: *Der Mythos des Sisyphos. Ein Versuch über das Absurde* (1942), Reinbek 2000.

Caulaincourt, Armand de: *Unter vier Augen mit Napoleon*, Bielefeld 1937.

Čechov, Anton (Tschechow): *Die Steppe. Erzählungen 1887–1888*, Zürich 1976 | *Die Insel Sachalin*, Zürich 1971.

Christian, David: *A History of Russia, Central Asia and Mongolia*, Volume I: *Inner Asia from Prehistory to the Mongol Empire*, Oxford 1998.

Churchill, Winston S.: *Der Zweite Weltkrieg, Memoiren*, 6 Bände, Bern 1953 | *Geschichte*, 4 Bände, Augsburg 1990.

Conquest, Robert: *Der Grosse Terror. Sowjetunion 1934–1938*, München 1993.

Djamiljow, Mustafa: *A History of the Crimean Tatar National Liberation Movement: A Sociopolitical Perspective* (in Tatarisch, Russ., Engl.), Simferopol 2005.

Doderer, Heimito von: *Die sibirische Klarheit. Texte aus der Gefangenschaft*, München 1991.

Dreiser, Theodore: *An American Tragedy*, New York City 1925.

Duby, Georges, Michelle Perrot (Hg.): *A History of Women in the West*, Hg. der engl. Ausg.: Pauline Schmitt Pantel, 5 Bände, Cambridge/Mass. 1994.

Dülffer, Jost: *Jalta, 4. Februar 1945. Der Zweite Weltkrieg und die Entstehung der bipolaren Welt*, München 1999.

Dwinger, Edwin Erich: *Sibirisches Tagebuch. Armee hinter Stacheldraht. Zwischen Weiß und Rot* (1929/30), Wels 1965 | *Sie suchten die Freiheit … Schicksalsweg eines Reitervolkes*, Frankfurt am Main 1952 | *General Wlassow. Eine Tragödie unserer Zeit*, 1951.

Ehrenberg, Margaret: *Die Frau in der Vorgeschichte*, München 1992.

Ehrenburg, Ilja: *Menschen Jahre Leben. Memoiren*, 3 Bände, Berlin 1982.

Eisenstein, Sergei M.: *YO. Ich selbst. Memoiren*. 2 Bände, Wien 1984 | *Über mich und meine Filme*, Berlin 1975.

Faroqhi, Suraiya: *Kultur und Alltag im Osmanischen Reich. Vom Mittelalter bis zum Anfang des 20. Jahrhunderts*, München 1995.

Figes, Orlando: *Die Tragödie eines Volkes. Die Epoche der Russischen Revolution 1891–1924*, Berlin 1998 | *Nataschas Tanz. Eine Kulturgeschichte Russlands*, Berlin 2003.

Fornasier, Jochen: *Amazonen. Frauen, Kämpferinnen und Städtegründerinnen*, Mainz 2007.

Frauenfeld, Alfred Eduard: *Und trage keine Reu'*, Leoni am Starnberger See 1978.

Friedell, Egon: *Kulturgeschichte der Neuzeit. Die Krisis der europäischen Seele von der schwarzen Pest bis zum Weltkrieg*, (1927–1931), München 1969.

Fronius, Martin (Hg.): *Voltaire. Ein Lesebuch für unsere Zeit*, Berlin–Weimar 1989.

Gabler, Neal: *Ein eigenes Reich. Wie jüdische Emigranten Hollywood erfanden*, Berlin 2004.

Geary, Patrick J.: *Am Anfang waren die Frauen. Ursprungsmythen von den Amazonen bis zur Jungfrau Maria*, München 2006.

Gibb, H. A. R. (Hg.): *The Travels of Ibn Battuta A. D. 1325–1354*, 3 Bände, New Delhi 1993.

Gieseke, Frank, Albert Markert: *Flieger, Filz und Vaterland. Eine erweiterte Beuys-Biografie*, Berlin 1996.

Ginzburg, Natalia: *Anton Čechov. Ein Leben*, Berlin 1990.
Goebbels, Joseph: *Tagebücher 1945. Die letzten Aufzeichnungen*, Hamburg 1977.
Gogol, Nikolai: *Taras Bulba*, München 1981.
Golczewski, Frank (Hg.): *Geschichte der Ukraine*, Göttingen 1993.
Goldman, Emma: *Gelebtes Leben* (1931), 3 Bände, Berlin 1978–1980.
Greiner, Bernd: *Die Morgenthau-Legende. Zur Geschichte eines umstrittenen Plans*, Hamburg 1995.
Grossman, Wassili: *Leben und Schicksal*, Roman, Berlin 2007 | Grossman, Wassili, Ilja Ehrenburg (Hg.): *Das Schwarzbuch. Der Genozid an den sowjetischen Juden*. Hg. der deutschen Ausgabe: Arno Lustiger, Reinbek bei Hamburg 1994.
Haarmann, Harald: *Die Indoeuropäer. Herkunft, Sprache, Kulturen*, München 2010.
Habermas, Jürgen, Jacques Derrida: *Philosophie in Zeiten des Terrors*, Hg.: Giovanna Borradori, Berlin 2004.
Hammer-Purgstall, Joseph von: *Geschichte des osmanischen Reiches*, 10 Bände, Pest 1827–1835 | *Geschichte der Chane der Krim unter osmanischer Herrschaft vom 15. Jahrhundert bis zum Ende des 18. Jahrhunderts* (Wien 1856), Reprint, Amsterdam 1970.
Hartley, Charles W. S.: *A Biography of Sir Charles Hartley, Civil Engineer (1825–1915). The Father of the Danube*, 2 Bände, Lewiston 1989.
Hašek, Jaroslav: *Die Abenteuer des braven Soldaten Schwejk*, Reinbek bei Hamburg 1987.
Hässner, Wolfgang: *Anna Achmatowa*, Reinbek bei Hamburg 1998.
Haussig, Hans Wilhelm: *Die Geschichte Zentralasiens und der Seidenstraße in vorislamischer Zeit*, Darmstadt 1992.
Hazan, Eric: *Die Erfindung von Paris. Kein Schritt ist vergebens*, Zürich 2006.
Hegel, Georg Friedrich Wilhelm: *Vorlesungen über die Philosophie der Geschichte (1821–1831)*, Stuttgart 1961.
Herodot: *Historien*, Hg.: Hans Wilhelm Haussig, Stuttgart 1971.
Hilberg, Raul: *Die Vernichtung der europäischen Juden*, 3 Bände, Frankfurt am Main 1999.
Homer: *Odyssee*, übertragen von Johann Heinrich Voss, Köln 2015.
Internationaler Militärgerichtshof Nürnberg (Hg.): *Der Nürnberger Prozess gegen die Hauptkriegsverbrecher vom 14. November 1945–1. Oktober 1946*, 23 Bände, Nürnberg 1947, Reprint 2001.
Jakowlew, Alexander N.: *Ein Jahrhundert der Gewalt in Sowjetrussland*, Berlin 2004.
Joyce, James: *Ulysses*, Frankfurt am Main 1981.
Jünger, Ernst: *Sämtliche Werke*, 18 Bände, Stuttgart 1979.
Jurjew, Michail: *Das dritte Imperium. Russland, wie es sein soll*, Moskau 2006 (auf Russisch erschienen, z. Z. nur über journalistische Hinweise erschließbar).
Kappeler, Andreas: *Kleine Geschichte der Ukraine*, München 2000 | *Russland als Vielvölkerreich. Entstehung, Geschichte, Zerfall*, München 1992.
Kerenyi, Karl: *Die Mythologie der Griechen*, 2 Bände, München 1994.
Kermani, Navid: *Nach Europa. Rede zum 50. Jahrestag der Wiedereröffnung des Burgtheaters in Wien*, Zürich 2005.

Khodarkovsky, Michael: *Russia's Steppe Frontier. The Making of a Colonial Empire 1500–1800*, Bloomington 2002.
King, Charles: *The Black Sea. A History*, Oxford-New York 2004.
Kizny, Tomasz: *GULAG*, Hamburger Edition, Hamburg 2004.
Kleßmann, Eckart (Hg.): *Napoleons Russlandfeldzug in Augenzeugenberichten*, München 1972.
Kluge, Alexander: *Die Lücke, die der Teufel lässt. Im Umfeld des neuen Jahrhunderts*, Frankfurt am Main 2003 | *Die Wächter des Sarkophags. 10 Jahre Tschernobyl*, Hamburg 1996.
Koenen, Gerd: *Der Russland-Komplex. Die Deutschen und der Osten 1900–1945*, München 2005
Koestler, Arthur: *Als Zeuge der Zeit. Das Abenteuer meines Lebens* (1982), Frankfurt am Main 2005 | *Der dreizehnte Stamm. Das Reich der Khasaren und sein Erbe*, Wien 1977.
Kohn, Hans: *Die Slawen und der Westen. Die Geschichte des Panslawismus*, Wien 1956.
Larentzakis, Grigorios: *Die Orthodoxe Kirche. Ihr Leben und ihr Glaube*, Graz 2000.
Leidinger, Hannes, Verena Moritz: *Russisches Wien. Begegnungen aus vier Jahrhunderten*, Wien 2004.
Lewis, Bernard: *The Muslim Discovery of Europe*, London 1982/2000.
Lilie, Ralph-Johannes: *Byzanz. Das zweite Rom*, Berlin 2003.
Lotman, Juri: *Alexander Puschkin*, Leipzig 1989.
Mandelstam, Nadeschda: *Das Jahrhundert der Wölfe. Eine Autobiographie*, Frankfurt am Main 1971/1991.
Marx, Karl Friedrich Engels: *Russlands Drang nach Westen. Der Krimkrieg und die europäische Geheimdiplomatie im 19. Jahrhundert* (London 1897), Zürich 1991.
Mazis, John Athanasios: *The Greeks of Odessa. Diaspora Leadership in Late Imperial Russia*, New York 2004.
Mazower, Mark: *Der dunkle Kontinent. Europa im 20. Jahrhundert*, Berlin 2000 | *Salonica. City of Ghosts, Christians, Muslims and Jews 1430–1950*, London 2005.
Merridale, Catherine: *Iwans Krieg. Die Rote Armee 1939–1945*, Frankfurt am Main 2006.
Mierau, Fritz (Hg.): *Russen in Berlin. Literatur Malerei Theater Film 1918–1933*, Leipzig 1987.
Nabokov, Vladimir: *Erinnerung, sprich* (1966), Reinbek bei Hamburg 1991 | *Petrograd 1917. Der kurze Sommer der Revolution* (Berlin 1922), Berlin 1992 | *Lolita*, Roman, Reinbek bei Hamburg 1959.
Osterhammel, Jürgen: *Die Verwandlung der Welt. Eine Geschichte des 19. Jahrhunderts*, München 2009 | *Die Entzauberung Asiens. Europa und die asiatischen Reiche im 18. Jahrhundert*, München 1998.
Ostrogorsky, Georg: *Geschichte des byzantinischen Staates* (1940), München 1975.
Ostrowskaja, Rita: *Juden in der Ukraine 1989–1994*, Ostfildern-Ruit 1996.
Ostwald, Peter: *»Ich bin Gott«. Waslaw Nijinski. Leben und Wahnsinn*, Hamburg 1997.
Penter, Tanja: *Odessa 1917. Revolution an der Peripherie*, Wien 2000.
Petritsch, Wolfgang: *Epochenwechsel. Unser digital-autoritäres Jahrhundert*, Wien 2018 | *Bruno Kreisky. Die Biografie*, Wien 2010 | *Die europäische Chance:*

Neustart nach der Krise, mit Margaretha Kopeinig, Wien 2010 | *Zielpunkt Europa: von den Schluchten des Balkan und den Mühen der Ebene. Aufsätze – Reden – Kommentare – Interviews – Dokumente, 2001–2009*, Klagenfurt 2000.

Pittioni, Manfred: *Genua – die versteckte Weltmacht*, Wien 2011.

Pitts, Johny: *Afropäisch. Eine Reise durch das schwarze Europa*, Berlin 2020.

Plokhy, Serhii: *The Gates of Europe: A History of Ukraine*, New York 2015 | *The Cossack Myth: History and Nationhood in the Age of Empires*, Cambridge University Press, 2012 | *The Origins of the Slavic Nations: Premodern Identities in Russia, Ukraine and Belarus*, Cambridge University Press, 2006.

Polidori, Robert: *Sperrzonen. Pripjat und Tschernobyl*, Text von Elizabeth Culbert, Göttingen 2003.

Pollak, Martin: *Kaiser von Amerika. Die große Flucht aus Galizien*, München 2015.

Reder, Christian (Hg.): *Kartographisches Denken*, Wien–New York 2012 | *Lesebuch Projekte. Vorgriffe, Ausbrüche in die Ferne*, Wien–New York 2006 | Reder, Christian, Elfie Semotan (Hg.): *Sahara. Text- und Bildessays*, Wien–New York 2004 | Reder, Christian, Erich Klein (Hg.): *Graue Donau, Schwarzes Meer. Wien, Sulina, Odessa, Jalta, Istanbul*, Wien–New York 2008 | Reder, Christian, Peter Sellars, Gerald Bast, Willi Resetarits (Hg.): *Kosmopolitische Impulse. Das Integrationshaus in Wien*, Wien–New York 2010 | Reder, Christian, Simonetta Ferfoglia (Hg.): *Transferprojekt Damaskus, Urban orientation*, deutsch/arabisch, Wien–New York 2003.

Reder, Christian: *Mediterrane Urbanität. Perioden vitaler Vielfalt als Grundlagen Europas*, Wien 2020 | *Noch Jahre der Unruhe … Ali M. Zahma und Afghanistan*, Wien 2018 (Neuausgabe in Farsi 2022) | *Deformierte Bürgerlichkeit*, Wien 2016 | *Daniel Defoe. Ein Essay über Projekte*, London 1697, und *Lesebuch Projekte, Vorgriffe, Ausbrüche in die Ferne*, Wien–New York 2006 | *Forschende Denkweisen. Essays zu künstlerischem Arbeiten*, Wien–New York 2004 | *Afghanistan, fragmentarisch*, Wien–New York 2003 | *Wörter und Zahlen. Das Alphabet als Code*, Wien–New York 2000 | Gespräche über Ökologie, in: Herbert Floigl (Hg.): *Pionier-Oase. Erfahrungen mit naturnahen Gemeinschaftsgärten*, Wien 2020 | Karatschi, Kabul, Damaskus … Zu Arbeitserfahrungen in angeblichen Chaosstädten, in: Manfred Faßler, Claudius Terkowsky (Hg.): *Urban Fictions. Die Zukunft des Städtischen*, München 2006 | Entwicklungsperspektive: die Bandengesellschaft, in: Wolfgang Müller-Funk (Hg.): *Die berechnende Vernunft. Über das Ökonomische in allen Lebenslagen*, Wien 1993.

Roth, Joseph: *Radetzkymarsch*, Roman (Berlin 1932), München 1981 | *Reise nach Russland. Feuilletons, Reportagen, Tagebuchnotizen 1919–1930*, Köln 1995.

Russell, William Howard: *Meine sieben Kriege. Die ersten Reportagen von den Schlachtfeldern des 19. Jahrhunderts*, Frankfurt am Main 2000.

Sassen, Saskia: *Migranten, Siedler, Flüchtlinge. Von der Massenauswanderung zur Festung Europa*, Frankfurt am Main 1996.

Schlögel, Karl: *Entscheidung in Kiew. Ukrainische Lektionen*, Frankfurt am Main 2017 | *Das sowjetische Jahrhundert. Archäologie einer untergegangenen Welt*, München 2018 | *Im Raume lesen wir die Zeit. Über Zivilisationsgeschichte und*

Geopolitik, München 2003 | *Promenade in Jalta und andere Städtebilder*, München 2003 | *Die Mitte liegt ostwärts. Europa im Übergang*, München 2002 | *Das russische Berlin. Ostbahnhof Europas*, München 1998 | »Putin ist ein Verhängnis«, *Der Standard*, Wien, 13. 3. 2022 | Europa, oder: Die Verantwortung, im Gespräch mit Philipp Blom, ORF, Oe 1 Radio, 5. 5. 2022.

Selg, Anette, Rainer Wieland (Hg.): *Die Welt der Encyclopédie*, Frankfurt am Main 2001.

Shavshin, Vladimir: *The Valley of Death*, Sewastopol-Kiew 2005.

Snyder, Timothy: *Bloodlands. Europa zwischen Hitler und Stalin*, 2. Auflage, München 2014 | *Der König der Ukraine. Die geheimen Leben des Wilhelm von Habsburg*, Wien 2009.

Solowjow, Boris: *Wendepunkt des Zweiten Weltkriegs. Die Schlacht bei Kursk*, Köln 1984.

Solschenizyn, Alexander: *Russland im Absturz*, Wien 1999 | *Der Archipel Gulag*, Bern 1974.

Špidlík, Tomáš: *Russische Spiritualität*, Regensburg 1994.

Staatliche Antikensammlung am Königsplatz in München (Hg.): *Gold der Skythen aus der Leningrader Eremitage*, München 1984.

Stalin, Josef W.: *Marxismus und nationale Frage*, Werke, Band 2, Dortmund 1976.

Stempowsky, Jerzy: *Von Land zu Land. Essays eines Kosmopolen*, Hg.: Basil Kerski, Berlin 2006.

Stevenson, David: *1914–1918. Der Erste Weltkrieg*, Düsseldorf 2006.

Summerville, J. (Hg.): *Napoleon's Expedition to Russia. The Memoirs of General de Ségur*, London 2003.

Todorov, Tzvetan: *Angesichts des Äußersten*, München 1993.

Tolstoi, Lew: *Krieg und Frieden*, München 2011 | *Die Kosaken*, Zürich 2006 | *Sewastopoler Erzählungen*, epubli 2020.

Toynbee, Arnold J.: *Der Gang der Weltgeschichte*, 2 Bände, Zürich 1970.

Trotzki, Leo: *Mein Leben. Versuch einer Autobiographie*, Frankfurt am Main 1982 | *Geschichte der Russischen Revolution*, 2 Bände, Frankfurt am Main 1973.

Tuchman, Barbara: *Der ferne Spiegel. Das dramatische 14. Jahrhundert*, München 1985.

Twain, Mark: *Reisen ums Mittelmeer*, Frankfurt am Main 1996.

Urban, Peter (Hg.): *Anton Čechov. Sein Leben in Bildern*, Zürich 1987.

Utechin, A. V.: *Geschichte der politischen Ideen in Russland*, Stuttgart 1966.

Vicinius, Martham Bea Nergaard (Hg.): *Ever yours, Florence Nightingale. Selected Letters*, London 1989.

Vidal, Gore: *Die vergessliche Nation. Wie die Amerikaner ihr politisches Gedächtnis verkaufen*, Hamburg 2004 | *Bocksgesang. Antworten auf Fragen vor und nach dem 11. September*, Hamburg 2003.

Wallerstein, Immanuel: *Das moderne Weltsystem – Die Anfänge kapitalistischer Landwirtschaft und die europäischen Weltökonomie im 16. Jahrhundert*, Frankfurt am Main 1986.

Weinberg, Robert: *Birobidshan. Stalins vergessenes Zion. Illustrierte Geschichte 1928–1996*, Frankfurt am Main 2003 | *The Revolution of 1905 in Odessa. Blood on the Steps*, Bloomington 1993.

Williams, Brian Glyn: *The Crimean Tatars. The Diaspora Experience and the Forging of a Nation*, Leiden 2001.
Windhager, Günther: *Leopold Weiss alias Muhammad Asad. Von Galizien nach Arabien 1900–1927*, Wien 2002.
Wittgenstein, Ludwig: *Geheime Tagebücher 1914–1916*, Hg.: Wilhelm Baum, Wien 1991.
Zamoyski, Adam: *1812. Napoleons Feldzug in Russland*, München 2012.
Zeemann, Dorothea: *Einübung in Katastrophen. Leben von 1913 bis 1945*, Frankfurt am Main 1979.
Zipperstein, Steven J.: *The Jews of Odessa. A Cultural History 1794–1881*, Stanford 1986.
Zweite, Armin (Hg.): *Joseph Beuys. Natur – Materie – Form*, München 1991.
Zwetajewa, Marina: *Begegnungen mit Maximilian Woloschin, Andrej Belyi und Rudolf Steiner*, Dornach 2000 | *Das Haus am Alten Pimen*, Leipzig 1989.

Personenregister